Schröer/Huhn
Zeit- und Telearbeit

GABLER EDITION WISSENSCHAFT
Schriften zur
Mittelstandsforschung
Nr. 79 NF

Herausgegeben vom Institut für Mittelstandsforschung Bonn,
vertreten durch den Vorstand

Prof. Dr. Dr. h.c. Herbert Hax,
o. Professor der Betriebswirtschaftslehre,
Lehrstuhl für Finanzierungslehre, Universität Köln
Prof. Dr. Dr. Dieter Bös,
o. Professor der Volkswirtschaftslehre,
Finanzwissenschaftliche Abteilung, Universität Bonn

Das Institut für Mittelstandsforschung Bonn, eine privatrechtliche Stiftung der Bundesrepublik Deutschland und des Landes Nordrhein-Westfalen an den Universitäten Köln und Bonn, veröffentlicht seine Forschungsergebnisse in der Reihe Schriften zur Mittelstandsforschung NF. Mit Herausgabe des Bandes Nr. 78 NF erscheint diese Reihe in der GABLER EDITION WISSENSCHAFT im Deutschen Universitäts-Verlag. Die Publikationen Nr. 1 NF bis Nr. 77 NF sind weiterhin lieferbar und können über den Buchhandel oder direkt beim Institut für Mittelstandsforschung Bonn bezogen werden.

In der Schriftenreihe werden aktuelle Forschungsergebnisse des Instituts der Öffentlichkeit präsentiert. Ziel der Veröffentlichungen ist es, die Stellung und Bedeutung kleiner und mittlerer Unternehmen im Kontext zur wirtschaftlichen, gesellschaftlichen und wirtschaftspolitischen Entwicklung zu analysieren und allen Experten, die mit Fragen des Mittelstands befaßt sind, Informationen, Entscheidungshilfen und wissenschaftliche Basisanalysen zu liefern.

Evelyn Schröer/Katrin Huhn

Zeit- und Telearbeit

Flexible Beschäftigungsformen und
ihre Bedeutung für den Mittelstand

Springer Fachmedien Wiesbaden GmbH 1998

Die Deutsche Bibliothek - CIP-Einheitsaufnahme

Schröer, Evelyn :
Zeit- und Telearbeit : flexible Beschäftigungsformen und ihre Bedeutung
für den Mittelstand / Evelyn Schröer/Katrin Huhn.
- Wiesbaden : Dt. Univ.-Verl. ; Wiesbaden : Gabler, 1998
   (Gabler Edition Wissenschaft : Schriften zur Mittelstandsforschung ; N.F., Nr. 79)
   ISBN 978-3-8244-6795-2

Alle Rechte vorbehalten

© Springer Fachmedien Wiesbaden 1998
Ursprünglich erschienin bei Betriebswirtschaftlicher Verlag Dr. Th. Gabler GmbH, Wiesbaden 1998

Gabler Verlag, Deutscher Universitäts-Verlag, Wiesbaden

Der Deutsche Universitäts-Verlag und der Gabler Verlag sind Unternehmen der
Bertelsmann Fachinformation GmbH.

Das Werk einschließlich aller seiner Teile ist urheberrechtlich geschützt. Jede
Verwertung außerhalb der engen Grenzen des Urheberrechtsgesetzes ist
ohne Zustimmung des Verlages unzulässig und strafbar. Das gilt insbesondere für Vervielfältigungen, Übersetzungen, Mikroverfilmungen und die
Einspeicherung und Verarbeitung in elektronischen Systemen.

http://www.gabler-online.de

Höchste inhaltliche und technische Qualität unserer Produkte ist unser Ziel. Bei der Produktion
und Auslieferung unserer Bücher wollen wir die Umwelt schonen: Dieses Buch ist auf säurefreiem und chlorfrei gebleichtem Papier gedruckt.

Die Wiedergabe von Gebrauchsnamen, Handelsnamen, Warenbezeichnungen usw. in diesem
Werk berechtigt auch ohne besondere Kennzeichnung nicht zu der Annahme, daß solche
Namen im Sinne der Warenzeichen- und Markenschutz-Gesetzgebung als frei zu betrachten
wären und daher von jedermann benutzt werden dürften.

Lektorat: Ute Wrasmann

ISBN 978-3-8244-6795-2   ISBN 978-3-663-07974-3 (eBook)
DOI 10.1007/978-3-663-07974-3

Vorwort

Zeitarbeit und Telearbeit sind zwei Formen der Arbeitsflexibilisierung, die zunehmend Bedeutung erlangen. Sie entsprechen einem steigenden Flexibilisierungsbedarf in den Unternehmen. Während die Zeitarbeit eher ein traditionelles Instrument zur Flexibilisierung von Arbeitsbeziehungen ist, bietet die Telearbeit völlig neue Möglichkeiten der Arbeitsorganisation durch Anwendung moderner Kommunikationstechniken. Die Unterschiede zwischen beiden Organisationsformen bedingen getrennte Untersuchungsansätze, deren Ergebnisse in zwei eigenständigen Teilen dieses Forschungsberichts dargestellt werden.

Im Mittelpunkt der Untersuchung zur Zeitarbeit stehen neben der Analyse ihrer Flexibilisierungseigenschaften die Motive, die zur Nachfrage nach Zeitarbeit führen, insbesondere eine Differenzierung dieser Motive nach Unternehmensgrößen. Um zu klären, welche Bedeutung die Zeitarbeit im Kalkül der Unternehmen gewinnen kann, wird ihr Verhältnis zu anderen Formen der Arbeitsflexibilisierung untersucht. Schließlich werden auch arbeitsmarktpolitische Implikationen der Zeitarbeit erörtert.

Untersuchungsschwerpunkt bei der Telearbeit ist die Frage, in welchen Formen diese inzwischen etabliert ist und inwieweit auch kleine und mittlere Unternehmen daran partizipieren. Neben der Erörterung arbeitsschutzrechtlicher Fragen werden insbesondere die Probleme diskutiert, die in kleineren und mittleren Unternehmen bei der Einführung von Telearbeit hinderlich sein können.

Neue Formen der Arbeitsorganisation, die ungewohnt sind und vom Normalarbeitsverhältnis im Sinne des Arbeitsrechts abweichen, werden vielfach als "atypisch" oder "prekär" mit erheblichem Mißtrauen betrachtet. Demgegenüber muß sich die Erkenntnis durchsetzen, daß die Flexibilisierung der Arbeitsbeziehungen in den Unternehmen nicht Selbstzweck, sondern die Reaktion auf veränderte Wettbewerbsbedingungen ist. Die vorliegenden Untersuchungen sollen dazu beitragen, eine differenziertere Betrachtungsweise zu vermitteln.

An dieser Stelle sei allen gedankt, die uns bei der empirischen Fundierung der beiden Untersuchungen durch Auskünfte, durch Gesprächs- und Diskussionsbereitschaft sowie durch Anregungen unterstützt haben. Ohne deren Mitwirkung hätten diese Untersuchungen nicht durchgeführt werden können.

Herbert Hax

Teil 1: Zeitarbeit und mittelständische Unternehmen

Inhalt

Verzeichnis der Abbildungen	X
Verzeichnis der Tabellen	XII
Verzeichnis der Übersichten	XIII

I. Einleitung 1

II. Grundlagen 5
1. Definition der Beschäftigungsform Zeitarbeit 5
2. Rechtliche Rahmenbedingungen der Zeitarbeit 7
   2.1 Der Begriff "Zeitarbeit" 7
   2.2 Ziel des Arbeitnehmerüberlassungsgesetzes (AÜG) 8
   2.3 Wesentliche Regulierungsinstrumente des AÜG 8
      2.3.1 Erlaubnispflicht 9
      2.3.2 Versagungstatbestände 9
         2.3.2.1 Befristungsverbot 9
         2.3.2.2 Synchronisationsverbot 10
         2.3.2.3 Wiedereinstellungsverbot 11
         2.3.2.4 Überlassungshöchstdauer 11
   2.4 Betriebsverfassungsrechtliche Aspekte 13
      2.4.1 Mitbestimmungsrechte der Zeitarbeitnehmer 13
      2.4.2 Beteiligungsrechte des Betriebsrats 13
3. Exkurs: Vergleich der Zeitarbeitsregulierung in Deutschland und in den Niederlanden 14
4. Weitere begriffliche Präzisierung der Zeitarbeit 19
   4.1 Andere Formen des drittbezogenen Personaleinsatzes 19
   4.2 Abgrenzung der Anbieter von Zeitarbeit 21
      4.2.1 Arbeitnehmerüberlassung durch Mischbetriebe 21
      4.2.2 START-Zeitarbeit 22
5. Flexibilisierungseigenschaften der Zeitarbeit 23
   5.1 Zum Flexibilitätsbegriff 23
   5.2 Flexibilisierungsarten 24
   5.3 Normale versus flexible Beschäftigung 28
   5.4 Größenspezifische Flexibilitätscharakteristika 29
   5.5 Nutzungsmotive für Zeitarbeit 30

6.	Entwicklung, Umfang und Struktur der Zeitarbeit	32
	6.1 Die Zeitarbeitsunternehmen	32
	6.2 Quantitative Entwicklung der Arbeitnehmerüberlassung	35
	6.3 Betriebsgrößenstruktur, Nutzungsintensität und Branchenzugehörigkeit der Entleihunternehmen	38
7.	Notwendigkeit einer empirischen Untersuchung	41

III. Die Befragung der Entleihunternehmen 43

1. Struktur und Aufbau der Untersuchung 43
   - 1.1 Die Befragungsgrundgesamtheit 43
   - 1.2 Aufbau und Struktur des Fragebogens 43
   - 1.3 Die Struktur der befragten Entleihunternehmen 44
2. Ergebnisse der Befragung der Entleihunternehmen 46
   - 2.1 Die Zeitarbeitnutzung in den Entleihunternehmen 46
     - 2.1.1 Erstmalige Nachfrage nach Zeitarbeit 46
     - 2.1.2 Entwicklung der Nachfrage nach Zeitarbeit 49
     - 2.1.3 Anzahl eingesetzter Zeitarbeitnehmer 53
     - 2.1.4 Nutzungsintensität der Zeitarbeit 54
     - 2.1.5 Durchschnittliche Einsatzdauer des Zeitpersonals 57
   - 2.2 Verhältnis zwischen Zeitarbeit und innerbetrieblichen Formen der Arbeitsflexibilisierung 59
   - 2.3 Motive für die Nachfrage nach Zeitarbeit 63
     - 2.3.1 Geschäftsbetriebsbedingte Nachfrage nach Zeitarbeit 63
     - 2.3.2 Personalpolitisch motivierte Nachfrage nach Zeitarbeit 66
     - 2.3.3 Kosteninduzierte Nachfrage nach Zeitarbeit 69
     - 2.3.4 Würdigung der Motive für die Nachfrage nach Zeitarbeit 71
   - 2.4 Qualifikationsstruktur des Zeitpersonals 74
     - 2.4.1 Eingesetztes Zeitpersonal 74
     - 2.4.2 Übernahme von Zeitarbeitnehmern in eine Dauerbeschäftigung 76
   - 2.5 Verhältnis zwischen Zeitarbeit und Normalarbeitsverhältnis 79
   - 2.6 Nachfragedämpfende Faktoren 85
   - 2.7 Zukünftige Entwicklung der Nachfrage nach Zeitarbeit 87

3. Folgerung für die zukünftige Nachfrage kleiner und mittlerer
   Unternehmen   89
4. Zusammenfassung   90

Anhang   97

Literaturverzeichnis   101

Verzeichnis der Abbildungen

Abbildung 1:	Vertragliche Beziehungen zwischen den an der Zeitarbeit Beteiligten	6
Abbildung 2:	Rechtsbeziehung zwischen Zeitarbeitsunternehmen und der Zeitarbeitskraft in Deutschland	18
Abbildung 3:	Rechtsbeziehung zwischen Zeitarbeitsunternehmen und Zeitarbeitskraft in den Niederlanden	18
Abbildung 4:	Einordnung der Zeitarbeit	27
Abbildung 5:	Struktur und Entwicklung der Betriebe in der Zeitarbeit	33
Abbildung 6:	Überlassene Zeitarbeitnehmer jeweils am 30.6. eines Jahres als Anteil an den sozialversicherungspflichtig Beschäftigten und nach Geschlecht	35
Abbildung 7:	Struktur der untersuchten Entleihunternehmen nach Wirtschaftsbereichen und Beschäftigtengrößenklassen	46
Abbildung 8:	Erstmaliger Einsatz von Zeitarbeitnehmern in den befragten Entleihunternehmen	47
Abbildung 9:	Jahr der erstmaligen Nutzung der Zeitarbeit nach Beschäftigtengrößenklassen	48
Abbildung 10:	Entwicklung der Nachfrage nach Zeitarbeit in den Entleihunternehmen nach Wirtschaftsbereichen	49
Abbildung 11:	Regelmäßige oder fallweise Nachfrage nach Zeitarbeit nach Beschäftigtengrößenklassen	51
Abbildung 12:	Regelmäßige oder fallweise Nachfrage nach Zeitarbeit nach Wirtschaftsbereichen	52
Abbildung 13:	Durchschnittliche Einsatzdauer des Zeitpersonals	57
Abbildung 14:	Entleihunternehmen und die von ihnen nachgefragten Qualifikationen nach Beschäftigtengrößenklassen	75
Abbildung 15:	Entleihunternehmen und die von ihnen in eine Dauerbeschäftigung übernommenen Qualifikationen nach Beschäftigtengrößenklassen	78

Abbildung 16: Entleihunternehmen und die von ihnen in eine
Dauerbeschäftigung übernommenen Qualifikationen nach Wirtschaftsbereichen 79
Abbildung 17: Geplante personalpolitische Veränderungen in den
Entleihunternehmen 81
Abbildung 18: Zukünftiger Einsatz von Zeitpersonal in den Entleihunternehmen 88

Verzeichnis der Tabellen

Tabelle 1:	Zeitarbeitsbetriebe und beschäftigte Zeitarbeitnehmer nach Beschäftigtengrößenklassen in Westdeutschland in v.H.	34
Tabelle 2:	Überlassene Zeitarbeitnehmer am 30.6.1997 nach Berufsgruppen	37
Tabelle 3:	Entleihbetriebe und ihre relative Nutzung der Zeitarbeit nach Beschäftigtengrößenklassen in v.H.	38
Tabelle 4:	Zeitarbeitnutzung nach Wirtschaftsbereichen in v.H. (alte Bundesländer)	40
Tabelle 5:	Strukturmerkmale der untersuchten Entleihunternehmen	45
Tabelle 6:	Anzahl beschäftigter Zeitarbeitnehmer in den Entleihunternehmen innerhalb des letzten Jahres nach Beschäftigtengrößenklassen in v.H.	54
Tabelle 7:	Nutzungsintensität der Zeitarbeit in den Entleihunternehmen nach Beschäftigtengrößenklassen in v.H.	55
Tabelle 8:	Entleihunternehmen mit und ohne innerbetriebliche Arbeitsflexibilisierung nach Beschäftigtengrößenklassen in v.H.	59
Tabelle 9:	Die von den Entleihunternehmen genutzten Formen der Arbeitsflexibilisierung nach Beschäftigtengrößenklassen, Mehrfachnennungen in v.H.	60
Tabelle 10:	Geschäftsbetriebsbedingte Motive für die Nachfrage nach Zeitarbeit nach Beschäftigtengrößenklassen, Mehrfachnennungen in v.H.	64
Tabelle 11:	Personalpolitische Motive für die Nachfrage nach Zeitarbeit nach Beschäftigtengrößenklassen, Mehrfachnennungen in v.H.	67
Tabelle 12:	Kosteninduzierte Motive für die Nachfrage nach Zeitarbeit nach Beschäftigtengrößenklassen, Mehrfachnennungen in v.H.	69
Tabelle 13:	In eine Dauerbeschäftigung übernommene Zeitarbeitnehmer nach Beschäftigtengrößenklassen in v.H.	77

Tabelle 14: Sozialversicherungspflichtig Beschäftigte 1987 und
1996 - Bestände und Bestandsveränderungen in den
alten Bundesländern 80
Tabelle 15: Zukünftiger Einsatz von Zeitarbeitnehmern in den
Entleihunternehmen und geplante personalpolitische
Veränderungen in v.H. 82
Tabelle 16: Weiterbildungsmaßnahmen für Stammbeschäftigte
der Entleihunternehmen nach Beschäftigtengrößenklassen in v.H. 84
Tabelle 17: Einrichtung von Betriebsräten in den Entleihunternehmen nach Beschäftigtengrößenklassen in v.H. 86
Tabelle 18: Vorteile der AÜG-Novelle aus Sicht der Entleihunter-
nehmen nach Beschäftigtengrößenklassen in v.H. 86

Verzeichnis der Übersichten

Übersicht 1: Entwicklung der Überlassungshöchstdauer 12
Übersicht 2: Vergleichende Übersicht der Zeitarbeitsregulierung
in Deutschland und den Niederlanden 16
Übersicht 3: Abgrenzung der Zeitarbeit vom Werkvertrag 20
Übersicht 4: Personalpolitische Anpassungsinstrumente 26
Übersicht 5: Übersicht über typische Nutzungsmotive der Zeit-
arbeit 31
Übersicht 6: Gründe für die Nachfrage nach Zeitarbeit als Er-
gänzung zu innerbetrieblichen Flexibilisierungsfor-
men und ausschließliche Nutzung der Zeitarbeit als
Flexibilisierungsform 61

Teil 2: Telearbeit und mittelständische Unternehmen

Inhalt

Verzeichnis der Abbildungen	XVIII
Verzeichnis der Tabellen	XIX
Verzeichnis der Übersichten	XX

1.	**Einleitung**	**107**
1.1	Problemstellung	107
1.2	Vorgehensweise	108
2.	**Definition**	**109**
2.1	Formen der Telearbeit	112
2.2	Telearbeit als Flexibilisierungsinstrument	117
	2.2.1 Telearbeit als internes Flexibilisierungsinstrument	118
	2.2.2 Telearbeit als externes Flexibilisierungsinstrument	118
	2.2.3 Telekooperation und virtuelle Unternehmensstrukturen	120
3.	**Telearbeit in kleinen und mittleren Unternehmen**	**123**
3.1	Anwendungsbereiche für Telearbeit	123
3.2	Das Anforderungsprofil der Telearbeit	125
3.3	Anwendungsmotive zur Nutzung von Telearbeit	128
	3.2.1 Optimierung der Personalpolitik	129
	3.2.2 Kostensenkungspotentiale	131
	3.2.3 Steigerung der Flexibilität	137
3.4	Unternehmensgrößenspezifische Hemmnisse	140
	3.4.1 Organisatorische Hemmnisse	141
	3.4.2 Technische Hemmnisse	144
4.	**Rechtliche Rahmenbedingungen**	**149**
4.1	Arbeitsrecht	149
	4.1.1 Abgrenzung der Vertragsformen der Telearbeit	149
	4.1.1.1 Der Telearbeiter als Arbeitnehmer	152
	4.1.1.1.1 Individualarbeitsrecht	152
	4.1.1.1.2 Kollektives Arbeitsrecht	156
	4.1.1.2 Der Telearbeiter als Heimarbeiter	158
	4.1.1.3 Der Telearbeiter als Selbständiger	159
	4.1.1.4 Die Frage der sogenannten Scheinselbständigkeit	160

4.2	Sozialrecht	161
4.3	Telearbeit und Datenschutz	163
4.4	Gesetzgeberischer Handlungsbedarf	164

5. Staatliche Förderung der Telearbeit 167
5.1 EU-Förderprogramme 167
5.2 Fördermaßnahmen des Bundes 172
5.3 Fördermaßnahmen der Länder 176
    5.3.1 Baden-Württemberg 176
    5.3.2 Bayern 177
    5.3.3 Berlin 178
    5.3.4 Brandenburg 179
    5.3.5 Bremen 180
    5.3.6 Hamburg 180
    5.3.7 Hessen 181
    5.3.8 Mecklenburg-Vorpommern 181
    5.3.9 Niedersachsen 181
    5.3.10 Nordrhein-Westfalen 182
    5.3.11 Rheinland-Pfalz 183
    5.3.12 Saarland 184
    5.3.13 Sachsen 185
    5.3.14 Sachsen-Anhalt 185
    5.3.15 Schleswig-Holstein 186
    5.3.16 Thüringen 187

6. Empirische Befunde zur Telearbeit 189
6.1 Auswertung aktueller Studien zur Telearbeit 189
    6.1.1 Erhebungen 190
    6.1.2 Studien zu spezifischen Aspekten der Telearbeit 196
6.2 Erfahrungen mit Telearbeit 203
6.3 Stellenwert der Telearbeit in der Bundesrepublik Deutschland 209
    6.3.1 Schätzungen zur derzeitigen Zahl der Telearbeiter in der Bundesrepublik Deutschland 209
    6.3.2 Status Quo der Telearbeit im internationalen Vergleich 213
    6.3.3 Ursachen für Unterschiede in den Ländern 216

7. Arbeitsmarktpolitisches Potential der Telearbeit 221
7.1 Beschäftigungseffekte durch Telearbeit 221
7.2 Erwartungen über die zukünftige Rolle der Telearbeit 223
   7.2.1 Tätigkeiten 225
   7.2.2 Einfluß der Unternehmensgröße 226
   7.2.3 Einfluß der Branche 229

8. Fallstudien zu Telearbeit 231
8.1 Telearbeitspraxis in ausgewählten mittelständischen Unternehmen 231
8.2 Abschließende Bemerkungen 242

9. Zusammenfassung und wirtschaftspolitische Implikationen 245

Anhang 251

Literaturverzeichnis 257

Verzeichnis der Abbildungen

Abbildung	1: Systematisierung von Arbeitsabläufen anhand der Dimensionen Raum und Zeit	120
Abbildung	2: Größenspezifische Vor- und Nachteile bei der Anwendung von Telearbeit	128
Abbildung	3: Die derzeit am meisten verwendete Technik an Telearbeitsplätzen	137
Abbildung	4: Anwendungsmotive	140
Abbildung	5: Wesentliche individualrechtliche Fragestellungen der Telearbeit	152
Abbildung	6: Förderung der Telearbeit durch die Europäische Union	172
Abbildung	7: Anzahl der Telearbeiter in Europa	214
Abbildung	8: Anteil der Telearbeiter an den Beschäftigten	215
Abbildung	9: Anteil der Telearbeiter an der Erwerbsbevölkerung	216

Verzeichnis der Tabellen

Tabelle 1: Vorhandener Informationsbedarf - in %	146
Tabelle 2: Erheblicher Teil der Belegschaft	157
Tabelle 3: Anzahl der Unternehmen mit Telearbeit als Datenbasis verschiedener Untersuchungen	189
Tabelle 4: Synoptischer Überblick über die Hauptergebnisse aktueller Studien zur Telearbeit	201
Tabelle 5: Praktizierte Organisationsformen der Telearbeit - in % der befragten Unternehmen	204
Tabelle 6: Praktizierte Organisationsformen der Telearbeit - in % der beschäftigten Telearbeiter	204
Tabelle 7: Tätigkeitsfelder - in % der jeweiligen Grundgesamtheit	205
Tabelle 8: Mögliche Einsatzfelder für Telearbeit aus Sicht der Unternehmen - in % der jeweiligen Grundgesamtheit	206
Tabelle 9: Anwendungsmotive der Telearbeit - in % der jeweiligen Grundgesamtheit	207
Tabelle 10: Hemmfaktoren für den Einsatz von Telearbeit - in % der jeweiligen Grundgesamtheit	208
Tabelle 11: Vertragsformen bei Telearbeit - in %	209
Tabelle 12: Zahl der Telearbeiter in der Bundesrepublik	210
Tabelle 13: Anteil der Unternehmen, die Telearbeit praktizieren - in % der jeweiligen Grundgesamtheit	211
Tabelle 14: Praktizierte Telearbeit nach Unternehmensgröße	212
Tabelle 15: Anteil der Unternehmen mit Telearbeit bezogen auf die jeweilige Branche - in %	212
Tabelle 16: Unternehmen mit Telearbeit differenziert nach Wirtschaftszweigen	213
Tabelle 17: Praktizierte Telearbeit nach Branchen in %	213
Tabelle 18: I&K-Technik in Unternehmen	217
Tabelle 19: Beschäftigungsprofile der einzelnen Länder	218
Tabelle 20: Netzinfrastruktur in den einzelnen Ländern (Ende 1996)	219

Tabelle 21:	Erwartungen zur weiteren Entwicklung der Telearbeit - in % der Befragten	224
Tabelle 22:	Einschätzung des Telearbeitspotentials - in % der befragten Unternehmen	225
Tabelle 23:	Interesse für Telearbeit nach Unternehmensgröße und Telearbeitspotential - in % der Befragten der jeweiligen Unternehmensgrößenklasse	227
Tabelle 24:	Einschätzung des Telearbeitspotentials im eigenen Unternehmen in fünf Jahren - in % der Befragten der jeweiligen Unternehmensgrößenklasse	228
Tabelle 25:	Telearbeit nach Wirtschaftsbereichen - in %	229
Tabelle 26:	Einschätzung des Telearbeitspotentials im eigenen Unternehmen - in % der Unternehmen des jeweiligen Wirtschaftsbereichs	230

Verzeichnis der Übersichten

Übersicht 1:	Formen der Telearbeit	112
Übersicht 2:	Traditionelle Aufgaben, die sich für Telearbeit eignen	124
Übersicht 3:	Multimedia-Dienstleistungen, die sich für Telearbeit eignen	124
Übersicht 4:	Übertragungskosten	145
Übersicht 5:	Hemmnisse	147
Übersicht 6:	Zentrale Kriterien zur Definition des Arbeitnehmerbegriffs (sog. BAG-Modell)	150
Übersicht 7:	Arbeitsrechtliche Aspekte der telearbeitsrelevanten Vertragsformen	161
Übersicht 8:	Maßnahmen des Bundes zur Förderung von Telearbeit	173
Übersicht 9:	Prognose der Beschäftigungswirkungen durch I&K-Technologien in Deutschland (per Saldo)	222
Übersicht 10:	Schätzungen zum Telearbeitspotential	223

Teil 1: Zeitarbeit und mittelständische Unternehmen

I. Einleitung

Zeitarbeit hat in den vergangenen Jahren einen enormen Bedeutungszuwachs erlebt (RUDOLPH/SCHRÖDER 1997, S. 107), der durch einen Funktionswandel der Zeitarbeit begleitet wird (KOCK 1989, S. 26). Ihr wird steigende Relevanz für die verschiedensten Wirtschaftsbereiche und für alle beruflichen Qualifikationsstufen bescheinigt. Ihre Einsatzgebiete reichen von Aushilfstätigkeiten un- oder angelernter Arbeitskräfte bis hin zum Einsatz hochqualifizierter Facharbeiter (z.B. CAD/CAM-Spezialisten) sowie EDV-Experten mit Hochschulabschluß (KRONE 1996, S. 103). Ein wesentlicher Grund für die Bedeutungszunahme wird in den wirtschaftlichen Risiken gesehen, mit denen die Unternehmen in zunehmendem Maße konfrontiert sind. Die daraus resultierende Planungsunsicherheit könnte durchaus den Wunsch nach einer erhöhten personalpolitischen Flexibilität begründen (MATTHIES u.a. 1994, S. 176).

Der Gesetzgeber unterstellt erst einmal den Bedarf. Er begründet die zum 1. April 1997 in Kraft getretene Novelle zum Arbeitnehmerüberlassungsgesetz (AÜG) unter anderem mit der Notwendigkeit, "noch besser als bisher die Bedürfnisse der Wirtschaft nach flexiblem Personaleinsatz durch sozial gesicherte, arbeitsrechtlich verträgliche und arbeitsmarktpolitisch nützliche Beschäftigungsverhältnisse zu erfüllen" (DEUTSCHER BUNDESTAG 1996a, S. 247). Damit wurde im Kern versucht, dem Spannungsverhältnis zwischen flexiblem Personaleinsatz zur Sicherung bestehender und der Schaffung zusätzlicher Arbeitsplätze einerseits und der Schutzbedürftigkeit von Zeitarbeitnehmern andererseits, Rechnung zu tragen.

Die Kosten der Regulierung der Zeitarbeit, die darin bestehen, daß die Regulierung nicht nur die Zeitarbeitsunternehmen in Form eines hohen Verwaltungsaufwands belastet (CLEMENS/KOKALJ/HAUSER 1995, S. 11 f.), sondern auch die Unternehmen trifft, die Zeitarbeit nachfragen, wurden nicht wahrgenommen. Wäre die Gesamtwirkung der Regulierung einer Prüfung unterzogen worden, wäre insbesondere geprüft worden, ob nicht eher die Abschaffung anstatt die Lockerung der Versagungstatbestände im AÜG sinnvoll gewesen wäre.[1] Diese Regulierungstatbestände wirken indirekt auf das Nachfrageverhalten der Unternehmen nach Zeitarbeit ein.

Literatur und empirische Studien zum Thema Zeitarbeit kommen in Abhängigkeit von der Betrachtungsweise entweder zu einer Befürwortung der Zeitarbeit, weil die Integrations- und Koordinationsfunktion bzw. Brückenfunktion der Zeitarbeit anerkannt wird (vgl. beispielsweise WALTER/SOLTWEDEL 1984; INSTITUT DER DEUTSCHEN WIRTSCHAFT 1998) oder zu ihrer Ablehnung, weil sie nicht der Vorstellung des im arbeitsrechtlichen Sinne üblichen Normalarbeitsverhältnisses entspricht (vgl. beispielsweise FRIEDRICH-EBERT-STIFTUNG 1996).

In der vorliegenden Untersuchung wurde demgegenüber ein integrativer Ansatz gewählt, der das interdependente System von Flexibilisierungsnotwendigkeiten in den Unternehmen und den ihnen zur Verfügung stehenden Möglichkeiten der Arbeitsflexibilisierung aufzeigt, gleichzeitig aber auch die arbeitsmarktpolitischen Implikationen der Zeitarbeit berücksichtigt.

Grundvoraussetzung für einen solchen Ansatz ist die Darstellung der rechtlichen Rahmenbedingungen der Zeitarbeit, die Abgrenzung der Zeitarbeit vom Normalarbeitsverhältnis und von anderen Formen des drittbezogenen Personaleinsatzes, die Darstellung ihrer charakteristischen Flexibilisierungseigenschaften und die Untersuchung ihres Verhältnisses zu anderen Formen der Arbeitsflexibilisierung sowie ihre Entwicklung, Umfang und Struktur. Von besonderer Bedeutung ist hier, ob die Zeitarbeit eher in einer substitutiven oder komplementären Beziehung zum Normalarbeitsverhältnis bzw. zu anderen Formen der Arbeitsflexibilisierung steht.

Innerhalb dieses weit gespannten Rahmens besteht das zentrale Anliegen der vorliegenden Untersuchung in der Klärung der Frage, welches speziell die Motive kleiner und mittlerer Unternehmen sind, Zeitarbeit nachzufragen und außerdem die Frage, ob das Nachfrageverhalten der Unternehmen nach Zeitarbeit mit der Unternehmensgröße variiert. Nur die Analyse der Motive kann letztlich Aufschluß darüber geben, welchen Stellenwert die Zeitarbeit im Kalkül

---

1 Dies gilt beispielsweise für das Befristungs-, Wiedereinstellungs- und Synchronisationsverbot sowie für die gesetzlich festgelegte Überlassungshöchstdauer. Letztere muß seit Inkrafttreten des AÜG 1972 sowohl hinsichtlich der Höhe als auch hinsichtlich des Zeitpunkts ihrer Erhöhung als beliebig oder gar willkürlich bezeichnet werden (vgl. Übersicht 1).

der Unternehmen in Abhängigkeit von der Unternehmensgröße hat und welche Bedeutung ihr auch im Verhältnis zu alternativen Formen der Arbeitsflexibilisierung in den Unternehmen zukommt.

Ein weiterer wichtiger Ansatzpunkt, die Bedeutung der Zeitarbeit für die Unternehmen in Abhängigkeit von der Unternehmensgröße zu ermitteln, ist die Berechnung der Nutzungsintensität der Zeitarbeit. Eine vor kurzem durchgeführte Untersuchung zur größenspezifischen Nutzungsintensität der Zeitarbeit (RUDOLPH/SCHRÖDER 1997, S. 111) ist aufgrund der ihr zugrundeliegenden Definition eher kritisch zu sehen. Im empirischen Teil der vorliegenden Untersuchung wurde deshalb die beschäftigungsbezogene Nutzungsintensität berechnet. Mit ihrer Hilfe kann die relative Bedeutung der Zeitarbeit für kleine und mittlere Unternehmen im Vergleich zu großen Unternehmen ermittelt werden.

Eine wichtige Überlegung, die bis zum gegenwärtigen Zeitpunkt in der öffentlichen Diskussion kaum Beachtung findet, ist die Feststellung, daß die Zeitarbeitsunternehmen aufgrund ihres wirtschaftlichen Interesses einen Anreiz haben, den Matchingprozeß von Arbeitsangebot und Arbeitsnachfrage zu optimieren. Die Zufriedenheit ihrer Kundenunternehmen (Entleihunternehmen) mit dieser von ihnen erbrachten Dienstleistung entscheidet darüber, ob das Zeitarbeitsunternehmen diesen Kunden auch in Zukunft bedienen darf und seine Marktstellung erhalten oder gar ausbauen kann. Anders ausgedrückt: Ein Mismatch kann es sich nicht leisten. Angesichts hoher Arbeitslosenzahlen und der Tatsache, daß mehr als die Hälfte aller Zeitarbeitnehmer[2] zuvor arbeitslos waren, ist nicht zu verstehen, daß die Zeitarbeit immer noch als atypische bzw. prekäre Beschäftigungsform (vgl. beispielsweise BAUMEISTER/BOLLINGER/ PFAU 1988; MATTHIES u.a. 1994; FRIEDRICH-EBERT-STIFTUNG 1996) klassifiziert wird.

Im empirischen Teil der vorliegenden Untersuchung wird diese ambivalente Erscheinung der Zeitarbeit untersucht bzw. hinterfragt und es wird den arbeitsmarktpolitischen Implikationen der Nachfrage nach Zeitarbeit nachgegangen. Ansatzpunkte für diesen Teil der Untersuchung sind die von den Entleihunternehmen nachgefragten Qualifikationen und die Wahrscheinlichkeit, durch den Kennenlerneffekt potentieller neuer Mitarbeiter über die Zeitarbeit

---

[2] Im Juni 1997 betrug der Anteil der Zeitarbeitnehmer, die vorher ohne Beschäftigung waren, 65,4 %. Davon waren 45,9 % weniger als ein Jahr arbeitslos bzw. 11,7 % länger als ein Jahr arbeitslos. 7,9 % waren Berufseinsteiger.

diese in eine Dauerbeschäftigung zu übernehmen. Ferner wird auch die Absicht der befragten Unternehmen, Neueinstellungen zu tätigen oder Personal abzubauen und die Absicht, zukünftig Zeitpersonal nachzufragen, untersucht.

Schließlich werden auch Faktoren untersucht, die die Nachfrage nach Zeitarbeit behindern können. Von Interesse ist in diesem Zusammenhang, ob möglicherweise eine positive Wirkung von der AÜG-Novelle ausgeht, die sich im Nachfrageverhalten nach Zeitarbeit niederschlägt. Bevor diesen Fragen im empirischen Teil der Untersuchung nachgegangen wird, werden im Grundlagenteil der Untersuchung die für die Analyse wesentlichen Aspekte der Zeitarbeit dargestellt.

II. Grundlagen

1. Definition der Beschäftigungsform Zeitarbeit

Das Charakteristikum der Zeitarbeit ergibt sich aus der Abgrenzung zum Normalarbeitsverhältnis.[3] Sind Arbeitsverhältnis und Beschäftigungsverhältnis bei einem Normalarbeitsverhältnis identisch, so fallen sie bei einem Zeitarbeitsverhältnis auseinander (BROSE/SCHULZE-BÖING/WOHLRAB-SAHR 1987, S. 284). Wie aus Abbildung 1 ersichtlich, wird ein Arbeitsverhältnis durch einen Arbeitsvertrag begründet. Dieser verpflichtet zur vollen Übernahme von Arbeitgeberpflichten und -risiken (HANAU/ADOMEIT 1994, S. 155; HANAU 1997, S. 1278 f.). Das Beschäftigungsverhältnis kennzeichnet demgegenüber den Ort der tatsächlichen Erbringung der Arbeitsleistung, was impliziert, daß eine dritte Partei involviert sein kann und - wie bei der Zeitarbeit - die Übertragung des Weisungsrechts an diesen Dritten.

Bei einem Zeitarbeitsverhältnis schließt das Zeitarbeitsunternehmen einen Arbeitsvertrag mit einem Zeitarbeitnehmer (Arbeitsverhältnis), in dem vereinbart wird, daß der Zeitarbeitnehmer seine Arbeitsleistung regelmäßig in einem dritten Unternehmen, dem Entleihunternehmen, erbringen soll (Beschäftigungsverhältnis). Das Zeitarbeitsverhältnis unterscheidet sich vom Normalarbeitsverhältnis demzufolge formal durch sein Überlassungselement.

Zeitarbeit kann aufgrund des Überlassungselements definiert werden als eine Tätigkeit, bei der ein selbständiger Unternehmer (Zeitarbeitsunternehmen) seinen Arbeitnehmer (Zeitarbeitnehmer) zum Zwecke der Arbeitsleistung einem Dritten (Entleihunternehmen) überläßt (NIEBLER/BIEBL/ULRICH 1996, S. 23). Die vertraglichen Beziehungen zwischen den Parteien sind in Abbildung 1 dargestellt.

Vertragliche Beziehungen bestehen zwischen dem Zeitarbeitsunternehmen und dem Zeitarbeitnehmer auf der einen Seite und dem Zeitarbeitsunternehmen und Entleihunternehmen auf der anderen. Zwischen Entleihunternehmen und den dorthin überlassenen Zeitarbeitnehmern besteht dagegen keine ver-

---

[3] Unter dem Begriff "Normalarbeitsverhältnis" werden im allgemeinen auf unbestimmte Dauer vereinbarte Vollzeitarbeitsverhältnisse in abhängiger Beschäftigung verstanden. Das Normalarbeitsverhältnis dient als normatives Leitbild, welches durch Gesetze, Tarifverträge, Betriebsvereinbarungen und andere rechtliche Regelungen angemessene Einkommen gewährleisten und Beschäftigte vor Gefährdungen und Risiken während der Arbeit und des Arbeitslebens sowie danach schützen soll (PLANDER 1990, S. 20).

tragliche Beziehung, obwohl die Zeitarbeitnehmer ihre Arbeitsleistung dort erbringen.

Abbildung 1: Vertragliche Beziehungen zwischen den an der Zeitarbeit Beteiligten

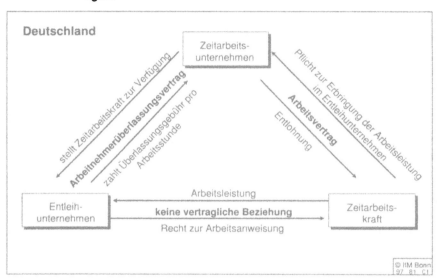

Im Arbeitnehmerüberlassungsvertrag verpflichtet sich das Zeitarbeitsunternehmen, dem Entleihunternehmen die Arbeitsleistung eines Arbeitnehmers für eine bestimmte Dauer zur Verfügung zu stellen. Als Gegenleistung für die Überlassung zahlt das Entleihunternehmen eine Überlassungsgebühr. Das Zeitarbeitsunternehmen bleibt Arbeitgeber der Zeitarbeitskraft im arbeitsrechtlichen Sinne. Seine Arbeitgeberfunktion beschränkt sich jedoch im wesentlichen auf die Pflicht zur Zahlung des Arbeitsentgelts und auf die Beitragspflicht gegenüber der Sozialversicherung. Diese Verpflichtung bleibt auch dann bestehen, wenn für den Zeitarbeitnehmer vorübergehend keine Einsatzmöglichkeit in einem Entleihunternehmen besteht (NIEBLER/BIEBL/ULRICH 1996, S. 24).

Eine wesentliche Arbeitgeberfunktion, namentlich die Arbeitsanweisung zur Ausübung der konkreten Arbeitsleistung, wird jedoch vom Entleihunternehmen wahrgenommen. Ohne die Arbeitgeberposition gegenüber Zeitarbeitnehmern zu übernehmen, ist das Entleihunternehmen weisungsbefugt und kann Zeitarbeitnehmer seinen Vorstellungen und Zielen entsprechend, wie eigene Arbeitnehmer einsetzen (FEUERBORN, 1996, S. 198). Während ihrer Tätigkeit sind die Zeitarbeitnehmer somit vollständig in das Entleihunternehmen integriert.

2. Rechtliche Rahmenbedingungen der Zeitarbeit

2.1 Der Begriff "Zeitarbeit"

Rechtliche Grundlage der Zeitarbeit ist das 1972 in Kraft getretene Gesetz zur Regelung der gewerbsmäßigen Arbeitnehmerüberlassung (Arbeitnehmerüberlassungsgesetz-AÜG). Der Begriff "Zeitarbeit" wird im Arbeitnehmerüberlassungsgesetz (AÜG) allerdings nicht erwähnt. In § 1 AÜG, der die Erlaubnispflicht für die gewerbsmäßige Arbeitnehmerüberlassung regelt, wird der Arbeitgeber als Verleiher, der Arbeitnehmer als Leiharbeitnehmer und das Drittunternehmen als Entleiher bezeichnet. Die von den Verleihern ausgeübte Tätigkeit wird als gewerbsmäßige Arbeitnehmerüberlassung bezeichnet.

Weder das AÜG noch das Handelsgesetzbuch oder die Gewerbeordnung enthalten eine Legaldefinition des Begriffs "Gewerbsmäßigkeit". Der Rechtsprechung zufolge ist eine gewerbsmäßige Tätigkeit eine auf "eine gewisse Dauer angelegte und auf die Erzielung unmittelbarer oder mittelbarer wirtschaftlicher Vorteile ausgerichtete selbständige Tätigkeit" (BECKER 1988, S. 2562).[4]

Entgegen dem im AÜG verwendeten Terminus "gewerbsmäßige Arbeitnehmerüberlassung" werden in der Literatur andere Begriffe wie etwa Arbeitskräfteverleih, Leiharbeit, Dienstleistungen auf Zeit, Personalleasing und Zeitarbeit synonym für die gewerbsmäßige Arbeitnehmerüberlassung verwendet (vgl. beispielsweise WIERLEMANN 1995, S. 10; NIEBLER/BIEBL/ULRICH 1996).

Die gewerbsmäßige Arbeitnehmerüberlassung gibt es nicht nur in Deutschland. In einigen Europäischen Mitgliedstaaten ist sie wesentlich weiter verbreitet.[5] Die Europäische Kommission verwendet in ihrer Definition[6] den Begriff

---

[4] Das Merkmal der Dauer ist dann erfüllt, wenn die Tätigkeit auf Wiederholung angelegt ist. Das Kriterium der Gewinnerzielungsabsicht findet sich bei der Zeitarbeit darin wieder, daß ein Zeitarbeitsunternehmen dem Entleihunternehmen seine Arbeitnehmer entgeltlich, also gegen die Zahlung der Überlassungsgebühr, zur Verfügung stellt (FEUERBORN 1996, S. 198).

[5] So beispielsweise in Großbritannien, Frankreich und den Niederlanden.

[6] Die Europäische Kommission definiert die Tätigkeit eines Zeitarbeitunternehmens als "entering into contracts of employment or employment relationships with workers in search for jobs for the purpose of placing these workers temporarily at the disposal of another business for the performance of an assignment" (CASEY/DRAGENDORF 1989, S. 450).

"temporary work" oder auch "agency work" (CASEY/DRAGENDORF 1989, S. 450).

Der Begriff "Zeitarbeit" ist eine Übersetzung des englischen Begriffs "temporary work" und kann für zwei unterschiedliche Formen der Zeitarbeit, Leiharbeit und befristete Arbeitsverträge stehen, weil der Begriff Zeitarbeit den temporären Charakter beider Beschäftigungsformen zum Ausdruck bringt (VOSWINKEL 1995, S. 125). Allerdings wird der Begriff Zeitarbeit in der wissenschaftlichen Literatur häufig synonym zum Begriff "Leiharbeit" benutzt, um einen wertfreien Terminus für die gewerbsmäßige Arbeitnehmerüberlassung zu wählen (vgl. beispielsweise DRAGENDORF/HEERING/JOHN 1988; BROSE/SCHULZE-BÖING/MEYER 1990; BODE/BROSE/VOSWINKEL 1994). Die vorliegende Studie schließt sich dieser wertfreien Betrachtung an.

2.2 Ziel des Arbeitnehmerüberlassungsgesetzes (AÜG)

Mit der rechtlichen Fundierung der Zeitarbeit trägt der Gesetzgeber der Tatsache Rechnung, daß Arbeits- und Beschäftigungsverhältnis bei der Zeitarbeit im Unterschied zum Normalarbeitsverhältnis, auseinanderfallen. Hieraus wird eine besondere Schutzbedürftigkeit des Zeitarbeitnehmers abgeleitet (vgl. SANDMANN/MARSCHALL 1997, S. 27f.). Ziel des Arbeitnehmerüberlassungsgesetzes (AÜG) ist daher "die Sicherstellung des arbeits- und sozialversicherungsrechtlichen Schutzes der Zeitarbeitnehmer" (NIEBLER/BIEBL/ULRICH 1996, S. 24). Die im AÜG enthaltenen Regulierungsinstrumente sollen sicherstellen, daß einzelne Zeitarbeitseinsätze im Sinne einer Fristentransformation zu einer Dauerbeschäftigung beim Zeitarbeitsunternehmen transformiert werden (VOSWINKEL 1995, S. 110).

2.3 Wesentliche Regulierungsinstrumente des AÜG

Die Spezialgesetzgebung für die Zeitarbeit in Form des Arbeitnehmerüberlassungsgesetzes stellt auf eine besondere Schutzbedürftigkeit des Zeitarbeitnehmers ab, die aus dem Drittbezug dieser Beschäftigungsform abgeleitet wird. Deshalb enthält das AÜG einschränkende Vorschriften, von denen im Zuge der AÜG-Novelle vom 1. April 1997 einige modifiziert worden sind. Ziel des Gesetzgebers war nunmehr, beschäftigungshemmende Vorschriften aufzuheben und Hindernisse zu beseitigen, "die einer Nutzung der gewerbsmäßigen Arbeitnehmerüberlassung zur Schaffung zusätzlicher Arbeitsplätze entgegenstehen" (DEUTSCHER BUNDESTAG 1996a, S. 247). Im folgenden werden die wesentlichen Regulierungsinstrumente dargestellt.

2.3.1 Erlaubnispflicht

Von zentraler Bedeutung für die Regulierung der Zeitarbeit ist die Erlaubnispflicht für die gewerbsmäßige Arbeitnehmerüberlassung. Gemäß § 1 AÜG bedürfen Arbeitgeber, die als Verleiher Dritten (Entleihern) Arbeitnehmer (Leiharbeitnehmer) gewerbsmäßig zur Arbeitsleistung überlassen wollen, der Erlaubnis der Bundesanstalt für Arbeit. Die Erlaubniserteilung ist in der Regel auf ein Jahr befristet und kann nach drei aufeinanderfolgenden Jahren der Erlaubniserteilung unbefristet erteilt werden. Versagensgründe für die Erlaubniserteilung sind die in § 3 AÜG aufgezählten Verbote wie beispielsweise das Befristungsverbot, das Synchronisationsverbot und das Wiedereinstellungsverbot, welche im folgenden näher erläutert werden.

Der Arbeitnehmerüberlassungsvertrag zwischen Entleihunternehmen und Zeitarbeitsunternehmen muß einen Hinweis auf die Erlaubnis enthalten. Wird die Erlaubnis entzogen, ist das Zeitarbeitsunternehmen dazu verpflichtet, das Entleihunternehmen davon zu unterrichten. Um den betroffenen Arbeitnehmer zu schützen, wird im Falle der Arbeitnehmerüberlassung ohne Erlaubnis ein Arbeitsverhältnis zwischen Zeitarbeitnehmer und dem Entleihunternehmen fingiert (HOYNINGEN-HUENE v. 1985, S. 1670).

2.3.2 Versagungstatbestände

2.3.2.1 Befristungsverbot

Das Befristungsverbot von Zeitarbeitsverträgen zielt darauf ab, die Überwälzung des Beschäftigungsrisikos auf den Zeitarbeitnehmer zu verhindern. Zeitarbeitnehmer sollen über den Einsatz in einem Entleihunternehmen hinaus vom Zeitarbeitsunternehmen beschäftigt werden (Fristentransformation), also auch dann, wenn keine Überlassungsmöglichkeit besteht bei gleichzeitiger Zahlung des Arbeitsentgelts.

Vor der AÜG-Novelle von 1997 mußte ein Zeitarbeitsvertrag deshalb grundsätzlich unbefristet abgeschlossen werden. Die Befristungsmöglichkeit von Zeitarbeitsverträgen nach § 3 Abs. 1, Nr. 3 AÜG war nur als Ausnahmetatbestand statthaft, wenn sich für die Befristung ein sachlicher Grund aus der Person des Zeitarbeitnehmers ergab. Ein typisches Beispiel für einen solchen Ausnahmetatbestand sind Studenten, die für die Dauer ihrer Semesterferien für Zeitarbeitsunternehmen arbeiten, bei denen aber bereits bei Abschluß des Arbeitsvertrages klar ist, daß die ausgeübte Tätigkeit mit Ende der Semesterferien beendet werden soll. Ein anderes Beispiel ist die im Anschluß an ein Zeitarbeitsverhältnis anstehende Ableistung des Wehr- oder Zivildienstes.

Im Zuge der AÜG-Novelle wurde das Befristungsverbot nun auf die wiederholte Befristung von Arbeitsverträgen mit demselben Zeitarbeitnehmer eingeschränkt. Dies wurde mit der beschäftigungshemmenden Wirkung eines allgemeinen Befristungsverbots begründet (DEUTSCHER BUNDESTAG 1996a, S. 249). Eine wiederholte Befristung des Arbeitsvertrages mit demselben Arbeitnehmer bis zu zwei Jahren ist seither möglich, wenn ein Anschlußvertrag, also ohne Unterbrechungszeitraum, abgeschlossen wird. Damit soll sichergestellt werden, daß die Befristungsmöglichkeit von den Zeitarbeitsunternehmen nicht dazu mißbraucht werden kann, die Beschäftigungskosten in einsatzlosen Zeiten durch Entlassungen und spätere Wiedereinstellungen auf Zeitarbeitnehmer zu überwälzen.

Insbesondere hofft man, daß die einmalige Befristungsmöglichkeit die Bereitschaft der Zeitarbeitsunternehmen zur Einstellung von Problemgruppen des Arbeitsmarktes wie beispielsweise von (Langzeit-) Arbeitslosen erhöht. Indem es diesem Personenkreis ermöglicht wird, seine Leistungsbereitschaft und Qualifikation am Arbeitsplatz im Entleihunternehmen unter Beweis zu stellen, könnte er über die Zeitarbeit schließlich wieder in das Arbeitsleben reintegriert werden.

Daneben können aber auch Personen mit spezifischen Fachkenntnissen, bei denen nicht abzusehen ist, ob ihre Qualifikation nach einem erteilten Auftrag auch weiter überlassen werden kann, befristet beschäftigt werden. Hier zeigt sich auch die Integrationsfunktion der Zeitarbeit in bezug auf höhere Qualifikationen und Berufseinsteiger. Die Befristungsmöglichkeit ermöglicht einen "Kennenlerneffekt" von Arbeitskräften im Rahmen der Zeitarbeit, der zu einer Übernahme in eine Dauerbeschäftigung im Entleihunternehmen führen kann.

2.3.2.2 Synchronisationsverbot

Um zu verhindern, daß das Arbeitsverhältnis zwischen Zeitarbeitsunternehmen und Zeitarbeitnehmer nicht nur als kurzfristige Form der Arbeitskräftebeschaffung genutzt wird, beinhaltet das AÜG das Synchronisationsverbot, welches besagt, daß das Zeitarbeitsverhältnis die erste Überlassung an ein Entleihunternehmen zeitlich überdauern muß (§ 3 Abs. 1 Nr. 5 AÜG). Die Bundesanstalt für Arbeit hat den Terminus "zeitliches Überdauern des Arbeitsverhältnisses" weiter konkretisiert. Danach muß das Arbeitsverhältnis die erstmalige Überlassung um 25 %, mindestens aber einen Tag überdauern (VOSWINKEL 1995, S. 111). Das Synchronisationsverbot wurde erstmals durch das Beschäftigungsförderungsgesetz von 1994 gelockert, um die Reintegration schwervermittelbarer Arbeitsloser ins Arbeitsleben unter Ausschöpfung der Möglichkeiten des AÜG zu erleichtern.

Die AÜG-Novelle von 1997 hat zu einer weiteren Lockerung des Synchronisationsverbots geführt. Es gilt nun nur noch für die wiederholte Synchronisation von Arbeitsverhältnis und Überlassung. Damit wird dem Zeitarbeitsunternehmen bei der Erstüberlassung die Möglichkeit eröffnet, das Arbeitsverhältnis mit dem Zeitarbeitnehmer mit Beendigung der Dauer der Erstüberlassung zu beenden, ohne den betroffenen Arbeitnehmer weiter beschäftigen zu müssen.

2.3.2.3 Wiedereinstellungsverbot

Das bis auf die Ersteinstellung auch weiterhin gültige Befristungsverbot von Zeitarbeitsverträgen mit demselben Zeitarbeitnehmer könnte theoretisch umgangen werden, wenn zwar ein unbefristeter Arbeitsvertrag geschlossen, dieser jedoch gekündigt würde, wenn keine Anschlußüberlassungsmöglichkeit besteht; derselbe Zeitarbeitnehmer könnte dann bei einer neuen Überlassungsmöglichkeit wieder eingestellt werden. Dem soll § 3 Abs. 1, Nr. 4 AÜG entgegenwirken, indem eine wiederholte Einstellung nach Beendigung des Arbeitsverhältnisses mit demselben Zeitarbeitnehmer erst nach Ablauf einer Frist von drei Monaten möglich ist.

Da das Wiedereinstellungsverbot, wie das Synchronisationsverbot auch, eine flankierende Maßnahme zur Durchsetzung des Befristungsverbots ist, gilt es jetzt erst ab der zweiten Wiedereinstellung desselben Zeitarbeitnehmers (DEUTSCHER BUNDESTAG 1996a, S. 250). Demzufolge sind nach § 9 Abs. 3 AÜG nur noch solche Kündigungen unwirksam, bei denen das Zeitarbeitsunternehmen wiederholt denselben Zeitarbeitnehmer innerhalb von drei Monaten nach Beendigung des Arbeitsverhältnisses wieder einstellt.

2.3.2.4 Überlassungshöchstdauer

Die zeitliche Begrenzung der Überlassungsdauer soll verhindern, daß ein und derselbe Zeitarbeitnehmer für eine unbegrenzte Dauer an ein Entleihunternehmen überlassen werden kann. Verschiedene Zeitarbeitnehmer können dagegen demselben Entleihunternehmen für den gleichen Arbeitsplatz überlassen werden, d.h. das Entleihunternehmen kann den gleichen Arbeitsplatz mit wechselnden Zeitarbeitnehmern dauerhaft besetzen (BODE/BROSE/VOSWIN-KEL 1994, S. 80).

Die auf diese Weise sichergestellte Rotation der Zeitarbeitnehmer zielt darauf ab, daß ein wiederholt eingesetzter, bestimmter Zeitarbeitnehmer entweder vom Entleihunternehmen in ein Dauerarbeitsverhältis übernommen werden soll, weil das Unternehmen offenbar doch ein konkretes Interesse konkret an dieser Arbeitskraft hat und deshalb auch die Arbeitgeberpflichten übernehmen soll. Oder das Entleihunternehmen entscheidet sich grundsätzlich für den Einsatz von Zeitpersonal mit der Folge, daß die Zeitarbeitnehmer auf demselben Arbeitsplatz wechseln, neu eingearbeitet werden müssen und schließlich ihre Arbeitsleistung dort erbringen.

Übersicht 1: Entwicklung der Überlassungshöchstdauer

Gesetz	Überlassungshöchstdauer
Arbeitnehmerüberlassungsgesetz (AÜG) vom 12.10.1972	3 Monate
Beschäftigungsförderungsgesetz (BeschFG 1985) vom 26.04.1985 (mit Wirkung vom 01.05.1985)	6 Monate
Erstes Gesetz zur Umsetzung des Spar-, Konsolidierungs- und Wachstumsprogramms (1. SKWPG) vom 21.12.1993 (mit Wirkung vom 01.01.1994)	9 Monate
Arbeitsförderungs-Reformgesetz (AFRG) vom 24.03.1997	12 Monate

© IfM Bonn

Wie aus Übersicht 1 hervorgeht, ist die maximale Überlassungsdauer bereits mehrfach verlängert worden. Die AÜG-Novelle von 1997 hat nun zu einer erneuten Anhebung der zulässigen Überlassungshöchstdauer von neun auf zwölf Monate geführt.

Die jüngste Verlängerung der Überlassungshöchstdauer wird vom Gesetzgeber mit der Absicht begründet, die Beschäftigungsmöglichkeiten für Zeitarbeitnehmer zu erweitern und damit einen Beitrag zur Gewinnung zusätzlicher Arbeitsplätze zu leisten (DEUTSCHER BUNDESTAG 1996a, S. 248). Dem liegt die Überlegung zugrunde, daß bestimmte Tätigkeiten einerseits zeitlich nicht genau prognostizierbar sind und deshalb einen größeren Dispositionsspielraum erfordern, andererseits hat sich in der Vergangenheit gezeigt, daß die

Anhebung der Überlassungshöchstdauer es der Zeitarbeit ermöglicht, völlig neue Beschäftigungsfelder zu erschließen.

2.4 Betriebsverfassungsrechtliche Aspekte

So wie Zeitarbeitnehmer über betriebsverfassungsrechtliche Mitbestimmungsrechte verfügen, so haben auch die Betriebsräte in den Entleihunternehmen in bezug auf den Einsatz von Zeitpersonal betriebsverfassungsrechtliche Beteiligungsrechte. Bevor Zeitpersonal in einem Unternehmen eingesetzt werden kann, muß die Zustimmung des Betriebsrates eingeholt werden. In der Praxis kann es im Hinblick auf Mitbestimmungs- und Beteiligungsrechte zu Konflikten kommen, weshalb diese Problematik kurz skizziert werden soll.

2.4.1 Mitbestimmungsrechte der Zeitarbeitnehmer

Gemäß § 14 Abs. 1 AÜG bleiben Zeitarbeitnehmer auch während ihrer Tätigkeit im Entleihunternehmen Arbeitnehmer des Zeitarbeitsunternehmens und werden deshalb betriebsverfassungsrechtlich nur diesem zugeordnet. Diese Zuordnung ist umstritten, vor allem weil Zeitarbeitnehmer ihre Arbeitsleistung regelmäßig im Entleihunternehmen erbringen.

Die Wahrnehmung oder Geltendmachung betriebsverfassungsrechtlicher Rechte im Zeitarbeitsunternehmen selbst ist für Zeitarbeitnehmer aufgrund ihrer Einsätze in den Entleihunternehmen schwierig, weshalb ihnen gemäß § 14 Abs. 2 Satz 2 und 3 AÜG das Recht eingeräumt wird, im Entleihunternehmen zumindest die Sprechstunden der Arbeitnehmervertretungen aufzusuchen und an den Betriebsversammlungen dort teilzunehmen. Dieses Teilnahmerecht ist zwar konsequent in dem Sinne, daß die Zeitarbeitnehmer zur Erbringung ihrer Arbeitsleistung in das Entleihunternehmen vollständig eingegliedert sind. Die mitunter sehr kurze Verweildauer der Zeitarbeitnehmer in den Entleihunternehmen kann jedoch die Entstehung gleichgerichteter Interessen verhindern, so daß betriebsverfassungsrechtliche Rechte der Zeitarbeitnehmer in der Praxis nur unvollkommen wahrgenommen werden können.

2.4.2 Beteiligungsrechte des Betriebsrats

Gemäß § 14 Abs. 3 Satz 1 AÜG muß der Betriebsrat vor dem Einsatz (Übernahme) von Zeitarbeitnehmern nach § 99 BetrVG beteiligt werden. Übernahme im Sinne des § 14 Abs. 3 Satz 1 AÜG ist die Eingliederung, also die tatsächliche Beschäftigung des Zeitarbeitnehmers im Entleihunternehmen (SCHÜREN 1994, § 14 Rdn. 130). Auch eine Verlängerung der Überlassung begründet eine Übernahme im Sinne des § 14 Abs. 3 Satz 1 AÜG, so daß die Zustimmung des Betriebsrats neu eingeholt werden muß. Arbeitsplatzwechsel während der Überlassungsdauer begründen hingegen keine neue Zustimmungspflicht des Betriebsrats (SCHÜREN 1994, § 14 Rdn. 134). Allerdings gilt die Zustimmungspflicht des Betriebsrats nach § 99 BetrVG erst für Betriebe mit mehr als 20 wahlberechtigten Arbeitnehmern.

Der Betriebsrat kann seine Zustimmung dann verweigern, wenn einer der in § 99 Abs. 2 Nr. 1 bis 6 BetrVG genannten Gründe vorliegen. Dazu zählen unter anderem der Verstoß gegen Gesetze, Verordnungen, Unfallverhütungsvorschriften, Tarifverträge oder Betriebsvereinbarungen, die Befürchtung der Kündigung von Stammarbeitnehmern oder sonstige Nachteile, die weder aus betrieblichen noch persönlichen Gründen gerechtfertigt sind; ferner die Benachteiligung von Zeitarbeitnehmern oder die Besorgnis, daß der Betriebsfrieden durch den Einsatz von Zeitarbeitnehmern gefährdet werden könnte.

Die Verweigerung der Zustimmung muß der Betriebsrat dem Arbeitgeber gemäß § 99 Abs. 3 Satz 1 BetrVG schriftlich innerhalb von einer Woche nach Unterrichtung begründen. Wird die Frist nicht eingehalten, gilt die Zustimmung gemäß § 99 Abs. 3 Satz 2 BetrVG als erteilt. Der Arbeitgeber kann bei Verweigerung der Zustimmung gemäß § 99 Abs. 4 BetrVG beim Arbeitsgericht beantragen, die Zustimmung zu ersetzen. Das Entleihunternehmen hat darüber hinaus die Möglichkeit, Zeitarbeitnehmer vorläufig einzusetzen, wenn die Übernahme aus sachlichen Gründen dringend erforderlich ist (§ 100 BetrVG). Setzt das Entleihunternehmen Zeitarbeitnehmer ohne Zustimmung des Betriebsrats ein oder wird im Falle der Verweigerung durch den Betriebsrat nicht der Weg über § 100 BetrVG beschritten, kann der Betriebsrat den Einsatz von Zeitarbeitnehmern untersagen (§ 101 BetrVG).

3. Exkurs: Vergleich der Zeitarbeitsregulierung in Deutschland und in den Niederlanden

Von verschiedenen Seiten wird argumentiert, die starke Regulierung der Zeitarbeit in Deutschland sei mit entscheidend dafür, daß sie im Vergleich zu den USA ein Schattendasein führt (WOLBER 1997a, S. 21). Auch im Vergleich zu anderen Mitgliedstaaten der Europäischen Union, insbesondere zu Großbritannien und den Niederlanden, hat die Zeitarbeit in Deutschland eine untergeordnete Bedeutung. Hierzu ist anzumerken, daß zwei wesentliche Regulierungstatbestände, das Befristungs- und Synchronisationsverbot, in Europa einzig in Deutschland bestehen (RUDOLPH/SCHRÖDER 1997, S. 104).

Aufgrund der relativ starken Regulierung der Zeitarbeit in Deutschland stellt sich in der vorliegenden Studie unter anderem die Frage, ob durch die einschränkenden Vorschriften des Arbeitnehmerüberlassungsgesetzes und hier insbesondere das Befristungs- und Synchronisationsverbot, neben den Zeitarbeitsunternehmen nicht auch das Nachfrageverhalten der Entleihunternehmen nach Zeitarbeit überproportional tangiert wird. Die Regulierung der Zeitarbeit würde demnach nicht nur eine direkte, beabsichtigte Wirkung entfalten, sondern auch die Unternehmen treffen, die Zeitarbeit nachfragen und diese in ihren Dispositionsmöglichkeiten mit Zeitpersonal einschränken.

Der Vergleich der Zeitarbeitsarbeitsregulierung in Deutschland mit derjenigen in den Niederlanden soll deshalb beleuchten, wie die nach der AÜG-Novelle noch bestehende Regulierungsintensität der Zeitarbeit in Deutschland im Vergleich mit den Niederlanden einzuschätzen ist. Dieser Vergleich bietet sich an, weil die Ausgangslage ähnlich ist und die strukurellen Unterschiede beider Länder gering sind (PAQUÉ 1997, S. 197). Wie die Gegenüberstellung der wesentlichen Regulierungstatbestände beider Länder in Übersicht 2 zeigt, ist die Regulierung der Zeitarbeit in den Niederlanden, im Vergleich zu Deutschland, ungleich liberaler.

In beiden Ländern ist die Zeitarbeit zwar eine erlaubnispflichtige Tätigkeit. Damit erschöpfen sich allerdings die Gemeinsamkeiten bezüglich der Regulierung. Während die Arbeitsentgelte in Deutschland individualvertraglich abgeschlossen werden müssen, weil der Deutsche Gewerkschaftsbund Tarifverhandlungen mit dem Bundesverband Zeitarbeit bislang ablehnt (O.V. 1997a, S. 20), gilt für die Zeitarbeitskräfte in den Niederlanden ein als allgemeinverbindlich erklärter Tarifvertrag, der ihnen einen tarifvertraglichen Mindestlohn sichert.

Wie in Abschnitt 2.1 bereits ausgeführt, können Arbeitsverträge in Deutschland mit demselben Zeitarbeitnehmer nur einmal befristet werden. In den Niederlanden ist die Befristung von Arbeitsverträgen dagegen die Regel. Typischerweise gilt die vertragliche Beziehung zwischen Zeitarbeitsunternehmen und Zeitarbeitnehmern gerade nur für die Dauer der Überlassung. Das Synchronisationsverbot gilt folglich nicht (vgl. Abschnitt 2.1).

Übersicht 2: Vergleichende Übersicht der Zeitarbeitsregulierung in Deutschland und den Niederlanden

Kriterien	Deutschland	NL
Erlaubnispflicht	ja	ja
maximale Überlassungsdauer	12 Monate	Begrenzung 1997 aufgehoben
Vereinbarungen bzgl. Arbeitsentgelte	individualvertragliche Festlegung	tarifvertragliche Mindestlohnhöhe
Befristung von Arbeitsverträgen	seit 1997 einmal möglich	nicht reglementiert
Synchronisation	seit 1997 einmal möglich	nicht reglementiert
sektorales Arbeitnehmerüberlassungsverbot[7]	Bauhauptgewerbe	besteht seit 1997 nicht mehr
Arbeitnehmerstatus des Zeitpersonals	ja	nein
Übernahme des Beschäftigungsrisikos	Zeitarbeitsunternehmen	Zeitarbeitnehmer
Kündigungsschutz	gesetzlicher Kündigungsschutz	tarifvertraglicher Kündigungsschutz

© IfM Bonn

Der wohl gravierendste Unterschied zwischen beiden Ländern ist der Status der Zeitarbeitskräfte. Während deutsche Zeitarbeitsunternehmen die Arbeitgeberposition gegenüber dem Zeitarbeitnehmer einnehmen, so daß für den Zeitarbeitnehmer als abhängig Beschäftigten alle arbeitsrechtlichen Schutzvorschriften wie gesetzlicher Kündigungsschutz etc. gelten, hat die Zeitarbeitskraft in den Niederlanden keinen Arbeitnehmerstatus. Sie erbringt ihre Arbeitsleistung als Selbständiger für die Zeitarbeitsunternehmen in den Entleihunternehmen. Als Konsequenz gelten die arbeitsrechtlichen Schutzvorschriften in den Niederlanden nur beschränkt. Demgegenüber wurden aber tarifvertragli-

---

[7] Im Bauhauptgewerbe besteht in Deutschland ein Verbot zur Arbeitnehmerüberlassung. Das Arbeitnehmerüberlassungsverbot in Unternehmen des Baugewerbes zu Arbeiten, die üblicherweise von Arbeitern verrichtet werden, besteht seit 1982 und gilt auch für die konzessionierte Arbeitnehmerüberlassung durch die Zeitarbeitsunternehmen. Mit dem sektoralen Überlassungsverbot wird versucht, die Bekämpfung der illegalen Beschäftigung gerade im Baugewerbe zu erleichtern (BODE/BROSE/VOSWINKEL 1994, S. 79). Inzwischen ist das Überlassungsverbot durch das Gesetz zur Änderung des Arbeitsförderungsgesetzes vom 20.09.1994 (BGBl. S. 2456) für die Unternehmen des Baugewerbes aufgehoben worden, wenn sie von denselben Rahmen- und Sozialkassentarifverträgen oder von deren Allgemeinverbindlichkeit erfaßt werden (NIEBLER/BIEBL/ULRICH 1996, S. 71). Die Arbeitnehmerüberlassung durch Zeitarbeitsunternehmen ist jedoch weiterhin verboten.

che Lösungen gefunden, wie beispielsweise der tarifliche Kündigungsschutz (ALGEMENE BOND UITZENDONDERNEMINGEN 1997, S. 3).

Die Tatsache, daß Zeitarbeitskräfte in den Niederlanden keinen Arbeitnehmerstatus haben, bedeutet auch, daß sie im Unterschied zu den Zeitarbeitnehmern in Deutschland das Beschäftigungsrisiko selbst tragen. Die Rechtsbeziehung zwischen Zeitarbeitsunternehmen und Zeitarbeitskraft sind in den Abbildungen 2 und 3 für Deutschland und die Niederlande dargestellt.

Der Vergleich der Zeitarbeitsregulierung in Deutschland und in den Niederlanden zeigt folgendes: Zeitarbeitnehmer werden in Deutschland als besonders schutzbedürftig klassifiziert, obwohl für sie alle arbeitsrechtlichen Schutzvorschriften gelten. Trotzdem ist die Zeitarbeit in Deutschland im Vergleich zu den Niederlanden auch nach der AÜG-Novelle immer noch sehr stark reguliert.

Es ist daher zu vermuten, daß die Regulierungsintensität in Deutschland einen nicht unwesentlichen Einfluß auf die vergleichsweise geringe Ausbreitung der Beschäftigungsform Zeitarbeit in Deutschland hat.[8] In jedem Fall zeigt der Ländervergleich, daß der Gesetzgeber in den Niederlanden im Vergleich zu Deutschland einen pragmatischeren Ansatz im Spannungsverhältnis von Regulierung und Flexibilisierung gewählt hat und insbesondere die Marktkräfte nicht durch Regulierung beeinflußt oder gar außer Kraft setzt. Trotz geringerem Regulierungsgrad hat es aber auch in den Niederlanden keine explosionsartige Entwicklung dieser Beschäftigungsform gegeben,[9] was darauf hindeutet, daß es andere als regulierungsbedingte Einflußgrößen für die Entwicklung der Zeitarbeit gibt. Hierauf wird im empirischen Teil der Untersuchung eingegangen.

---

[8] Während der Anteil der Zeitarbeitnehmer an der Gesamtbeschäftigung in Deutschland 1995 0,6 % betrug, betrug er in den Niederlanden 3,3 %.
[9] Gleiches gilt für Großbritannien.

Abbildung 2: Rechtsbeziehung zwischen Zeitarbeitsunternehmen und der Zeitarbeitskraft in Deutschland

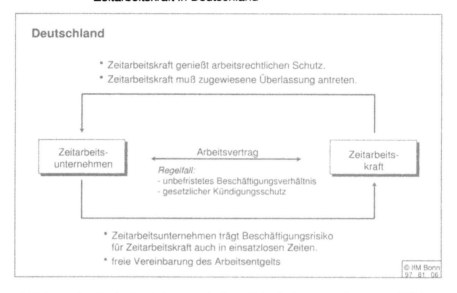

Abbildung 3: Rechtsbeziehung zwischen Zeitarbeitsunternehmen und Zeitarbeitskraft in den Niederlanden

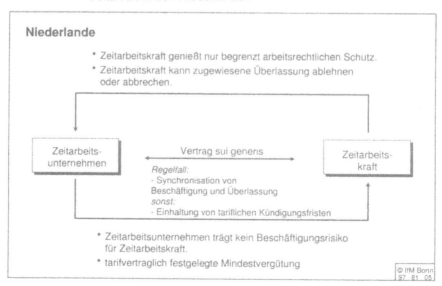

4. Weitere begriffliche Präzisierung der Zeitarbeit

4.1 Andere Formen des drittbezogenen Personaleinsatzes

Die Beschäftigungsform "Zeitarbeit" zählt zu den Formen des drittbezogenen Personaleinsatzes. Die Abgrenzung der Zeitarbeit von anderen Formen des drittbezogenen Personaleinsatzes ist deshalb von Bedeutung, weil die Zeitarbeit eine erlaubnispflichtige Tätigkeit ist, während die anderen Formen nicht der Erlaubnispflicht unterliegen. Zu den erlaubnisfreien Formen zählen der Werk- oder Dienstvertrag, die Überlassung von Maschinen mit Bedienungspersonal, sofern das Überlassen der Arbeitnehmer als Nebenleistung einzustufen ist (SANDMANN/MARSCHALL 1997, S. 48a), der Geschäftsbesorgungsvertrag gemäß § 675 BGB als eine besondere Form des Dienst- oder Werkvertrages, der nicht gesetzlich geregelte Dienstverschaffungsvertrag, bei dem sich ein Vertragsteil verpflichtet, dem anderen die Dienste eines Dritten zu verschaffen sowie das mittelbare Arbeitsverhältnis, bei dem der Arbeitnehmer Beschäftigter eines Mittelmanns ist, der seinerseits Arbeitnehmer eines Dritten ist (NIEBLER/BIEBL/ULRICH 1996, S. 44).

Die Abgrenzungsproblematik soll lediglich am Werkvertrag veranschaulicht werden, weil diese Vertragsform im Vergleich mit der Zeitarbeit die größte praktische Relevanz besitzt. Tätigkeiten auf der Grundlage von Werkverträgen sind, wie bereits ausgeführt, im Gegensatz zur Zeitarbeit nicht erlaubnispflichtig. Nach dem äußeren Erscheinungsbild ist aber oft kein Unterschied zwischen dem Arbeitseinsatz auf der Grundlage eines Arbeitnehmerüberlassungsvertrages (Zeitarbeitsvertrag) oder eines Werkvertrages mit Erfüllungsgehilfen oder Subunternehmern erkennbar (BUHL 1983, S. 546; FEUERBORN 1996, S. 200). Die Abgrenzung zwischen Arbeitnehmerüberlassung und dem Tätigwerden von Erfüllungsgehilfen im Rahmen von Werkverträgen bereitet häufig besondere Schwierigkeiten (SANDMANN/MARSCHALL 1997, S. 43).

Ein Werkvertrag (§§ 631 ff. BGB) verpflichtet einen Werkunternehmer (Auftragnehmer) zur Herstellung eines von einem Besteller (Auftraggeber) in Auftrag gegebenen Werkes. Gegenstand eines Werkvertrages können sowohl die Herstellung oder Veränderung einer Sache als auch ein anderer durch Arbeit oder Dienstleistung herbeizuführendes Ergebnis sein. Die Arbeitnehmer unterliegen den Weisungen des Werkunternehmers und werden rechtlich gesehen für ihn als Erfüllungsgehilfen tätig (§ 278 BGB). Der Auftraggeber (Werkbesteller) hat keine Weisungsbefugnis.

Zeitarbeit liegt dagegen dann vor, wenn die Zeitarbeitskräfte in das Drittunternehmen (Entleihunternehmen) eingegliedert sind und dort, wie die Stammarbeitnehmer auch, ihre Arbeitsleistung weisungsgebunden erbringen. Von Zeitarbeitnehmern verrichtete Tätigkeiten lassen sich demzufolge nicht von denen der Stammbeschäftigten unterscheiden. Dem Zeitarbeitsunternehmen kann kein gegenständlicher, unterscheidbarer Erfolg zugerechnet werden. Der Unterschied zwischen diesen Vertragstypen ist in der folgenden Übersicht dargestellt.

Übersicht 3: Abgrenzung der Zeitarbeit vom Werkvertrag

Zeitarbeit	Werkvertrag
Eingliederung des Zeitarbeitnehmers in die Betriebsorganisation des Entleihunternehmens	**Keine Eingliederung** des Arbeitnehmers in die Arbeitsabläufe oder in den Produktionsprozeß des Auftraggebers
Entleihunternehmen hat **Weisungsrecht** bezüglich der Ausführung der Arbeitsleistung	Auftragnehmer (Werkunternehmer) hat ausschließliches Weisungsrecht gegenüber seinen Erfüllungsgehilfen; Auftraggeber hat kein Weisungsrecht
Zeitarbeitsunternehmen **haftet für Auswahl** geeigneter, arbeitsbereiter Arbeitnehmer	Werkunternehmer **haftet für Mängel** des Werkes (Gewährleistungspflicht)
Vergütung nach Zeiteinheiten	Herstellungsbezogene oder ergebnisbezogene **Vergütung**

© IfM Bonn

Wie das Bundesarbeitsgericht in ständiger Rechtsprechung entschieden hat, ist für die rechtliche Einordnung der Verträge weder die von den Rechtsparteien gewünschte Rechtsfolge maßgeblich noch die von ihnen gewählte Bezeichnung, sondern der tatsächliche Geschäftsinhalt (FEUERBORN 1996, S. 200). Dieser kann sich sowohl aus den Vereinbarungen der Vertragsparteien als auch aus der praktischen Durchführung des Vertrages ergeben. Besteht ein Widerspruch zwischen der schriftlichen Vereinbarung und der tatsächlichen Durchführung, so ist für die Beurteilung des vorliegenden Vertragsverhältnisses allein die tatsächliche Vertragsausführung maßgebend (SANDMANN/ MARSCHALL 1997, S. 43). Dies bedeutet, daß bei einem Scheinwerkvertrag im Regelfall Arbeitnehmerüberlassung vorliegt (HOYNINGEN-HUENE v. 1985, S. 1671). Die Darlegungs- und Beweislast für das Vorliegen eines Werkvertrages trägt grundsätzlich der Auftragnehmer (Werkunternehmer).[10]

---

10 Die insbesondere im Zusammenhang mit dem Bauhauptgewerbe häufig zitierte illegale Arbeitnehmerüberlassung liegt vor, wenn der Werkvertrag nur zum Schein abgeschlos-

4.2 Abgrenzung der Anbieter von Zeitarbeit

Neben der gewerbsmäßigen Arbeitnehmerüberlassung durch Zeitarbeitsunternehmen gibt es die Arbeitnehmerüberlassung durch sogenannte Mischbetriebe, die ihre Arbeitnehmer selbst beschäftigen und diese nur in bestimmten Situationen anderen Unternehmen überlassen. Des weiteren gibt es die 1992 in Nordrhein-Westfalen in einem Modellversuch gegründete START-Zeitarbeit, bei der es sich um eine gemeinnützige Form der Arbeitnehmerüberlassung handelt.

4.2.1 Arbeitnehmerüberlassung durch Mischbetriebe

Mischbetriebe bedürfen - wenn sie nach dem Arbeitnehmerüberlassungsgesetz nicht ausdrücklich davon befreit sind - einer Erlaubnis der Bundesanstalt für Arbeit zur Arbeitnehmerüberlassung (DEUTSCHER BUNDESTAG 1996b, S. 8). Viele Mischbetriebe beantragen die Erlaubnis zur Arbeitnehmerüberlassung nur vorsorglich, um ihre Arbeitnehmer bei Auftragsmangel in andere Betriebe delegieren zu können, um dadurch Kurzarbeit oder Entlassungen zu vermeiden. Die Arbeitnehmerüberlassung ist demzufolge in den Mischbetrieben nicht Hauptzweck ihrer Geschäftstätigkeit.

Kleinunternehmen sind von der Erlaubnispflicht ausgenommen. Bereits das Beschäftigungsförderungsgesetz von 1990 hatte Arbeitgeber mit weniger als 20 Beschäftigten von der Erlaubnispflicht befreit, wenn sie zur Vermeidung von Kurzarbeit oder Entlassungen Arbeitnehmer bis zur Dauer von drei Monaten an Dritte überlassen haben. Im Zuge der AÜG-Novelle ist die Höchstgrenze der Beschäftigtenzahl von Unternehmen mit 20 Beschäftigten auf 50 erhöht worden.

---

sen wurde, in Wahrheit aber Arbeitnehmerüberlassung vorliegt (HOYNINGEN-HUENE v. 1985, S. 1674). Die zuvor genannten Merkmale des Werkvertrages werden dabei nur vorgetäuscht, tatsächlich handelt es sich jedoch um Arbeitnehmerüberlassung, weil das Weisungsrecht hinsichtlich der Ausführung der Arbeitsleistung dem Auftraggeber (Besteller) überlassen wird. In den häufigsten Fällen von Scheinwerkverträgen hat der Unternehmer keine Konzession zur Arbeitnehmerüberlassung, weshalb er zur Tarnung Scheinwerkverträge abschließt.

Die illegale Arbeitnehmerüberlassung ist demzufolge von der konzessionierten Arbeitnehmerüberlassung der Zeitarbeitsunternehmen zu unterscheiden und bezieht sich auf Betriebe ohne Erlaubnis, die sich dieser Vertragsform dann bedienen, wenn bestimmte Leistungen nicht durch Werkvertrag, sondern nur durch Arbeitnehmerüberlassung zu erbringen sind oder erbracht werden können (DEUTSCHER BUNDESTAG 1996b, S. 8).

Der Wegfall der Erlaubnispflicht und des damit verbundenen Verwaltungsaufwands soll es den Unternehmen ermöglichen, schnell und ohne zusätzliche Kosten, Arbeitnehmer zur Erhaltung ihrer Arbeitsplätze an andere Arbeitgeber zu überlassen (DEUTSCHER BUNDESTAG 1996b, S. 248). Dabei stellt § 1a AÜG auf die Zahl der Arbeitnehmer eines Arbeitgebers, nicht des Betriebes ab. In der Vergangenheit haben die kleinen Unternehmen die Möglichkeit der Arbeitnehmerüberlassung allerdings nur wenig genutzt (DEUTSCHER BUNDESTAG 1992, S. 13).

Bisher erlosch die Erlaubniserteilung gemäß § 2 Abs. 5 AÜG, wenn von der Erlaubnis ein Jahr lang kein Gebrauch gemacht wurde. Diese Vorschrift zwang solche Mischbetriebe, die nur vorsorglich eine Erlaubnis zur Arbeitnehmerüberlassung beantragt hatten, mindestens einmal im Jahr eine Überlassung vorzunehmen, um die unbefristete Erlaubnis nicht zu verlieren. § 2 Abs. 5 AÜG wurde nun dahingehend geändert, daß die unbefristete Erlaubnis zur Arbeitnehmerüberlassung nun erst nach drei Jahren mangels Überlassung erlischt.

4.2.2 START-Zeitarbeit

Die gemeinnützige START-Zeitarbeit ist ein arbeitsmarktpolitisches Instrument zur Reintegration von Arbeitslosen, welches nach dem niederländischen Modell 1992 in Gronau gegründet wurde. Durch die Überlassung insbesondere schwervermittelbarer Arbeitsloser soll erreicht werden, daß diese im Entleihunternehmen im Anschluß an die Überlassung in eine Dauerbeschäftigung übernommen werden.

Der Tatbestand der Schwervermittelbarkeit wird dann angenommen, "wenn ein oder mehrere Vermittlungshemmnisse bestehen wie z.B. Schwerbehinderung, fehlender Berufsabschluß oder geringes Qualifikationsniveau, höheres Lebensalter (in der Regel mindestens 50 Jahre alt), gesundheitliche Einschränkungen, längere Arbeitslosigkeit (mindestens 1 Jahr) oder weitere in der Person des Arbeitsuchenden liegende Gründe" (DEUTSCHER BUNDESTAG 1996b, S. 11). START-Zeitarbeit arbeitet im Unterschied zur gewerbsmäßigen Arbeitnehmerüberlassung nicht gewinnorientiert und unterliegt daher nicht den gesetzlichen Vorschriften des Arbeitnehmerüberlassungsgesetzes (NIEBLER/ BIEBL/ULRICH 1996, S. 188).

START-Zeitarbeit trägt wie die Zeitarbeitsunternehmen das Arbeitgeberrisiko mit der Folge, daß das Arbeitsentgelt auch in einsatzlosen Zeiten an die Zeitarbeitnehmer gezahlt werden muß. Die von START überlassenen Zeitarbeitnehmer werden grundsätzlich nach den im jeweiligen Entleihunternehmen gültigen tariflichen Bestimmungen entlohnt; einsatzlose Zeiten werden zu Schulungen genutzt, um die Zeitarbeitnehmer weiterzubilden (WEINKOPF/KRONE 1995, S. 21 f.).

START beschäftigt aber nicht ausschließlich Schwervermittelbare. Es besteht lediglich eine Verpflichtung, mindestens ein Viertel Schwervermittelbarer im Sinne der Richtlinien des Bundesministeriums für Arbeit und Sozialordnung zu beschäftigen (DEUTSCHER BUNDESTAG 1996b, S. 12). Insofern konkurriert START auch mit der Arbeitnehmerüberlassung durch Zeitarbeitsunternehmen. Da die Arbeitnehmerüberlassung von START aber nicht der Regulierung des AÜG unterworfen ist, könnte hier eine Wettbewerbsverzerrung gegenüber der gewerbsmäßigen Arbeitnehmerüberlassung durch Zeitarbeitsunternehmen vorliegen, was einer genauen Prüfung bedürfte.

5. Flexibilisierungseigenschaften der Zeitarbeit

5.1 Zum Flexibilitätsbegriff

Kaum ein Begriff hat eine solche Bedeutungszunahme erlebt, wie der der Flexibilität. Er wird jedoch häufig sehr undifferenziert verwendet. Die Beliebigkeit der Begriffsverwendung zeigt sich beispielsweise an der Beschreibung der Flexibilität als "a catch-all-term for everything that employers find desireable" (STREECK 1986, S. 10). Von gewerkschaftsnaher Seite wird Flexibilität im Zusammenhang mit flexiblen Beschäftigungsformen wie der Zeitarbeit immer noch häufig unter dem Aspekt einer Bedrohung des Normalarbeitsverhältnisses diskutiert. Diese bestehe darin, daß die als atypisch oder prekär bezeichnete Beschäftigungsform den Unternehmen eine Arbeitsflexibilität eröffne, die zu Lasten der Dauerbeschäftigten gehe. Allerdings wird immer häufiger eingeräumt, daß sie auch beschäftigungspolitische Chancen bietet, weil betriebliche Flexibilitätsbedarfe insbesondere in kleineren Betrieben nicht allein intern bewältigt werden können (MATTHIES u.a. 1994, S. 177 f.; WOLBER 1997b, S. 14).

Unter Flexibilität in wertneutraler Definition ist die "Möglichkeit eines Systems zu quantitativen oder qualitativen Anpassungen bei veränderten Umweltzuständen" zu verstehen (SEMLINGER 1991, S. 19). Diese abstrakte Definition kann durchaus im Sinne einer "Verbreiterung der unternehmerischen Entscheidungsspielräume" (CORNETZ 1988, S. 35) interpretiert werden, um auf veränderte Umweltzustände problemadäquat reagieren zu können.

Der Flexibilitätsbegriff ist ferner jeweils in Abhängigkeit vom Untersuchungsgegenstand zu präzisieren. Der für die vorliegende Untersuchung relevante Flexibilitätsbegriff ist der der Beschäftigungsflexibilität. Eine optimale Beschäftigungsflexibilität ist dann erreicht, wenn der Arbeitskräftebedarf an die jeweilige Unternehmenssituation, sowohl in quantitativer als auch in qualitativer Hinsicht, angepaßt werden kann. Im folgenden Abschnitt werden die verschiedenen Arten der Beschäftigungsflexibilisierung systematisch erfaßt und ihre charakteristischen Merkmale herausgearbeitet, um schließlich Bedeutung und Stellenwert der Zeitarbeit für die Unternehmen würdigen zu können.

5.2 Flexibilisierungsarten

Die Zeitarbeit wird als betriebsexternes Instrument personalpolitischer Flexibilisierung und Rationalisierung immer wichtiger (KELLER 1991, S. 236). Zeitarbeit kann in Unternehmen entweder ausschließlich oder aber in Kombination mit anderen flexiblen Beschäftigungsformen zum Einsatz kommen. Es stellt sich daher die Frage, warum Unternehmen bestimmte flexible Beschäftigungsformen anderen vorziehen. Der alternative Einsatz verschiedener flexibler Beschäftigungsformen in den Unternehmen wird beispielsweise mit als ursächlich dafür gesehen, daß die Zeitarbeit in der Vergangenheit nicht stärker nachgefragt wurde (INSTITUT FÜR WIRTSCHAFT UND GESELLSCHAFT 1995, S. 13). Zu hinterfragen sind deshalb die Beziehungen der flexiblen Beschäftigungsformen untereinander, ob sie eher in substitutiver oder eher in komplementärer Beziehung zueinander stehen.

Das Vorliegen einer substitutiven Beziehung würde beispielsweise darauf hindeuten, daß die flexiblen Beschäftigungsformen die gleichen Flexibilisierungsbedarfe in den Unternehmen abdecken können. Eine komplementäre Beziehung und damit der gleichzeitige Einsatz verschiedener flexibler Beschäftigungsformen deutet hingegen darauf hin, daß sie jeweils nur bestimmte Flexibilisierungsbedarfe abdecken können. Bevor gezeigt wird, welche flexible Beschäftigungsform welche Art von Flexibilisierungsbedarfen abzudecken vermag, wird zunächst gezeigt, welche personalpolitischen Flexibilisierungsarten den Unternehmen potentiell zur Verfügung stehen.

- **Numerische versus funktionale Flexibilität**

Die numerische Flexibilität beschreibt die Möglichkeit der quantitativen Anpassung des Personals in den Unternehmen. Diese kann entweder durch die Variation der Anzahl der Beschäftigten und der von diesen geleisteten Arbeitsstunden erreicht werden oder auch durch die Variation der Arbeitszeit je Beschäftigten. Der Vorteil der numerischen Flexibilität wird darin gesehen, daß betriebliche Leerlaufzeiten und der Bedarf interner Personalreserven verringert werden kann. Unsichere Auftragsentwicklungen können mit Hilfe der numerischen Flexibilität abgefedert werden (WALWEI 1995, S. 12).

Im Gegensatz zur numerischen Flexibilität bezeichnet die funktionale Flexibilität die qualitative Anpassung des Personals, wenn Arbeitskräfte mit Mehrfachqualifikationen variabel, also an verschiedenen Arbeitsplätzen, eingesetzt werden können (BROSE/SCHULZE-BÖING/MEYER 1990, S. 28). Die in kleinen und mittleren Unternehmen relativ breit angelegten Tätigkeitsfelder der Beschäftigten lassen gerade dort polyvalente Qualifikationen der Arbeitskräfte vermuten. Diese können ein vergleichsweise hohes Maß an interner Mobilität bieten und ein qualifikatorisch, innerbetrieblich nutzbares Flexibilitätspotential darstellen.

- **Interne versus externe Flexibilität**

Personalpolitische Anpassungsmaßnahmen, beispielsweise aufgrund eines schwankenden Arbeitskräftebedarfs, werden traditionell über interne Flexibilisierungsmaßnahmen wie Überstunden oder Kurzarbeit vollzogen. Daneben kann die innerbetriebliche Flexibilität auch über den Einsatz von Teilzeitarbeitskräften erhöht werden; die Einführung von Arbeitszeitkonten stellt eine weitere Möglichkeit dar. Interne Flexibilisierungsanstrengungen stoßen jedoch dort an ihre Grenzen, wo personelle Widerstände durch betriebliche Interessenvertretungen artikuliert und durchgesetzt werden (zu den Gründen vgl. DÖRSAM 1997, S. 84 ff.).

Eine Alternative zur innerbetrieblich generierten Flexibilität stellen externe flexible Beschäftigungsformen dar, die geeignet sind, den Personalbestand schnell und quantitativ möglichst genau an den jeweiligen Arbeitskräftebedarf anzupassen. Die Zeitarbeit wird beispielsweise "als Komplement einer Personalpolitik der Mindestbelegschaft" gewertet (VOSWINKEL 1995, S. 123), die es ermöglicht, die Kernbelegschaft schnell aufzustocken oder auch wieder auf den Kern zurückzuführen. Weitere externe Personalanpassungsmaßnahmen sind Werk- oder Dienstverträge, befristete Arbeitsverträge oder Entlassungen. Auch die Scheinselbständigkeit wird dazugerechnet (CORNETZ 1988, S. 38).

- **Beziehungen zwischen den Flexibilisierungsarten**

Die Formen flexibler Beschäftigung konstituieren in ihrer Summe das personalpolitische Anpassungspotential in den Unternehmen. Jede einzelne Beschäftigungsform ist aber mit jeweils spezifischen Kosten- und Nutzenprofilen ausgestattet, die bei der Wahl einer bestimmten oder der Kombination verschiedener Formen berücksichtigt werden müssen (BROSE/SCHULZE-BÖING/MEYER 1990, S. 29).

Die verschiedenen Beschäftigungsformen ermöglichen des weiteren verschiedene Arten von Flexibilität. Aus der Bandbreite möglicher flexibler Beschäftigungsformen müssen die Unternehmen deshalb solche Formen auswählen oder auch Kombinationen zusammenstellen, die ihnen das jeweilige Höchstmaß an benötigter Flexibilität bieten. Diverse Untersuchungen zeigen, daß nicht ausschließlich eine bestimmte flexible Beschäftigungsform gewählt, sondern eher eine Mischung verschiedener Formen bevorzugt wird (vgl. beispielsweise MATTHIES u.a. 1994, S. 204; RUDOLPH/SCHRÖDER 1997, S. 113).

Die Kombination verschiedener flexibler Beschäftigungsformen in den Unternehmen belegt den offenkundigen Zusammenhang zwischen den verschiedenen Arten der Flexibilitätsanforderungen in den Unternehmen und dem Einsatz mehrerer flexibler Beschäftigungsformen, welche einzeln betrachtet nicht in der Lage sind, alle Arten benötigter Flexibilität abzudecken. Die verschiedenen Formen der Beschäftigungsflexibilisierung sind in Übersicht 4 erfaßt und die Kombinationsmöglichkeiten zwischen den Flexibilisierungsarten und den dazugehörigen Beschäftigungsformen dargestellt.

Übersicht 4: Personalpolitische Anpassungsinstrumente

	Formen der Beschäftigungsflexibilisierung	
	intern	extern
funktional	Arbeitsplatzmobilität durch Mehrfachqualifikationen	Auslagerung von Betriebsteilen durch Werk- bzw. Dienstverträge oder Zeitarbeit
numerisch	Variation der Arbeitszeit durch Überstunden, Kurzarbeit, Teilzeitarbeit und Arbeitszeitmodelle	Variation der Beschäftigtenzahl durch befristete Einstellungen, Zeitarbeit oder Entlassungen

Quelle: DRAGENDORF/HEERING/JOHN 1988, S. 113, Ergänzungen IfM Bonn.

Die intern funktionale Form der Beschäftigungsflexibilität beschränkt sich auf die unternehmensinterne Umsetzungsmöglichkeit Beschäftigter bei Mehrfachqualifikation. Diese Art der Flexibilität setzt eine langfristige Beschäftigungsperspektive voraus, die die Bereitschaft und Motivation der Beschäftigten erhöht, sich wechselnden Anforderungen zu stellen und ihre qualifikatorischen Voraussetzungen kontinuierlich zu erweitern (DRAGENDORF/HEERING/ JOHN 1988, S. 113 f.). Funktionale Flexibilität kann aber auch extern erreicht werden, entweder durch Werk- und Dienstverträge oder auch durch Zeitarbeit. Intern numerische Formen der Beschäftigungsflexibilisierung sind Überstunden und Kurz- sowie Teilzeitarbeit und Arbeitszeitmodelle. Befristete Einstellungen und Entlassungen sowie Zeitarbeit sind dagegen extern numerischer Art.

Bis auf die Zeitarbeit lassen sich alle Formen flexibler Beschäftigung eindeutig zuordnen. Für die Zeitarbeit gilt dies nur in bezug auf ihren externen Charakter, während sie in bezug auf die numerisch/funktionale Klassifizierung nicht auschließlich nur der numerischen oder nur der funktionalen Form zugeordnet werden kann. Sie kann im Vergleich zu anderen flexiblen Beschäftigungsformen sowohl numerischen als auch funktionalen Flexibilisierungserfordernissen gerecht werden.

Abbildung 4: Einordnung der Zeitarbeit

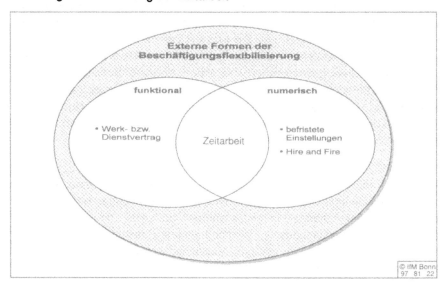

Die Einordnung der Zeitarbeit in ihrer extern-numerischen Form ist einsichtig. Ihre Einordnung, wenn sie in extern-funktionaler Form auftritt, ergibt sich aus dem Drittbezug (BROSE/SCHULZE-BÖING/MEYER 1990, S. 29), weil die

Zeitarbeit von den Entleihunternehmen beispielsweise als Begründung risikoloser Probearbeitsverhältnisse genutzt werden kann und vielfach als Instrument der Personalauswahl dient (WALWEI 1995, S. 198). Die Besonderheit dieser Funktion der Zeitarbeit besteht darin, daß die anschließende Übernahme einer Arbeitskraft die Ausnahme bildet und zunächst nicht oder allenfalls nur implizit beabsichtigt ist. Mit Entlassungen verbundene betriebliche Konflikte können umgangen, eine Nichtübernahme muß nicht begründet werden, so daß negative Auswahlentscheidungen nicht zu Mißstimmungen führen (PFAU 1988, S. 64).

Neben der Art des Flexibilisierungsbedarfs in den Unternehmen und der damit einhergehenden Wahl bestimmter flexibler Beschäftigungsformen spielt auch das Verhältnis von Normalarbeitsverhältnis zu flexiblen Beschäftigungsformen, hier der Zeitarbeit, eine wichtige Rolle. Aus diesem Grund werden im folgenden Abschnitt einige wesentliche Aspekte der normalen und flexiblen Beschäftigung skizziert.

5.3 Normale versus flexible Beschäftigung

In der arbeitsökonomischen Literatur wird ein positiver Zusammenhang zwischen Beschäftigungssicherheit und Leistungsbereitschaft der Arbeitnehmer unterstellt (WALWEI 1994, S. 58). Sie wird mit der Vertrauensbeziehung von Arbeitgeber und Arbeitnehmer und der größeren Identifkation des Arbeitnehmers mit den Unternehmenszielen begründet. Normale Beschäftigungsverhältnisse werden auch als wichtige Voraussetzung für die Bereitschaft der Unternehmen, in Humankapital zu investieren, genannt. Eine starke Nutzung flexibler Beschäftigungsformen mit weniger Beschäftigungssicherheit könnte demgegenüber u.U. kontraproduktiv sein.

Stabile und flexible Beschäftigungsverhältnisse sind jedoch in der Praxis keinesfalls alternative Beschäftigungsstrategien; sie stehen eher in einer komplementären Beziehung zueinander. Je stärker die Schwankungen bezüglich der benötigten Abeitskräfteanzahl im Unternehmen sind, desto dringlicher wird die flexible Beschäftigungsanpassung. Welche konkrete Beschäftigungsform letztlich gewählt wird, hängt stark von den Auslastungsschwankungen in den Unternehmen ab, ferner von ihrer Dauer sowie vom benötigten qualifikatorischen Profil der Arbeitskräfte.

Diese Ausführungen weisen auf einen Trade-off zwischen der extern-numerischen Flexibilität einerseits und der intern-funktionalen Flexibilität andererseits hin. Die letztgenannte Flexibilitätsvariante setzt "loyale, relativ hochqualifzierte und funktional mobile Mitarbeiter voraus, die einem Unternehmen nur dann zur Verfügung stehen, wenn es langfristige Beschäftigungsmöglichkeiten anbietet" (DRAGENDORF/HEERING/JOHN 1988, S. 113). Demgegenüber macht die extern-numerische Erhöhung der Flexibilität dort Sinn, wo relativ einfache und standardisierte Tätigkeiten verrichtet werden, die wenig betriebsspezifisches Wissen erfordern.

Der Vergleich der Aspekte normaler und flexibler Beschäftigung zeigt folgendes: Ein völliger Verzicht auf flexible Personalanpassungsmaßnahmen würde Kosten verursachen, die durch die Bereithaltung eines nicht kontinuierlich benötigten Personals entstünden. Andererseits könnte diese Strategie auch vorteilhaft sein, wenn dadurch Neueinstellungen mit Such- und Einarbeitungsaufwendungen entfielen oder auch, wenn temporärer Ersatz, beispielsweise durch Zeitpersonal, den qualitativen Anforderungen nicht entspräche. Dagegen wäre es bei standardisierten Tätigkeiten durchaus sinnvoll, den Personalbestand unterhalb des maximalen Bedarfs anzusetzen (Kernbelegschaft) und zusätzlichen Arbeitskräftebedarf durch flexible Beschäftigungsformen wie beispielsweise der Zeitarbeit abzudecken. Allgemeingültige Aussagen über Grad und Umfang einer sinnvollen personalpolitischen Flexibilisierung sind demzufolge nicht möglich. Es muß jeweils im Einzelfall geprüft werden, ob und wieviel Flexibilisierung sinnvoll ist. Zu beachten ist auch, daß mit Flexibilisierungsstrategien immer auch Kosten verbunden sind (WALWEI 1995, S. 10).

5.4 Größenspezifische Flexibilitätscharakteristika

Personalpolitische Rahmenbedingungen variieren mit der Unternehmensgröße. Charakteristisches Merkmal großer Unternehmen ist eine höhere organisatorische Komplexität und eine größere Arbeitsteilung. In kleinen Unternehmen fallen demgegenüber weniger arbeitsteilige Beschäftigungen an und es wird auch weniger häufig standardisiert gearbeitet. Aufgrund dieser größenbedingten, unterschiedlichen Struktur besteht daher in großen Unternehmen eher die Möglichkeit, Arbeitsabläufe innerbetrieblich zu flexibilisieren und demzufolge auch auf Diskontinuitäten mit internen personalpolitischen Maßnahmen zu reagieren. Der Grad der internen Flexibilität ist demzufolge grundsätzlich positiv mit der Unternehmensgröße korreliert, wenn auch die höhere Regelungsdichte in diesen Unternehmen unter Umständen dem Ausschöpfen einer umfassenden internen Flexibilität entgegenstehen kann (vgl. beispielsweise DÖRSAM 1997, S. 83 ff.; BROSE/SCHULZE-BÖING/MEYER 1990, S. 131).

Insgesamt betrachtet bietet jedoch der im Vergleich zu kleinen und mittleren Unternehmen besser organisierte Personaleinsatz in Großunternehmen und die klar umrissenen Tätigkeitsbereiche eine interne Arbeitsplatzmobilität, mit der Diskontinuitäten im Arbeitsablauf intern besser ausgeglichen werden können als dies in kleineren Unternehmen der Fall ist. Insbesondere in kleinen Unternehmen werden Personalengpässe eher durch unbezahlte Mehrarbeit der Inhaber oder mithelfender Familienangehöriger ausgeglichen (vgl. INSTITUT FÜR WIRTSCHAFT UND GESELLSCHAFT 1995).

Die Entscheidung für eine bestimmte flexible Beschäftigungsform muß in Übereinstimmung mit der Flexibilisierungsart, also interne/externe und/oder numerische/funktionale Flexibilität und im Hinblick auf den Aufwand, den der Such- und Auswahlprozess neuer Mitarbeiter verursacht, getroffen werden. Dabei können die vom Normalarbeitsverhältnis abweichenden arbeitsrechtlichen Tatbestände flexibler Beschäftigungsformen die Entscheidung für oder gegen eine bestimmte Flexibilisierungsstrategie beeinflussen. Auch das Mitbestimmungsrecht der Betriebsräte ist von Bedeutung, welches tendenziell erst in Unternehmen mit mehr als 100 Beschäftigten wahrgenommen bzw. durchgesetzt wird (vgl. KAYSER u.a. 1997). Dies könnte Folgen für die zustimmungspflichtige Nutzung von Zeitpersonal in den Entleihunternehmen dieser Größenordnung haben.

Die unternehmensgrößenspezifischen Flexibilitätscharakteristika erfordern es, ein Nutzenprofil der Zeitarbeit nach Unternehmensgrößen, möglichst auch nach Branchen und Nachfragemotiven zu erstellen. Ältere Untersuchungen kommen beispielsweise bezüglich der Nachfrage nach Zeitarbeit zu dem Schluß, daß tendenziell eher Unternehmen mittlerer Größenordnung diese Flexibilisierungsmöglichkeit nutzen, während kleine Unternehmen in diesem Teilarbeitsmarkt nur eine untergeordnete Rolle spielen (BROSE/SCHULZE-BÖING/MEYER 1990, S. 132). Im folgenden Abschnitt sollen zunächst die typischen Nutzungsmotive der Zeitarbeit skizziert werden bevor über ihre Entwicklung, ihren Umfang und ihre Struktur berichtet wird.

5.5 Nutzungsmotive für Zeitarbeit

Mit der Entscheidung, Zeitpersonal einzusetzen, entscheidet sich ein Unternehmen für ein externes Instrument zur flexiblen Personalanpassung, welches entweder ausschließlich oder in Kombination mit anderen Beschäftigungsformen genutzt werden kann. Im Unterschied zu anderen flexiblen Beschäftigungsformen genügt es jedoch sowohl numerischen als auch funktionalen Flexibilitätserfordernissen.

Unternehmen lassen sich, wie in Übersicht 5 dargestellt, bei der Nutzung von Zeitarbeit von ganz unterschiedlichen Zielsetzungen leiten (BOLLINGER u.a. 1991 S. 183). Dementsprechend wird Zeitarbeit in der Literatur auch als "instrument tout à fait polyvalent" bezeichnet (GERME 1982, S. 268). Da sich die verschiedenen Funktionen der Zeitarbeit keinesfalls gegenseitig ausschließen, können auch mehrere Nutzungsmotive bei der Nachfrage nach Zeitarbeit kombiniert vorliegen (VOSWINKEL 1995, S. 123).

Übersicht 5: Übersicht über typische Nutzungsmotive der Zeitarbeit

- Bewältigung unvorhergesehener und saisonaler Auftragsüberhänge
- Überbrückung kurzfristiger Ausfälle Stammbeschäftigter (bsp. Krankheit, Urlaub oder Erziehungsurlaub)
- Begegnung unsicherer Auftragsentwicklungen in den Unternehmen
- Erreichung einer weitestgehenden Produktionsflexibilität, Begünstigung von Just-in-time Beziehungen
- Vermeidung der Ablehnung von Aufträgen aufgrund Personalmangels
- Vermeidung der Vorhaltung von Personalreserven
- Vermeidung von Neueinstellungen
- Verringerung der Personalverwaltungs- und Lohnnebenkosten
- Vermeidung der Kosten für die Suche und Auslese von Arbeitskräften
- Möglichkeit der risikolosen Arbeitskräfteerprobung

Quelle: Vgl. MATHIES u.a. 1994; VOSWINKEL 1995; INSTITUT FÜR WIRTSCHAFT UND GESELLSCHAFT 1995; WALWEI 1995; RIEDER 1997; RUDOLPH/SCHRÖDER 1997.

Die fünf erstgenannten Nutzungsmotive stehen direkt mit der Flexibilisierung und der Sicherstellung des Arbeitsablaufs in den Unternehmen in Verbindung und können als traditionelle Motive der Zeitarbeit klassifiziert werden. Mit den anderen Nutzungsmotiven werden andere Ziele verfolgt.

Durch die Vermeidung der Vorhaltung von Personalreserven können beispielsweise Personalkosten eingespart werden. Durch die Möglichkeit der risikolosen Arbeitskräfteerprobung können die Kosten für die Suche und Auswahl von Arbeitskräften vermieden werden; Suchkosten werden auf die Zeitarbeitsunternehmen überwälzt. Entleihunternehmen können durch den Einsatz von Zeitpersonal arbeitsrechtlich "unverbindliche Einstellungen" von Arbeitskräften tätigen (LINNE/VOSWINKEL 1989, S. 86 ff.) In diesem Zusammenhang werden die Zeitarbeitsunternehmen in der Literatur auch als "externalisierte Personalabteilung" bezeichnet (BROSE/SCHULZ-BÖING/MEYER 1990, S. 144).

Es wäre zu erwarten, daß dieses Motiv insbesondere für kleine und mittlere Unternehmen ein interessanter Aspekt der Zeitarbeit ist, weil gerade diese Unternehmen kaum über eine Personalabteilung verfügen. Im empirischen Teil der Untersuchung wird dieser Frage nachgegangen.

6. Entwicklung, Umfang und Struktur der Zeitarbeit

6.1 Die Zeitarbeitsunternehmen

Das Angebot von Zeitarbeit ist außerordentlich heterogen strukturiert. Zu unterscheiden sind Unternehmen, die ausschließlich gewerbsmäßige Arbeitnehmerüberlassung betreiben (Zeitarbeitsunternehmen) von sogenannten Mischbetrieben (vgl. Abschnitt 4.2.1), "deren Betriebszweck nicht ausschließlich oder überwiegend auf die Arbeitnehmerüberlassung gerichtet ist" (BUNDESANSTALT FÜR ARBEIT 1995, S. 54).

Allerdings weisen auch die Zeitarbeitsunternehmen heterogene Strukturen auf. Neben den überregional und bundesweit tätigen großen Zeitarbeitsunternehmen mit einem weit verzweigten Netz von Niederlassungen gibt es noch eine Vielzahl kleinerer Anbieter. Erstere verfügen über ein großes Beschäftigungspotential an Zeitarbeitnehmern und halten ein breites Spektrum an Berufsgruppen und Qualifikationen bereit. Die kleineren Unternehmen haben sich hingegen überwiegend auf bestimmte Qualifikationen und Berufsgruppen spezialisiert.

Die Anzahl der Erlaubnisinhaber sowie die Zahl der statistisch gemeldeten Betriebe werden von der Bundesanstalt für Arbeit in der Arbeitnehmerüberlassungsstatistik erfaßt. Mehrere statistisch als selbständig gemeldete Betriebe können nur eine einzige Erlaubnis haben. Da Zeitarbeitsbetriebe und Mischbetriebe getrennt erfaßt werden, sind differenzierte Aussagen über die Struktur der Anbieter von Zeitarbeit möglich. Abbildung 5 zeigt die Struktur und Entwicklung der Betriebe in der Zeitarbeit.[11]

---

11 Die genauen Werte sind im Anhang wiedergegeben.

Abbildung 5: Struktur und Entwicklung der Betriebe in der Zeitarbeit

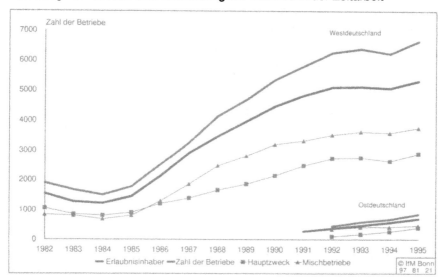

Die Zahl der Erlaubnisinhaber ist in den alten Bundesländern in der Zeit von 1982 bis 1984 - bedingt durch das Verbot der Arbeitnehmerüberlassung im Bauhauptgewerbe - zurückgegangen. Seitdem ist sie, abgesehen von einem leichten Rückgang 1994, gestiegen. Die Zunahme der Erlaubnisinhaber in den neuen Bundesländern (158 % im Zeitraum von 1991 bis 1995) zeigt, daß die Zeitarbeit auch dort inzwischen fest etabliert ist.

Insgesamt betrachtet entfielen 1995 auf 6.015 Erlaubnisinhaber 7.513 Betriebe. Der relative Anteil der Mischbetriebe an allen Betrieben hat sich im Zeitraum von 1985 bis 1995 in den alten Bundesländern deutlich erhöht. Die Zuwachsrate der Mischbetriebe beträgt in diesem Zehnjahreszeitraum 363 %; die der Zeitarbeitsbetriebe 218 %. Die Mischbetriebe sind demzufolge an der Zunahme der in der AÜG-Statistik ausgewiesenen Anzahl der Betriebe in den alten Bundesländern überproportional beteiligt. In den neuen Bundesländern ist die Entwicklung genau umgekehrt verlaufen. Der relative Anteil der Mischbetriebe an allen Betrieben ist in den neuen Bundesländern im Zeitraum von 1992 bis 1995 von 77,5 % auf 54,2 % zurückgefallen.

Mit Hilfe der Beschäftigtenstatistik der Bundesanstalt für Arbeit können auch Aussagen über die Größenstruktur der Zeitarbeitsbetriebe gemacht werden, da sich die Zahl der Betriebe und der Beschäftigten im Wirtschaftszweig Arbeitnehmerüberlassung mit ihrer Hilfe ermitteln lassen (vgl. RUDOLPH/SCHRÖDER 1997, S. 111). Die Betriebsgrößen- und Beschäftigtenstruktur in der Zeitarbeit ist in Tabelle 1 wiedergegeben. Mischbetriebe sind nicht darin enthalten.

Tabelle 1: Zeitarbeitsbetriebe und beschäftigte Zeitarbeitnehmer nach Beschäftigtengrößenklassen in Westdeutschland in v.H.

Betriebe mit Beschäftigten	Betriebe				Beschäftigte			
	1980	1985	1990	1995	1980	1985	1990	1995
1 - 9	34,6	30,4	26,9	30,7	3,2	2,5	2,3	2,7
10 - 49	40,0	41,0	43,6	42,8	25,1	25,2	26,6	29,7
50 - 199	22,9	26,4	27,5	24,7	50,5	54,1	56,0	54,5
200 und mehr	2,5	2,2	2,0	1,8	21,2	18,2	15,1	13,1
Insgesamt	100,0	100,0	100,0	100,0	100,0	100,0	100,0	100,0

© IfM Bonn

Quelle: RUDOLPH/SCHRÖDER 1997, S. 111

Im Zeitraum von 1980 bis 1995 beschäftigten rund 70 % aller Betriebe weniger als 50 Zeitarbeitnehmer. Viele dieser kleinen Betriebe haben sich auf die Überlassung hochqualifizierter Fachkräfte spezialisiert, während die großen Betriebe in einem mehr unspezifischen Markt von Berufsgruppen und Qualifikationen, Hilfsarbeiter eingeschlossen, operieren.

Tabelle 1 zeigt weiterhin, daß die kleineren Betriebe in bezug auf die Beschäftigung von eher geringer Bedeutung sind. Immerhin sind rund 70 % der Zeitarbeitnehmer bei etwas weniger als 30 % der Betriebe mit mehr als 50 Beschäftigten beschäftigt. Interessant ist, daß die Zahl der Betriebe mit 200 und mehr Beschäftigten und deren Beschäftigtenanteil bereits seit 1980 rückläufig ist. Eine Beschäftigungszunahme hat es in der Zeitarbeit von 1990 bis 1995 allein bei den Betrieben mit 1 bis 49 Beschäftigten gegeben.

Der rückläufige Anteil der großen Betriebe und die Zunahme der kleinen Betriebe in der Zeitarbeit könnte ein Hinweis auf Neugründungen oder der Zunahme von Niederlassungen großer Zeitarbeitsunternehmen sein. Die Strategie einer möglichst breiten Präsenz in der Fläche kann als wichtiger Wettbewerbsfaktor gewertet werden, da die Nähe zum Kunden (Entleihunternehmen) in der Zeitarbeit ausgesprochen wichtig ist. Diese versucht man über die räumliche Verteilung der Aktivitäten zu erreichen. Deshalb ist das Wachstum im

Betriebsbereich der kleineren Zeitarbeitsbetriebe eher auf Filialisierung von Großbetrieben als auf echte Neugründungen zurückzuführen.

6.2 Quantitative Entwicklung der Arbeitnehmerüberlassung

Die wachsende Bedeutung der Zeitarbeit zeigt sich besonders deutlich an der Zahl überlassener Zeitarbeitnehmer (vgl. Abbildung 6).[12]

Abbildung 6: Überlassene Zeitarbeitnehmer jeweils am 30.6. eines Jahres als Anteil an den sozialversicherungspflichtig Beschäftigten und nach Geschlecht*

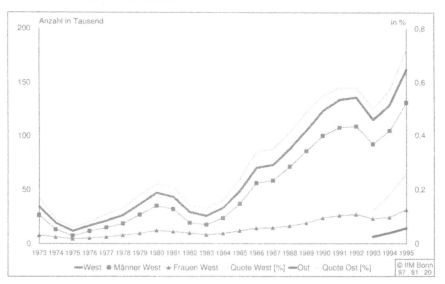

* Nur Westdeutschland

Die Anzahl überlassener Zeitarbeitnehmer ist im Zeitraum von 1973 bis 1995 in den alten Bundesländern beträchtlich gestiegen. Eine Trendschätzung mittels linearer Regression ergab einen durchschnittlichen jährlichen Anstieg von 6372 überlassenen Zeitarbeitnehmern. Die durchschnittliche jährliche Zuwachsrate im Zeitraum von 1973 bis 1995 beträgt auf der Grundlage der beobachteten Werte 7,3 %.

---

12 Die genauen Werte sind im Anhang wiedergegeben.

Im betrachteten Zeitraum hat es strukturelle Veränderungen gegeben, insbesondere hervorgerufen durch das 1982 eingeführte Arbeitnehmerüberlassungsverbot im Bauhauptgewerbe. Zur Beurteilung der gesamtwirtschaftlichen Bedeutung der Zeitarbeit ist es daher sinnvoller, lediglich den Zeitraum von 1983 bis 1995 zu betrachten. Hier betrug das durchschnittliche Wachstum überlassener Zeitarbeitskräfte auf der Grundlage der beobachteten Werte 16,6 %. Dieser Wert ist aber nur bedingt aussagefähig, da der besonders deutliche Anstieg zwischen 1994 und 1995 in den alten Bundesländern ein Ausreißer sein könnte, der das Ergebnis verzerrt. Deshalb wurde ergänzend eine Berechnung der Wachstumsrate überlassener Zeitarbeitnehmer auf der Basis geglätteter Werte vorgenommen.[13] Hierbei ergab sich ein durchschnittlicher jährlicher Anstieg von 14,6 %. Dieser Befund belegt den Bedeutungszuwachs der Zeitarbeit und die steigende Relevanz der Zeitarbeit als personalpolitisches Flexibilisierungsinstrument für die Entleihunternehmen.

Die Anzahl überlassener Zeitarbeitnehmer hat sich im betrachteten Zeitraum jedoch diskontinuierlich entwickelt. Zum Teil kann dies durch konjunkturelle Einbrüche erklärt werden, da eine weitgehende Synchronizität der Entwicklung der Zeitarbeit und der konjunkturellen Entwicklung besteht (BROSE/SCHULZE-BÖING/MEYER 1990, S. 38). Trotzdem gibt es offenbar auch einen direkten Zusammenhang zwischen Änderungen in der Regulierung der Zeitarbeit und der Veränderung der Anzahl überlassener Zeitarbeitnehmer. Neben ökonomischen Gründen hätte demzufolge auch der Regulierungsgrad der Zeitarbeit einen Einfluß auf die Nachfrage nach Zeitarbeit.

So hat beispielsweise, wie bereits ausgeführt, das 1982 eingeführte Verbot der Arbeitnehmerüberlassung im Bauhauptgewerbe zu einem starken Einbruch bei der Zahl überlassener Zeitarbeitnehmer (32,4 %) geführt. Dieses Verbot wird als ein großer Rückschlag für die Zeitarbeit in Deutschland gewertet (BROSE/ SCHULZE-BÖING/MEYER 1990, S. 36). Die Zeitarbeit kann seither ein vorhandenes Nachfragepotential nicht mehr bedienen. Eine Aufhebung des Überlassungsverbots würde Schätzungen zufolge einen nicht unbedeutenden Beschäftigungsimpuls liefern (O.V.1997a, S. 7).

Von den mehrmaligen gesetzlichen Verlängerungen der Überlassungshöchstdauer ist demgegenüber eine positive Wirkung ausgegangen (vgl. Abschnitt 2.3). Diese hat ganz offensichtlich dazu geführt, daß für die Zeitarbeit ganz

---

13 Es wurde eine Wachstumsfunktion zugrundegelegt.

neue Betätigungsfelder erschlossen werden konnten. Beispielhaft sei die Verlängerung der Überlassungshöchstdauer von 3 auf 6 Monate erwähnt, die zum 1. 5.1985 wirksam geworden ist. Die Anzahl überlassener Zeitarbeitnehmer ist im Zuge dessen 1986 um 44,5 % gestiegen.

Insofern hat die Verlängerung der Überlassungshöchstdauer zu breiteren Nutzungsmöglichkeiten der Zeitarbeit geführt (KRONE 1996, S. 103). Für viele Unternehmen hat sich die Zeitarbeit dadurch erst zu einem interessanten externen Flexibilisierungsinstrument entwickelt. Es bleibt abzuwarten, ob die im Zuge der AÜG-Novelle vorgenommene erneute Anhebung der Überlassungshöchstdauer von 9 auf 12 Monate einen weiteren Impuls geben wird.

Die Zeitarbeit ist noch immer eine von Arbeitertätigkeiten dominierte Beschäftigungsform. Die berufliche Struktur in der Zeitarbeit weist in der Tat einen deutlichen Schwerpunkt in gewerblichen Berufen auf (BUNDESANSTALT FÜR ARBEIT 1996, S. 30). Dies belegt auch der hohe Anteil der Männer bei der Zahl überlassener Zeitarbeitnehmer, der seit 1986 konstant etwa bei 80 % liegt (vgl. Tabelle im Anhang).

Im Dienstleistungssektor spielt die Zeitarbeit eine vergleichsweise untergeordnete Rolle. Dies erklärt auch den geringen Frauenanteil, da sich deren Tätigkeitsfelder typischerweise auf die Dienstleistungsberufe und hier insbesondere auf den Organisations-, Büro- und Verwaltungsbereich konzentrieren (vgl. VOSWINKEL 1995, S. 117). Von Frauen und Männern gemeinsam verrichtete Tätigkeiten konzentrieren sich im wesentlichen auf den Bereich der Hilfsarbeiten (RUDOLPH/SCHRÖDER 1997, S. 107). Dieser repräsentiert nach den Metall- und Elektroberufen den größten Anteil der in der Zeitarbeit Tätigen (vgl. Tabelle 2).

Tabelle 2: Überlassene Zeitarbeitnehmer am 30.6. 1997 nach Berufsgruppen

Berufsgruppen	Alte Bundesländer		Neue Bundesländer	
	absolut	in %	absolut	in %
Metall und Elektro	74.421	39,0	13.639	62,6
Hilfspersonal	52.498	27,5	3.251	14,9
Verwaltung und Büro	22.511	11,8	1.105	5,1
Dienstleistungen	17.325	9,1	1.122	5,1
Technische Berufe	6.782	3,5	191	0,9
sonstige Berufe	17.331	9,1	2.488	11,4
Insgesamt	190.868	100,0	21.796	100,0

© IfM Bonn

Quelle: BUNDESVERBAND ZEITARBEIT PERSONAL-DIENSTLEISTUNGEN

6.3 Betriebsgrößenstruktur, Nutzungsintensität und Branchenzugehörigkeit der Entleihunternehmen

Die Anzahl der Betriebe, die Zeitarbeit nutzen (Entleihbetriebe), ist von der Bundesanstalt für Arbeit nur bis 1981 erhoben worden. Auf der Grundlage einer 1994 durchgeführten Betriebsbefragung (vgl. LEIKEB u.a. 1995) ist jedoch zumindest annäherungsweise eine Aussage über die Größenstruktur der Entleihbetriebe möglich. Untersucht wurde auch die Nutzungsintensität, gemessen als prozentualer Anteil der Betriebe, die in der jeweiligen Beschäftigtengrößenklasse Zeitarbeitskräfte nachfragen (vgl. Tabelle 3).

Tabelle 3: Entleihbetriebe und ihre relative Nutzung der Zeitarbeit 1994 nach Beschäftigtengrößenklassen in v.H.

Betriebe mit .... Beschäftigten	Verteilung der Entleihbetriebe		Nutzungsintensität	
	West	Ost	West	Ost
1 - 19	68,9	73,6	6,1	6,0
20 - 99	19,0	19,9	14,3	12,0
100 - 499	10,5	5,5	25,7	12,9
500 - 999	0,6	0,5	34,2	13,2
1.000 und mehr	1,0	0,5	39,8	22,2
Insgesamt	100,0	100,0	18,2	9,5

© IfM Bonn

Quelle: RUDOLPH/SCHRÖDER 1997, S. 111

Dem Untersuchungsergebnis zufolge fragen schwerpunktmäßig Betriebe mit 1 bis 19 Beschäftigten Zeitarbeit nach. 90 % der Entleihbetriebe in den neuen und alten Bundesländern haben weniger als 100 Beschäftigte. Dieser Befund relativiert sich jedoch, berücksichtigt man die Größenstruktur der Betriebe in Deutschland. So gehören beispielsweise 90,3 % aller Betriebe in den alten Bundesländern der Beschäftigtengrößenklasse mit 1 bis 19 Beschäftigten an (BUNDESMINISTERIUM FÜR WIRTSCHAFT 1997, S. 165).

Sinnvoller ist die Betrachtung der Nutzungsintensität. Dem Befragungsergebnis zufolge ist die Nutzungsintensität, gemessen als prozentualer Anteil der Betriebe, die in der jeweiligen Beschäftigtengrößenklasse Zeitarbeitnehmer beschäftigen, positiv mit der Betriebsgröße korreliert. Sie steigt von 6 % in Kleinbetrieben mit weniger als 20 Beschäftigten auf 39,8 % in Betrieben mit mehr als 1.000 Beschäftigten in den alten Bundesländern (22,2 % in den neuen Bundesländern).

Auffällig ist der Unterschied zwischen alten und neuen Bundesländern. So hat in den alten Bundesländern insgesamt immerhin fast jeder fünfte befragte Betrieb (18,2 %) Zeitarbeit genutzt, während es in den neuen Bundesländern nur knapp jeder Zehnte (9,2 %) war.

Die hier betrachtete Nutzungsintensität weist jedoch Schwächen auf. Bei der ihr zugrundeliegenden Definition wird nämlich vernachlässigt, wie groß der Anteil der Zeitarbeitnehmer an der Gesamtbeschäftigung in einer Beschäftigtengrößenklasse ist. Dementsprechend ist es bei dieser Definition der Nutzungsintensität ohne Bedeutung, ob nur ein Zeitarbeitnehmer beschäftigt wird oder beispielsweise 100.[14] Um jedoch eine Aussage über die relative Bedeutung der Zeitarbeit für kleine und mittlere Unternehmen im Vergleich zu großen Unternehmen machen zu können, muß die beschäftigungsbezogene Nutzungsintensität berechnet werden. Im empirischen Teil der Untersuchung wird das Ergebnis vorgestellt. Auf dieser Grundlage ist schließlich eine Aussage über den Stellenwert und die Bedeutung der Zeitarbeit für die Unternehmen in Abhängigkeit von der Unternehmensgröße möglich.

Das Ausmaß und die Struktur der Zeitarbeitnutzung nach Wirtschaftsbereichen wurde von der Bundesanstalt für Arbeit nur bis 1981 statistisch erfaßt. Im Zeitraum von 1973 bis 1981 liegt der Nutzungsschwerpunkt der Zeitarbeit im verarbeitenden Gewerbe und im Baugewerbe. Demzufolge scheint die Zeitarbeit ein Flexibilisierungsinstrument zu sein, welches traditionell nur von ganz bestimmten Wirtschaftsbereichen nachgefragt wird.

Die Gegenüberstellung zweier Untersuchungen zur Zeitarbeitnutzung nach Wirtschaftsbereichen zeigt den Schwerpunkt der Zeitarbeitnutzung und ihre Veränderung im Zeitraum von 1980 bis 1994 (vgl. Tabelle 4).

---

[14] Unterstellt man beispielsweise, daß die Wahrscheinlichkeit, einen beliebigen Arbeitsplatz mit einem Zeitarbeitnehmer zu besetzen, identisch ist und 10 % beträgt. Dann ist die Wahrscheinlichkeit, daß ein Betrieb mit zwei Beschäftigten keinen Zeitarbeitnehmer beschäftigt gleich 0,9 x 0,9 = 0,81. Bei einem Betrieb mit 10 Beschäftigten ergibt sich hingegen $0,9^{10} \approx 0,35$. Somit ist leicht zu erkennen, daß ein Betrieb mit 10 Beschäftigten sehr viel eher mindestens einen Zeitarbeitnehmer beschäftigt (in etwa 65 % aller Fälle) als ein Betrieb mit 2 Beschäftigten (in etwa 19 % der Fälle). Hieraus läßt sich aber keinesfalls schließen, daß die Zeitarbeit für kleine Betriebe weniger wichtig ist. Hierfür müßte untersucht werden, inwiefern die Wahrscheinlichkeit, daß ein beliebiger Arbeitsplatz mit Zeitpersonal besetzt wird, von der Betriebsgröße abhängig ist. Zu diesem Zweck wurde im empirischen Teil der Untersuchung das Konzept der beschäftigungsbezogenen Nutzungsintensität entwickelt.

Tabelle 4: Zeitarbeitnutzung nach Wirtschaftsbereichen in v.H. (alte Bundesländer)

Wirtschaftsbereich	Jahr 1980[1]	1994[2]
Schiffbau	58,0	22,7
Bauhauptgewerbe	54,0	13,9
Maschinenbau	52,0	43,6
Ausbaugewerbe	43,0	28,0
Elektrotechnik	40,0	42,8
Metallerzeugung/ -verarbeitung[3]	38,0	44,7
Chemie[4]	34,0	43,7

© IfM Bonn

1 Vgl. BROSE/SCHULZE-BÖING/MEYER 1990, S. 50.
2 Vgl. RUDOLPH/SCHRÖDER 1997, S. 112.
3 1980 nur Eisen- und Stahlerzeugung
4 1994 wurden zur Chemie noch die Kunststoff- und Gummiverarbeitung hinzugezählt

Der Vergleich der Untersuchungen von 1980 und 1994 zum Zeitarbeitsvolumen in einem Wirtschaftsbereich, bezogen auf das gesamte Arbeitsvolumen dieses Wirtschaftsbereichs, zeigt, daß die Hauptnutzer der Zeitarbeit in Westdeutschland im wesentlichen die gleichen geblieben sind. Eine Ausnahme bildet der Wirtschaftsbereich Energie/Wasserversorgung/Bergbau, der 1994 die höchste Nutzungsintensität in Höhe von 50,0 % aufweist (vgl. RUDOLPH/ SCHRÖDER 1997, S. 112). Dieser Wirtschaftsbereich ist in der Untersuchung von 1980 nicht aufgeführt.

Mit dem 1982 ausgesprochenen Arbeitnehmerüberlassungsverbot im Bauhauptgewerbe wurde der Zeitarbeit, wie die Rangfolge der Zeitarbeitnutzer von 1980 zeigt, die Bedienung eines wichtigen Wirtschaftsbereichs untersagt. Das Verbot der Arbeitnehmerüberlassung im Bauhauptgewerbe gilt für Tätigkeiten, die üblicherweise von Arbeitern verrichtet werden. Verwaltungstätigkeiten können dagegen von Zeitarbeitnehmern ausgeführt werden.

Insgesamt betrachtet hat sich zwar bei den betrachteten Wirtschaftsbereichen die Rangfolge seit 1980 verändert; abgesehen vom Baugewerbe sind jedoch immer noch die gleichen Branchen Hauptnutzer der Zeitarbeit geblieben. Die Ausnahme bildet der Wirtschaftsbereich Energie/Wasserversorgung/Bergbau, der erstmalig 1994 als Hauptnutzer der Zeitarbeit auftritt.

7. Notwendigkeit einer empirischen Untersuchung

Die Diskussion um die Beschäftigungsform Zeitarbeit ist in der Vergangenheit mehr oder weniger stark polarisierend geführt worden. Bezeichnend dafür ist der heute immer noch anzutreffende Begriff "Leiharbeit" für die gewerbsmäßige Arbeitnehmerüberlassung und die Klassifizierung der Zeitarbeit als atypische oder prekäre Beschäftigungsform. Eine Variante stellt die Bezeichnung "Erosion des Normalarbeitsverhältnisses" dar (vgl. ZACHERT 1990). Auf dieser Grundlage ist aber keine sachliche, den arbeitsmarktpolitischen Problemen angemessene Diskussion möglich.

Wie der erste Teil der vorliegenden Untersuchung gezeigt hat, weist die Zeitarbeit im Vergleich zu anderen Formen der Arbeitsflexibilisierung sowohl numerische als auch funktionale Flexibilisierungseigenschaften auf. Im nun folgenden empirischen Teil der Untersuchung wird nun anhand der von den Unternehmen genannten Motive für die Nachfrage nach Zeitarbeit untersucht, welche Art der Flexibilität (numerische und/oder funktionale) die Unternehmen über die Zeitarbeit überwiegend zu erreichen versuchen. Denn die Motive lassen erkennen, ob Zeitarbeit eher als Reaktion auf unternehmerische Probleme nachgefragt wird (pull-Faktoren) oder ob ihre Nutzung mehr strategischer Art ist (push-Faktoren).

Aber auch allein diese Betrachtung reicht nicht aus, weil den Unternehmen alternative Formen der Arbeitsflexibilisierung zur Verfügung stehen. Deshalb muß auch untersucht werden, ob Zeitarbeit alleine oder ergänzend nachgefragt wird oder ob sie unter Umständen sogar substituiert wird, beispielsweise durch innerbetriebliche Formen der Arbeitsflexibilisierung. Erst die Gesamtbetrachtung erlaubt eine Aussage über die Bedeutung und den Stellenwert der Zeitarbeit für die Unternehmen in Abhängigkeit von der Unternehmensgröße.

Ein sehr wesentlicher, bislang kaum untersuchter Aspekt der Zeitarbeit bezieht sich auf den Sachverhalt, daß die innerbetriebliche Flexibilisierung mit der Unternehmensgröße steigt (vgl. Abschnitt 5.4). Deshalb ist davon auszugehen, daß sowohl die Nutzungsintensität der Zeitarbeit als auch das Nachfrageverhalten der Unternehmen nach Zeitarbeit in Abhängigkeit von der Unternehmensgröße unterschiedlich sind. Erst die unternehmensgrößenspezifische Analyse der Nachfrage nach Zeitarbeit liefert daher einen Hinweis darauf, ob sie über alle Unternehmensgrößenklassen den push- und/oder pull-Faktoren zuzuordnen ist oder ob es größenspezifische Unterschiede gibt. Schließlich zeigt sich hierin ein bestimmtes Abhängigkeitsverhältnis der Unternehmen von der flexiblen Beschäftigungsform Zeitarbeit.

Des weiteren wird ein viel diskutierter, aus arbeitsmarktpolitischer Sicht bedeutsamer Aspekt der Zeitarbeit untersucht. Er bezieht sich auf die Nutzung von Zeitarbeit und der damit vielfach unterstellten Verdrängung von Normalarbeitsverhältnissen. Dabei stützt sich diese Behauptung mehr auf Vermutungen denn auf die Kenntnis des genauen Ausmaßes bzw. der empirisch nachgewiesenen Substituierung von Normalarbeitsverhältnissen durch Zeitarbeit. Das Ausmaß ist letztlich entscheidend und nicht die alleinige Feststellung, daß Normalarbeitsverhältnisse verschiedentlich durch Zeitarbeit ersetzt werden. Eine sachliche Argumentation würde anerkennen, daß über Zeitarbeit Arbeitsverhältnisse zum großen Teil aus der Arbeitslosigkeit kommender Personen bei den Zeitarbeitsunternehmen wieder entstehen, und daß Zeitarbeitnehmer sehr oft auch von den Entleihunternehmen abgeworben werden bzw. über die Zeitarbeit wieder in eine Dauerbeschäftigung in den Entleihunternehmen gelangen. Die Konsequenz ist, daß Zeitarbeitsunternehmen selbst kontinuierlich auf der Suche nach neuen Arbeitskräften sind und dadurch den Arbeitsmarkt beleben bzw. erstarrte Strukturen (Insider - Outsider Problematik) aufweichen. Diese bislang unterbewertete Brückenfunktion (vgl. INSTITUT DER DEUTSCHEN WIRTSCHAFT 1998) der Zeitarbeit wird ebenfalls untersucht.

Der Wert des nun folgenden empirischen Teils der Untersuchung liegt im Kern darin, daß über die Identifizierung und die Analyse der unternehmensgrößenspezifischen Nachfragestruktur eine sehr viel differenziertere Beurteilung der Beschäftigungsform Zeitarbeit möglich wird. Zugleich spiegelt sie den Flexibilisierungsbedarf in den Unternehmen in Abhängigkeit von der Unternehmensgröße wider. Erst die Kenntnis der Nachfragemotive kann deshalb letztlich auch die starke Zunahme der Nachfrage nach Zeitarbeit (vgl. RUDOLPH/ SCHRÖDER 1997) erklären helfen und einen Beitrag dazu leisten, daß die bislang eher polarisierende Diskussion um die Beschäftigungsform Zeitarbeit versachlicht wird.

III. Die Befragung der Entleihunternehmen

1. Struktur und Aufbau der Untersuchung

1.1 Die Befragungsgrundgesamtheit

Unternehmen, die Zeitarbeit nachfragen, werden von der Bundesanstalt für Arbeit seit 1982 nicht mehr statistisch erfaßt. Auch über andere Quellen ist ein Zugang zu diesen Unternehmen nicht möglich. Das IFM Bonn hat sich daher über den Bundesverband Zeitarbeit Personal-Dienstleistungen e.V. (BZA) an alle 115 Mitgliedsunternehmen (Stand: Februar 1997)[15] mit der Bitte gewandt, Entleihunternehmen zu benennen. Immerhin 41 der Mitgliedsunternehmen im BZA waren dazu bereit.

Mit 20 der so ermittelten Entleihunternehmen konnten telefonische Interviews geführt werden; 393 Unternehmen wurden mit Fragebögen beschickt. Einen ausgefüllten Fragebogen haben 116 Unternehmen zurückgeschickt. Dies entspricht einer Rücklaufquote von 29,5 %. Insgesamt haben sich damit 136 Unternehmen an der Befragung beteiligt, die telefonischen Interviews eingeschlossen. Da letztere auf der Grundlage des gleichen Fragebogens geführt wurden, wird nur an den Stellen auf sie verwiesen, wo zusätzliche, nur im Gespräch zu erfragende Aspekte der Zeitarbeit ermittelt werden konnten.

1.2 Aufbau und Struktur des Fragebogens

Der Fragebogen ist nach vier Strukturierungsmerkmalen gestaltet worden. Der erste Abschnitt umfaßt die Strukturdaten der Entleihunternehmen wie die Branchenzugehörigkeit, der Sitz der Unternehmen und die Beschäftigtenzahl. Der zweite Abschnitt behandelt mögliche interne und externe Formen der Arbeitsflexibilisierung, die die Entleihunternehmen neben der Zeitarbeit nutzen können. Unter die internen Formen der Arbeitsflexibilisierung wurden die Teilzeitbeschäftigung, die befristete Beschäftigung und die Einrichtung von Arbeitszeitkonten gefaßt. Die Nutzung von Subunternehmen auf der Basis von Werk- oder Dienstverträgen ist neben der Zeitarbeit die externe Variante der Beschäftigungsflexibilisierung.

---

[15] Im April 1997 hat der BZA seinen Satzungszweck von der Zeitarbeit auf die Bereiche Personalvermittlung, Personalberatung, Outsourcing, Outplacement und andere Personaldienstleistungen erweitert. Seither verfügt der BZA als Unternehmens- und Arbeitgeberverband über 650 Mitglieder.

Untersuchungsgegenstand im dritten und zugleich umfangreichsten Abschnitt ist der Zeitpunkt der erstmaligen Nachfrage nach Zeitarbeit sowie ihre Entwicklung, die Anzahl eingesetzter Zeitarbeitnehmer, ihre Einsatzdauer sowie die Frage, ob die Zeitarbeitnehmer in den befragten Entleihunternehmen regelmäßig oder eher in Ausnahmesituationen eingesetzt werden. Weitere Fragen beziehen sich auf die nachgefragten Qualifikationen und Tätigkeitsbereiche sowie die Motive für die Nachfrage nach Zeitarbeit. Bei den Motiven wird zwischen personalpolitischen, geschäftsbetriebsbedingten und kosteninduzierten Motiven unterschieden.

Bevor im vierten und letzten Abschnitt des Fragebogens die zukünftige Entwicklung der Nachfrage der Entleihunternehmen nach Zeitarbeit behandelt wird, wird auf der Grundlage der in Zukunft geplanten personalpolitischen Veränderungen in den Unternehmen das Verhältnis der Zeitarbeit zum Normalarbeitsverhältnis untersucht. Ebenfalls Gegenstand der Untersuchung sind Faktoren, die die Nachfrage nach Zeitarbeit negativ beeinflussen können. So die Regelungsdichte im Arbeitnehmerüberlassungsgesetz sowie die Haltung des Betriebsrats zum Einsatz von Zeitarbeitnehmern in den Entleihunternehmen.

1.3 Die Struktur der befragten Entleihunternehmen

Die untersuchten Entleihunternehmen sind nach der Wirtschaftsbereichszugehörigkeit, der Unternehmensgröße[16] und dem Sitz des Unternehmens strukturiert worden. In Tabelle 5 ist die Verteilung der untersuchten Entleihunternehmen nach den Strukturierungsmerkmalen wiedergegeben.

Die sektorale Verteilung der untersuchten Entleihunternehmen zeigt einen deutlichen Schwerpunkt der Unternehmen im produzierenden Gewerbe. Insgesamt 63,2 % der befragten Unternehmen gehören diesem Wirtschaftsbereich an. Innerhalb des produzierenden Gewerbes erlaubt das Sample differenzierte Aussagen über den Maschinenbau, die Metallverarbeitung, die Elektrotechnik und die Chemie, die traditionell zu den Hauptnutzern der Zeitarbeit zählen. Insgesamt 36,1 % der befragten Unternehmen kommen aus dem Dienstleistungsbereich; 17,0 % dieser Entleihunternehmen gehören dem Handel, Verkehr und Nachrichtenübermittlung an bzw. rund ein Fünftel den sonstigen Dienstleistungen.

---

[16] Gemessen an der Anzahl der Beschäftigten.

Tabelle 5: Strukturmerkmale der untersuchten Entleihunternehmen

Wirtschaftsbereich	Absolut	in %
Maschinenbau	18	13,2
Metallverarbeitung	17	12,5
Elektrotechnik	18	13,2
Chemie	16	11,8
sonstiges produzierendes Gewerbe*	17	12,5
Handel, Verkehr, Nachrichtenübermittlung	23	17,0
sonstige Dienstleistungen**	26	19,1
Keine Angabe	1	0,7
Unternehmen mit ... Beschäftigten		
1 - 19	26	19,1
20 - 99	41	30,2
100 - 499	53	39,0
500 und mehr	15	11,0
Keine Angabe	1	0,7
Regionale Verteilung		
Alte Bundesländer	121	89,0
Neue Bundesländer	14	10,3
Keine Angabe	1	0,7

© IfM Bonn

* Ausbaugewerbe, Holzgewerbe, Automobilzulieferer, Textilgewerbe, Papierindustrie
** Kreditinstitute, Versicherungen, Medien

Die Unternehmensgrößenstruktur unserer Stichprobe wird von mittleren Unternehmen dominiert. Rund zwei Fünftel der Befragten beschäftigen 100 bis 499 Mitarbeiter; 30,2 % der Entleihunternehmen haben 20 bis 99 Beschäftigte. Knapp ein Fünftel verfügt über weniger als 19 Beschäftigte und etwas mehr als jedes zehnte Unternehmen weist 500 und mehr Beschäftigte auf. Aufgrund der vorliegenden Größenverteilung sind differenzierte Aussagen über das größenspezifische Nachfrageverhalten der Unternehmen nach Zeitarbeit möglich. Zugleich kann der Frage nachgegangen werden, ob sich der vielfach konstatierte Funktionswandel der Zeitarbeit, wenn überhaupt, unabhängig von der Unternehmensgröße vollzieht oder ob größenspezifische Unterschiede bestehen.

Obwohl versucht wurde, auch Entleihunternehmen aus den neuen Bundesländern für die Befragung zu gewinnen, dominieren die Unternehmen der alten Bundesländer. 89,0 % der antwortenden Entleihunternehmen haben ihren Sitz in den alten Bundesländern bzw. 10,3 % in den neuen Bundesländern. Da jedoch in bezug auf die Nachfragemotive keine gravierenden regionalen Unterschiede zu erwarten sind, wird auf den regionalen Aspekt nicht weiter eingegangen. Die Verteilung der befragten Entleihunternehmen nach Wirtschaftsbereichen und Beschäftigtengrößenklassen geht aus Abbildung 7 hervor.

Abbildung 7: Struktur der untersuchten Entleihunternehmen nach Wirtschaftsbereichen und Beschäftigtengrößenklassen

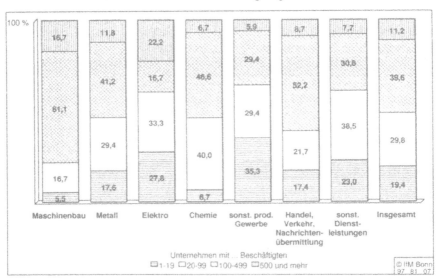

2. Ergebnisse der Befragung der Entleihunternehmen

2.1 Die Zeitarbeitnutzung in den befragten Entleihunternehmen

2.1.1 Erstmalige Nachfrage nach Zeitarbeit

Die Ermittlung des Zeitpunkts der erstmaligen Nachfrage nach Zeitarbeit in den untersuchten Entleihunternehmen ist von Bedeutung, da sie Aufschluß darüber gibt, ob die Unternehmen - und hier insbesondere die kleinen und mittleren - traditionell Zeitarbeit nutzen oder ob erst in jüngerer Zeit ein Flexibilisierungsbedarf in den Unternehmen entstanden ist, der sich in einem Anstieg der Anzahl nachfragender Unternehmen nach Zeitarbeit niederschlägt. Obwohl das Arbeitnehmerüberlassungsgesetz erst 1972 in Kraft getreten ist, können Zeitarbeitsunternehmen bereits seit 1967 Zeitarbeitnehmer überlassen.

Abbildung 8: Erstmaliger Einsatz von Zeitarbeitnehmern in den befragten Entleihunternehmen

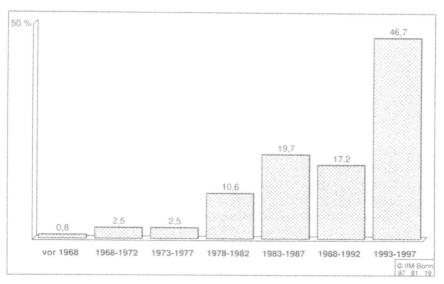

Obwohl einige Entleihunternehmen des Untersuchungssamples schon seit langem Zeitarbeit nutzen, ist eine deutliche Zunahme der Nachfrage erst seit 1978 erkennbar. Die meisten der Entleihunternehmen haben aber im Zeitraum von 1993 bis 1997 erstmalig Zeitarbeit nachgefragt. Ob dies auf einen größeren Flexibilisierungsbedarf in den Unternehmen zurückzuführen ist oder ob die Anhebung der Überlassungshöchstdauer von 6 auf 9 Monate Ende 1993 mit Wirkung vom 1. Januar 1994 ursächlich ist, ist klärungsbedürftig.

In Abbildung 9 ist die zeitliche Staffelung der Erstnutzung von Zeitarbeit nach Unternehmensgrößenklassen wiedergegeben. Sie orientiert sich an den jeweiligen Erhöhungen der Überlassungshöchstdauer.

Insgesamt haben 38,8 % aller Unternehmen Zeitarbeit erstmals zwischen 1986 und 1993 nachgefragt. Der Anteil der Unternehmen, die Zeitarbeit bereits zwischen 1967 und 1985 genutzt haben, ist in den Unternehmen mit 500 und mehr Beschäftigten deutlich höher als in den kleinen und mittleren Unternehmen. Kleine und mittlere Unternehmen greifen überdurchschnittlich häufig erst seit kurzem (1994-1997) auf Zeitarbeit zurück.

Abbildung 9: Jahr der erstmaligen Nutzung der Zeitarbeit nach Beschäftigtengrößenklassen

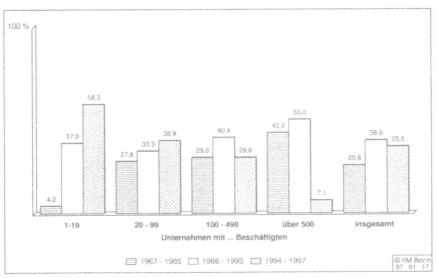

Dies ist ein Indiz dafür, daß kleine und mittlere Unternehmen erst seit jüngerer Zeit verstärkt Flexibilisierungsbedarf sehen, den sie durch Zeitarbeit decken. Diese Vermutung läßt sich anhand der Befunde des IfM Bonn zu den Auswirkungen des Tarif- und Arbeitsrechts auf mittelständische Unternehmen erhärten (vgl. KAYSER u.a. 1997). Im Rahmen des Tarifrechts fordern die Unternehmen Flexibilisierungsspielräume beispielsweise durch die Einführung von Öffnungsklauseln, die ihnen vom Flächentarifvertrag abweichende, den betrieblichen Anforderungen entsprechende Vereinbarungen ermöglichen. Insofern ist durchaus auch die verstärkte Nachfrage nach Zeitarbeit seit 1994 als Reaktion auf den Flexibilisierungsdruck in den Unternehmen zu erklären.

Auch die gesetzliche Erhöhung der Überlassungshöchstdauer hat zu einer vermehrten Nachfrage nach Zeitarbeit geführt, was im relativ ausgewogenem Verhältnis der erstmaligen Nachfrage nach Zeitarbeit der Unternehmen aller Beschäftigtengrößenklassen im Zeitraum von 1986 bis 1993 zum Ausdruck kommt. Der Anteil der Unternehmen aller Beschäftigtengrößenklassen, die in diesem Zeitraum erstmals Zeitarbeit nachgefragt haben, ist ausgesprochen hoch. Die Überlassungshöchstdauer betrug in diesem Zeitraum 6 Monate verglichen mit zuvor 3 Monaten. Die Erhöhung von 3 auf 6 Monate wird als wichtiger Impuls für die Entwicklung dieser Beschäftigungsform gewertet (vgl.

RUDOLPH/SCHRÖDER 1997) wodurch ihre Attraktivität zugenommen hat; der Dispositionsspielraum der Entleihunternehmen hat sich dadurch erhöht.

In bezug auf die Wirtschaftsbereiche gibt es hinsichtlich der erstmaligen Nachfrage nach Zeitarbeit keine Besonderheiten. Wie zu erwarten, sind die traditionellen Nutzer der Zeitarbeit die Unternehmen des produzierenden Gewerbes. Erst seit jüngerer Zeit, d.h. im Zeitraum von 1994 bis 1997, haben erstmalig verstärkt Dienstleistungsunternehmen Zeitarbeit nachgefragt.

2.1.2 Entwicklung der Nachfrage nach Zeitarbeit

Neben der erstmaligen Nutzung der Zeitarbeit ist von Interesse, wie sich der jährliche Einsatz von Zeitarbeitnehmern in den Unternehmen seither entwickelt hat. Auffällige unternehmensgrößenspezifische Unterschiede gibt es nicht. Der Anteil der Unternehmen mit steigender Nachfrage nach Zeitarbeit ist in allen Beschäftigtengrößenklassen hoch. Zeitarbeit scheint demzufolge eine Form der Arbeitsflexibilisierung zu sein, die von den befragten Unternehmen aller Beschäftigtengrößenklassen grundsätzlich angenommen wird. Das Befragungsergebnis zur Entwicklung des Einsatzes von Zeitarbeitnehmern nach Wirtschaftsbereichen ist in Abbildung 10 wiedergegeben.

Abbildung 10: Entwicklung der Nachfrage nach Zeitarbeit in den Entleihunternehmen nach Wirtschaftsbereichen

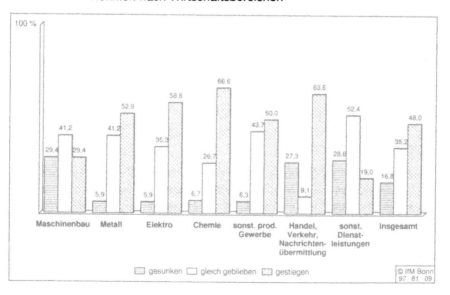

Bis auf die Unternehmen des Maschinenbaus und die der sonstigen Dienstleistungen überwiegt der Anteil der Unternehmen, die eine steigende Nachfrage nach Zeitarbeit signalisieren. Am stärksten wächst die Nachfrage in den Wirtschaftsbereichen Chemie, Handel, Verkehr und Nachrichtenübermittlung und Elektrotechnik.

Der Anteil der Unternehmen mit gleichbleibender Zeitarbeitnutzung ist über alle Wirtschaftsbereiche überdurchschnittlich, die Chemie und Handel, Verkehr und Nachrichtenübermittlung ausgenommen. Bei den Dienstleistungsunternehmen und erstaunlicherweise auch bei den Maschinenbauunternehmen ist die Nachfrage nach Zeitarbeit am stärksten gesunken. Letztere zählen zu den Hauptnutzern der Zeitarbeit.

Insgesamt hat sich die Zeitarbeit in den befragten Entleihunternehmen etabliert, was in dem hohen Anteil der Unternehmen mit gleichbleibender bzw. gestiegener Nachfrage nach Zeitarbeit zum Ausdruck kommt. Zeitarbeit scheint ein fester Bestandteil in der unternehmerischen Arbeitsorganisation geworden zu sein. Offensichtlich gibt es fest umrissene, immer wiederkehrende Tätigkeiten, für deren Erledigung Zeitpersonal nachgefragt wird. Denkbar ist, daß die betrieblichen Aktivitäten schwanken (saisonal, konjunkturell) und Arbeitsspitzen entstehen, die mit Zeitarbeit bewältigt werden. Die Ursachen für die Nachfrage nach Zeitarbeit werden daher weiter analysiert.

Obwohl auch Gründe für die rückläufige Nachfrage nach Zeitarbeit angegeben werden konnten, gab es keine kritischen Bemerkungen zur Dienstleistung Zeitarbeit. Der Nachfragerückgang ist offenbar nicht Ausdruck der Unzufriedenheit der Entleihunternehmen mit dieser Beschäftigungsform. Es ist eher zu vermuten, daß Zeitarbeit in diesen Unternehmen durch andere Formen der Arbeitsflexibilisierung substituiert wurde, beispielsweise durch Nutzung innerbetrieblicher Flexibilisierungspotentiale. Die Befunde zu diesem Themenkomplex werden in Abschnitt 2.2 vorgestellt.

Um die Nutzungsursachen näher zu durchleuchten, wird in einem nächsten Schritt die Frage beantwortet, ob Zeitarbeit regelmäßig oder nur in Ausnahmesituationen nachgefragt wird. Die Art der Nachfrage, d.h. die regelmäßige Nutzung oder Inanspruchnahme der Zeitarbeit nur in Ausnahmesitutationen, liefert einen ersten Hinweis auf die Funktion der Zeitarbeit in den Entleihunternehmen.

Abbildung 11: Regelmäßige oder fallweise Nachfrage nach Zeitarbeit nach Beschäftigtengrößenklassen

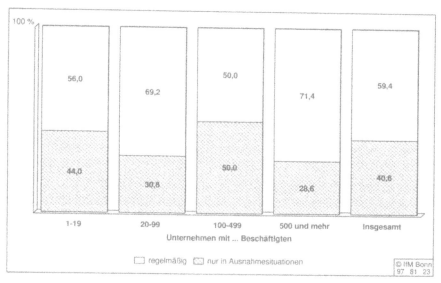

Für die Mehrheit der Unternehmen (59,4 %) ist Zeitarbeit eine Möglichkeit, Arbeitskräftebedarf fallweise zu decken. Dieses fallweise Nachfrageverhalten deutet auf die Bewältigung temporärer Arbeitsspitzen mit Zeitarbeit hin, wenn unter Umständen andere, interne Möglichkeiten, wie beispielsweise Überstunden, nicht ausreichen.

Immerhin die Hälfte der mittelgroßen (100 - 499 Beschäftigte) und 44 % der kleinen (1 - 19 Beschäftigte) Unternehmen nutzen Zeitarbeit nicht nur fallweise, sondern planmäßig. Die regelmäßige Nachfrage ist ein deutlicher Hinweis darauf, daß sich gerade sehr kleine und mittelgroße Unternehmen in einem bestimmten Rahmen auf den kontinuierlichen Einsatz von Zeitarbeitnehmern eingestellt haben und nicht nach alternativen Möglichkeiten zur Deckung eines zusätzlichen Arbeitskräftebedarfs suchen. Die Gründe hierfür werden im Zusammenhang mit der Analyse der Motive für die Nachfrage nach Zeitarbeit näher untersucht. Das Ergebnis nach Wirtschaftsbereichen ist in Abbildung 12 wiedergegeben.

Abbildung 12: Regelmäßige oder fallweise Nachfrage nach Zeitarbeit nach Wirtschaftsbereichen

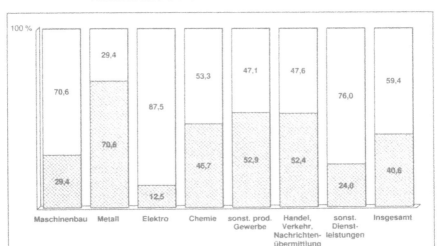

Zwischen den Wirtschaftsbereichen bestehen, im Gegensatz zur Unternehmensgröße, signifikante Unterschiede. Besonders auffällig ist die Metallverarbeitung; 70,6 % der untersuchten Unternehmen dieses Wirtschaftsbereichs nutzen Zeitarbeit regelmäßig. Im Maschinenbau ist das Verhältnis genau umgekehrt und auch im Wirtschaftsbereich Elektrotechnik fragen 87,5 und im Bereich der sonstigen Dienstleistungen 76,0 % der Unternehmen Zeitarbeit nur in Ausnahmesituationen nach. Im Handel, Verkehr und Nachrichtenübermittlung ist das Verhältnis relativ ausgewogen.

Der in jedem der untersuchten Wirtschaftsbereiche vorhandene Sockel an regelmäßiger Nachfrage nach Zeitarbeit ist ein Indiz dafür, daß es eine Kernkompetenz der Zeitarbeit gibt, die dauerhaft von nachfragenden Unternehmen in Anspruch genommen wird. Diese, im folgenden noch näher zu untersuchende Kernkompetenz, bezieht sich auf den Sachverhalt, daß Zeitarbeit einen Flexibilisierungsbedarf in den Unternehmen abdeckt, der durch andere flexible Beschäftigungsformen offensichtlich nicht abgedeckt werden kann. Im Unterschied zu anderen flexiblen Beschäftigungsformen genügt Zeitarbeit sowohl numerischen als auch funktionalen Flexibilisierungserfordernissen in den Unternehmen. Inwieweit beide Funktionen der Zeitarbeit in den befragten Unternehmen relevant sind, wird im Abschnitt zu den Motiven für die Nachfrage nach Zeitarbeit geklärt.

Angesichts des hohen Anteils der Unternehmen in der Metallverarbeitung mit regelmäßiger Nachfrage nach Zeitarbeit, ist davon auszugehen, daß Zeitarbeit dort auch als Alternative zu Normalarbeitsverhältnissen nachgefragt wird, weil sich auf diese Weise direkte und indirekte Lohnkosten und tarifliche Zulagen vermeiden lassen.[17]

2.1.3 Anzahl eingesetzter Zeitarbeitnehmer

Ein zentrales Anliegen der vorliegenden Untersuchung ist die Frage nach der relativen Bedeutung der Zeitarbeit für kleine und mittlere Unternehmen im Vergleich zu großen Unternehmen. In diesem Abschnitt wird die eigentliche Problematik erläutert, bevor im nächsten Abschnitt die beschäftigungsbezogene Nutzungsintensität der Zeitarbeit vorgestellt wird, die die Bedeutung der Zeitarbeit für die Unternehmen aller Beschäftigtengrößenklassen aufdeckt.

Die Anzahl eingesetzter Zeitarbeitnehmer in den Entleihunternehmen unterliegt im Jahresverlauf starken Schwankungen. Um saisonale Einflüsse auszuschalten, wurden die Unternehmen nach der Anzahl beschäftigter Zeitarbeitnehmer innerhalb des vergangenen Jahres (1996) gefragt. Die Angaben der Befragten sind nach Beschäftigtengrößenklassen in Tabelle 6 erfaßt.

Knapp vier Fünftel der Befragten haben im vergangenen Jahr weniger als 20 Zeitarbeitnehmer beschäftigt. Nur etwas mehr als ein Fünftel der Entleihunternehmen hat mehr als 20 Zeitarbeitnehmer eingesetzt. Allerdings bestehen zwischen den Beschäftigtengrößenklassen deutliche Unterschiede.

---

[17] Die Bestandsveränderung der sozialversicherungspflichtigen Beschäftigung in diesem Wirtschaftsbereich zwischen 1987 und 1996 ist mit -18,5 % relativ hoch (vgl. Tabelle 14). Nähere Ausführungen zu diesem Themenkomplex in Abschnitt 2.5 "Verhältnis zwischen Zeitarbeit und Normalarbeitsverhältnis".

Tabelle 6: Anzahl beschäftigter Zeitarbeitnehmer in den Entleihunternehmen innerhalb des letzten Jahres nach Beschäftigtengrößenklassen in v.H.

Anzahl beschäftigter Zeitarbeitnehmer	Beschäftigtengrößenklassen*				Insgesamt
	1-19	20-99	100-499	> 500	
1 - 5	66,7	52,8	19,6	38,5	40,5
6 - 19	23,8	33,3	54,3	23,0	38,8
20 und mehr	9,5	13,9	26,1	38,5	20,7
Insgesamt	100,0	100,0	100,0	100,0	100,0

© IfM Bonn

* Hierzu zählen nur die Stammarbeitnehmer der Entleihunternehmen

Wie zu erwarten, steigt mit zunehmender Unternehmensgröße auch der Anteil der Unternehmen, die im letzten Jahr mehr als 20 Zeitarbeitnehmer beschäftigt haben. Hier zeigt sich der Zusammenhang von Unternehmensgröße und der damit verbundenen höheren Anzahl von Arbeitsplätzen. Die Wahrscheinlichkeit der Besetzung mindestens eines Arbeitsplatzes mit einer Zeitarbeitskraft steigt folglich mit der Unternehmensgröße.

Dieser Befund ist einsichtig. Dies ist der wesentliche Kritikpunkt an der vorgestellten Untersuchung zur Nutzungsintensität der Zeitarbeit in Entleihbetrieben (vgl. Tabelle 3) und der ihr zugrundeliegenden Definition. Über die relative Bedeutung der Zeitarbeit für kleine Unternehmen im Vergleich zu großen Unternehmen ist auf dieser Grundlage keine Aussage möglich. Für die vorliegende Untersuchung wurde deshalb das Konzept der beschäftigungsbezogenen Nutzungsintensität entwickelt, die die relative Bedeutung der Zeitarbeit für die Unternehmen der verschiedenen Beschäftigtengrößenklassen verdeutlicht. Die Ergebnisse werden im folgenden Abschnitt präsentiert.

2.1.4 Nutzungsintensität der Zeitarbeit

Die beschäftigungsbezogene Nutzungsintensität ist definiert als Anteil der Zeitarbeitnehmer an der Gesamtbeschäftigung in den Entleihunternehmen einer Beschäftigtengrößenklasse.

Auf der Grundlage dieses Konzepts zeigt sich im Unterschied zur vorgenannten Untersuchung eine negative Korrelation der Nutzungsintensität der Zeitarbeit mit der Unternehmensgröße. Kleine Unternehmen nutzen Zeitarbeit in relativ stärkerem Maße als größere Unternehmen; d.h., wenn ein Unternehmen

Zeitarbeit nutzt, ist die Nutzungsintensität in kleinen Unternehmen deutlich höher als in großen.

Tabelle 7: Nutzungsintensität der Zeitarbeit in den Entleihunternehmen nach Beschäftigtengrößenklassen in v.H.

Nutzungsintensität	Beschäftigtengrößenklassen				
	1-19	20-99	100-499	> 500	Insgesamt
Anzahl Beschäftigte	250	1.913	10.369	10.578	23.110
Anzahl Zeitarbeitnehmer	154	477	1.084	424	2.139
Gesamtbeschäftigung	404	2.390	11.453	11.002	25.249
Nutzungsintensität	38,1	20,0	9,5	3,9	8,5

© IfM Bonn

Dieser Befund zeigt, daß kleinere Unternehmen unseres Untersuchungssamples im Vergleich zu großen Unternehmen bei zusätzlichem Arbeitskräftebedarf stärker auf Zeitarbeit zurückgreifen. Dies erklärt sich aus der mit steigender Unternehmensgröße eher gegebenen Möglichkeit, beispielsweise Personalausfälle auch intern überbrücken zu können oder durch interne Formen der Arbeitsflexibilisierung auszugleichen. Demzufolge sind insbesondere kleine Unternehmen von der externen Beschäftigungsform Zeitarbeit stärker abhängig als große Unternehmen, was sich in der höheren Nutzungsintensität widerspiegelt.

Hier zeigt sich das typische Charakteristikum kleiner Unternehmen, welche kaum über standardisierte, arbeitsteilige Beschäftigungen verfügen, was eine interne Flexibilisierung, wie sie für größere Unternehmen sinnvoll und notwendig ist, verhindert. Auf der anderen Seite entsteht auch in kleineren Unternehmen vorübergehend ein zusätzlicher Arbeitskräftebedarf, beispielsweise hervorgerufen durch Auftragsspitzen. Da dieser Arbeitskräftebedarf aber Schwankungen unterliegt und die mittel- bis langfristige Anzahl benötigter Arbeitskräfte nicht antizipiert werden kann, wird der zusätzliche Arbeitskräftebedarf eher über Zeitarbeit gedeckt.

Zu berücksichtigen ist aber auch der Befund, daß 44 % der befragten Entleihunternehmen mit 1 bis 19 Beschäftigten Zeitarbeit regelmäßig nachfragen (vgl. Abbildung 11). Auf den ersten Blick legt dies die Vermutung nahe, daß kleine Unternehmen, anstatt Dauerarbeitsplätze zu schaffen, der Zeitarbeit den Vorzug geben. Diese Betrachtungsweise ist allerdings kurzsichtig. Wie im Abschnitt zu den Motiven für die Nachfrage nach Zeitarbeit noch näher untersucht wird, ist von entscheidender Bedeutung, ob es sich um wachstumsorientierte Unternehmen handelt oder um solche, die an der Mindestgröße festhalten wollen. Die Nachfrage nach Zeitarbeit zusammen mit Überstunden und Mehrarbeit mithelfender Familienangehöriger sind im letzteren Fall viel wahrscheinlicher als Neueinstellungen. Es würden vielfältige und nachhaltige betriebswirtschaftliche Verluste entstehen, wenn ein zusätzlicher Auftrag aufgrund eines zu geringen Personalbestands in diesen Unternehmen nicht angenommen würde. Um Kunden nicht an andere Unternehmen zu verlieren oder Lieferfristen nicht verlängern zu müssen und Kunden dadurch zu verärgern, wird dann unter anderem Zeitpersonal nachgefragt (vgl. RUDOLPH/SCHRÖDER 1997, S. 113).

Dagegen ist bei wachstumsorientierten Unternehmen davon auszugehen, daß sie ihren zusätzlichen Personalbedarf zunächst über Zeitarbeit decken, um im Sinne einer personalpolitischen Konsolidierung Zeitarbeitsverhältnisse dann in eine Dauerbeschäftigung zu überführen, wenn der durch das Unternehmenswachstum induzierte, mittel- bis langfristige Personalbedarf abzusehen ist.

Insgesamt betrachtet steht hinter der Notwendigkeit der Unterscheidung wachstumsorientierter und nicht wachstumsorientierter Unternehmen aber doch die Frage, was denn eigentlich die Bereitschaft zum Unternehmenswachstum beeinflußt. Letztlich müssen an dieser Stelle auch die Rahmenbedingungen hinterfragt werden und die Flexibilität, die den Unternehmen zugestanden wird. So ist die Nachfrage nach Zeitarbeit durchaus auch als Ventil zu interpretieren und damit Ausdruck nicht nur der Bewältigung der von den Absatzmärkten ausgehenden Unsicherheiten, sondern auch der von den rechtlichen und wirtschaftlichen Rahmenbedingungen ausgehenden Impulse, die unternehmerisches Handeln und insbesondere die Investitionsbereitschaft nachhaltig beeinflussen.

Gerade die Zeitarbeit eignet sich zu solch einem Ventil, weil die Entleihunternehmen beim Einsatz von Zeitpersonal keine arbeitsrechtlich verbindlichen Einstellungen tätigen müssen, aber wenn Bedarf vorhanden ist, Zeitarbeitnehmer in eine Dauerbeschäftigung übernehmen können. Die Arbeitnehmerüberlassung der Zeitarbeitsunternehmen hat somit eine "Pufferfunktion" für die Entleihunternehmen, auf die im Zusammenhang mit der Analyse der Motive für die Nachfrage nach Zeitarbeit noch näher eingegangen wird.

2.1.5 Durchschnittliche Einsatzdauer des Zeitpersonals

Angesichts der gesetzlich festgelegten Überlassungshöchstdauer kann die Einsatzdauer des Zeitpersonals von den Entleihunternehmen nicht beliebig gestaltet werden. Es ist deshalb von Interesse, ob sich die befragten Entleihunternehmen durch diese Einschränkung in ihren Dispositionsmöglichkeiten eingeengt sehen. Einen Hinweis darauf könnte die Beantwortung der Frage liefern, ob die Unternehmen die gesetzlich mögliche Einsatzdauer voll ausschöpfen. Werden Zeitarbeitnehmer eher kurzfristig eingesetzt, wäre davon auszugehen, daß die Beschränkung der Überlassungshöchstdauer von untergeordneter Bedeutung ist.

Unternehmensgrößenspezifische Unterschiede hinsichtlich der Einsatzdauer von Zeitarbeitnehmern - so die Ergebnisse - gibt es nicht; auch nach Wirtschaftsbereichen gibt es keine berichtenswerten Unterschiede. Die von den Unternehmen insgesamt angegeben durchschnittlichen Einsatzdauern sind in Abbildung 13 erfaßt.

Abbildung 13: Durchschnittliche Einsatzdauer des Zeitpersonals

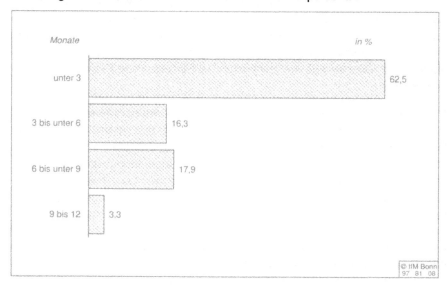

Im Durchschnitt setzen 62,5 % der Unternehmen Zeitarbeitnehmer ausgesprochen kurz, d.h. weniger als 3 Monate ein. Nicht einmal ein Fünftel der Unternehmen setzt Zeitarbeitnehmer zwischen 3 bis unter 6 Monaten bzw. zwischen

6 bis unter 9 Monaten ein. Nur 3,3 % der Befragten reichen an die gesetzlich mögliche Überlassungshöchstdauer heran und setzen Zeitarbeitnehmer zwischen 9 und 12 Monaten ein.

Da die Überlassungshöchstdauer jedoch zum Befragungszeitpunkt erst auf 12 Monate angehoben worden ist, ist der Betrachtungszeitraum zu kurz, um beurteilen zu können, ob sie von den Entleihunternehmen angenommen worden ist oder nicht. Die ansonsten ausgesprochen kurze durchschnittliche Einsatzdauer des Zeitpersonals erweckt jedoch den Eindruck, daß sich die Entleihunternehmen durch die gesetzlich festgelegte Überlassungshöchstdauer in ihrem Dispositionsspielraum nicht eingeschränkt sehen. Allerdings handelt es sich bei dem eingesetzten Zeitpersonal nicht um eine qualifikatorisch homogene Gruppe. Die Länge der Einsatzdauer eines Zeitarbeitnehmers variiert stark in Abhängigkeit von der Art der zu verrichtenden Tätigkeit. Die Durchschnittsbetrachtung führt daher zu einer Verzerrung.

Die im Rahmen dieser Untersuchung geführten telefonischen Interviews zeigen, wie wichtig die differenzierte Betrachtung der jeweils überlassenen Qualifikationen ist, um die Angaben über die Einsatzdauer zu werten. Zwar bestätigen auch die telefonischen Interviews, daß Zeitarbeitseinsätze kurz gehalten werden, aber vor allem im Bereich gering qualifizierter Arbeit, was aufgrund der Verrichtung standardisierter, einfacher Tätigkeiten ohne lange Anlernzeiten auch gelingt. Dies sei aber mit der Dauer des Einsatzes von Fachkräften nicht vergleichbar.

Die Interviewpartner stimmen darin überein, daß Zeitarbeitseinsätze von gut bis hochqualifizierten Fachkräften sehr häufig an die gesetzlich mögliche Überlassungsdauer heranreichen. Die Überlassungshöchstdauer werde in diesem Segment immer wieder ausgeschöpft. Als Begründung nennen sie die langen Einarbeitungszeiten, die bei betriebsspezifischen Qualifikationsanforderungen und anspruchsvollen Tätigkeiten anfallen. Diese Einarbeitungszeiten rechneten sich nur dann, wenn das Zeitpersonal auch entsprechend lange für das Unternehmen arbeiten könne. Deshalb würden sie auch die Aufhebung der gesetzlichen Begrenzung der Überlassungsdauer begrüßen. Auch weisen sie darauf hin, daß das Zeitpersonal nach dem Einsatz im Entleihunternehmen erst in einem anderem Unternehmen eingesetzt werden muß, bevor es zurückkehren darf. Oftmals ist das gewünschte Zeitpersonal dann aber nicht mehr verfügbar. Diese gesetzlichen Regelungen werden von den Interviewpartnern, unabhängig vom Wirtschaftsbereich oder der Unternehmensgröße, als hinderlich empfunden.

2.2 Verhältnis zwischen Zeitarbeit und innerbetrieblichen Formen der Arbeitsflexibilisierung

Den Unternehmen stehen unterschiedliche Formen der Arbeitsflexibilisierung zur Verfügung. Eine wichtige Fragestellung ist deshalb, welchen Stellenwert Zeitarbeit insbesondere im Vergleich zu innerbetrieblichen Formen der Arbeitsflexibilisierung einnimmt.

In diesem Zusammenhang ist zunächst zu klären, warum Unternehmen, die innerbetriebliche Formen der Arbeitsflexibilisierung eingeführt haben, zusätzlich Zeitarbeit nachfragen. Zum anderen stellt sich die Frage, warum die Unternehmen, die keine innerbetriebliche Flexibilisierung aufweisen, der Zeitarbeit den Vorzug geben. In der folgenden Tabelle ist die Verteilung der befragten Entleihunternehmen mit und ohne innerbetrieblicher Arbeitsflexibilisierung nach Beschäftigtengrößenklassen wiedergegeben.

Tabelle 8: Entleihunternehmen mit und ohne innerbetriebliche Arbeitsflexibilisierung nach Beschäftigtengrößenklassen in v.H.

Innerbetriebliche Flexibilisierung	Beschäftigtengrößenklassen				
	1-19	20-99	100-499	> 500	Insgesamt
Ja	57,7	82,9	96,2	93,3	84,4
Nein	42,3	17,1	3,8	6,7	15,6
Insgesamt	100,0	100,0	100,0	100,0	100,0

© IfM Bonn

Insgesamt 84,4 % der befragten Unternehmen verfügen über mindestens eine innerbetriebliche flexible Beschäftigungsform und fragen zusätzlich Zeitarbeit nach. Lediglich 15,6 % aller befragten Entleihunternehmen decken ihren Flexibilisierungsbedarf ausschließlich durch Zeitarbeit.

Bei diesem Ergebnis zeigt sich ein signifikanter, größenspezifischer Trend. Die Nutzung innerbetrieblicher Formen der Arbeitsflexibilisierung steigt mit zunehmender Unternehmensgröße. Mit zunehmender Unternehmensgröße nimmt folglich die substitutive Beziehung zwischen der Zeitarbeit und innerbetrieblichen Formen der Arbeitsflexibilisierung zu. Während immerhin etwas mehr als zwei Fünftel der Unternehmen mit 1 bis 19 Beschäftigten ausschließlich Zeitarbeit nutzen, sind es bei den Unternehmen mit 500 und mehr Beschäftigten nur noch 6,7 % der Befragten. Dieser Befund unterstreicht noch einmal die Wichtigkeit der Betrachtung der beschäftigungsbezogenen Nutzungsintensität der Zeitarbeit, die in kleinen Unternehmen deutlich höher ist (vgl. Tabelle 7). In Tabelle 9 sind die von den befragten Entleihunternehmen neben der Zeitarbeit genutzten Formen der Arbeitsflexibilisierung nach Beschäftigtengrößenklassen aufgeführt.

Tabelle 9: Die von den Entleihunternehmen genutzten Formen der Arbeitsflexibilisierung nach Beschäftigtengrößenklassen, Mehrfachnennungen in v.H.

Formen der Arbeitsflexibilisierung	Beschäftigtengrößenklassen				Insgesamt
	1-19	20-99	100-499	> 500	
Teilzeitbeschäftigte	46,2	56,1	79,2	80,0	65,9
befristet Beschäftigte	30,8	56,1	69,8	86,7	60,0
Arbeitszeitkonten	11,5	31,7	54,7	46,7	38,5
Subunternehmer	34,6	36,6	41,5	26,7	37,0

© IfM Bonn

Die Teilzeitbeschäftigung ist insgesamt betrachtet die am häufigsten genutzte Form der Arbeitsflexibilisierung in den Unternehmen aller Beschäftigtengrößenklassen gefolgt von befristeten Beschäftigungsverhältnissen. Nur knapp zwei Fünftel der Entleihunternehmen verfügen über Arbeitszeitkonten; 37,0 % vergeben Aufträge an Subunternehmen.

Auffällig ist die mit steigender Unternehmensgröße zunehmende Nutzung von Arbeitszeitkonten, obwohl bei den Unternehmen mit mehr als 500 Beschäftigten ein leichter Einbruch zu verzeichnen ist. Arbeitszeitkonten werden in den Unternehmen mit mehr als 100 Beschäftigten überdurchschnittlich genutzt. Die überdurchschnittliche Nutzung auch der anderen innerbetrieblichen Formen der Arbeitsflexibilisierung in den Unternehmen mit mehr als 100 Beschäftigten zeigt den Zusammenhang zwischen Unternehmensgröße und innerbetrieblicher Flexibilisierung von Arbeitsabläufen. Demgegenüber scheint die Vergabe von Aufträgen an Subunternehmen in kleinen und mittleren Unternehmen von größerer Bedeutung zu sein.

Um nähere Erkenntnisse über den Stellenwert und die Bedeutung der Zeitarbeit im Verhältnis zu innerbetrieblichen Formen der Arbeitsflexibilisierung zu gewinnen, wurden die Entleihunternehmen, die über innerbetriebliche Formen der Arbeitsflexibilisierung verfügen, gefragt, aus welchem Grund sie zusätzlich Zeitarbeit nachfragen. Die Unternehmen, die keine innerbetrieblichen Formen der Arbeitsflexibilisierung nutzen, sollten angeben, warum sie der Zeitarbeit den Vorzug geben.

Drei Fünftel der befragten Entleihunternehmen haben nähere Angaben in bezug auf diese Fragestellung gemacht. 91,5 % dieser Unternehmen verfügen über interne Formen der Arbeitsflexibilisierung und fragen zusätzlich Zeitarbeit nach. Lediglich 8,5 % der Entleihunternehmen fragen ausschließlich Zeitarbeit nach. Von letzteren vergeben 31,8 % auch Aufträge an Subunternehmen. Die mehrheitlich genannten Gründe beider Gruppen von Entleihunternehmen sind in Übersicht 6 zusammengestellt.

Übersicht 6: Gründe für die Nachfrage nach Zeitarbeit als Ergänzung zu innerbetrieblichen Flexibilisierungsformen versus ausschließliche Nutzung der Zeitarbeit als Flexibilisierungsform

innerbetriebliche Flexibilisierung	Gründe für die Nachfrage nach Zeitarbeit
ja, zusätzliche Nachfrage nach Zeitarbeit	• Auftragsspitzen • Vertretung bei Urlaub, Krankheit • innerb. Flexibilisierungsmaßnahmen reichen nicht aus • Überbrückung kurzfristiger Engpässe • kurzfristiger, schneller Einsatz möglich
nein, ausschließliche Nachfrage nach Zeitarbeit	• kurzfristige, schnelle Verfügbarkeit bei Bedarf, Höchstmaß an Flexibilität • Kosten-Leistungsverhältnis • Auftragsspitzen

© IfM Bonn

Die Bedeutung der Zeitarbeit für die Entleihunternehmen und ihr Stellenwert im direkten Vergleich mit innerbetrieblichen Formen der Arbeitsflexibilisierung erhellt die charakteristischen Eigenschaften und Vorteile der Zeitarbeit, d.h. ihre Kernkompetenz, weiter. Bei den Unternehmen, die Zeitarbeit als Ergänzung nachfragen, zeigt sich die Tendenz, Zeitarbeit dann nachzufragen, wenn innerbetriebliche Flexibilisierungspotentiale ausgeschöpft sind. Ausgesprochen typisch für die Nachfrage nach Zeitarbeit bei dieser Gruppe von Entleihunternehmen ist die Möglichkeit der kurzfristigen Einsetzbarkeit von Zeitpersonal sowohl bei Engpässen und Auftragsspitzen als auch bei Urlaub und Krankheit Stammbeschäftigter.

Vergleicht man die Antworten dieser Gruppe mit den Unternehmen, die ausschließlich Zeitarbeit nutzen, so wird folgendes deutlich: Die Gründe für die ausschließliche Nutzung der Zeitarbeit unterscheiden sich kaum von denen der anderen Gruppe. Beide Gruppen nennen explizit die Bewältigung von Auftragsspitzen als Grund für die Nachfrage nach Zeitarbeit. Aber auch das Motiv der kurzfristigen, schnellen Verfügbarkeit des Zeitpersonals, welches ein Höchstmaß an Flexibilität bietet, findet sich implizit bei der Gruppe der Entleihunternehmen wieder, die Zeitarbeit in Ergänzung zu innerbetrieblichen Formen der Arbeitsflexibilisierung nutzen. Die übereinstimmenden Angaben der Gruppen sind ein Indiz dafür, daß die Zeitarbeit hier offensichtlich ihre Kernkompetenz hat. Sie bietet den Unternehmen eine Flexibilität, die sie durch andere Formen der Arbeitsflexibilisierung nicht erreichen können oder unter Umständen auch wollen (vgl. DÖRSAM/ICKS 1997).

Befristete Arbeitsverträge sind beispielsweise zumindest für die vereinbarte Frist bindend und die Suche und Auswahl geeigneter Arbeitskräfte ist zeitaufwendig und verursacht Kosten. Während Zeitarbeitnehmer nach Beendigung eines Auftrages das Entleihunternehmen wieder verlassen, müssen befristet Beschäftigte, unabhängig vom Arbeitsanfall, im Rahmen der Frist weiterbeschäftigt werden. Zwar können auch durch den Einsatz flexibler Teilzeitmodelle beispielsweise tägliche, wöchentliche oder sogar monatliche Arbeitsstunden je Beschäftigten variiert werden. Im Vergleich dazu ermöglicht der Einsatz von Zeitpersonal aber ausgesprochen kurze Planungs- und Reaktionszeiten und eine kurzfristig erreichbare, bedarfsgerechte Steuerung. Zu berücksichtigen sind auch die Kosten, die durch innerbetriebliche Flexibilisierungsmaßnahmen verursacht werden. Sie erfordern je nach Wahl der Maßnahme Investitionen und auch die Aufrechterhaltung bedingt Unterhaltskosten (SEMLINGER 1991, S. 20). Gleichzeitig müssen die Maßnahmen auch von den Beschäftigten mitgetragen werden.

Der Vergleich innerbetrieblicher Formen der Arbeitsflexibilisierung mit der Zeitarbeit verdeutlicht den wesentlichen Unterschied zwischen diesen alternativen Formen der Arbeitsflexibilisierung. Die Erreichung innerbetrieblicher Flexibilität ist mit Planung, Investitionen und Kosten verbunden und ist im Vergleich zur Zeitarbeit nicht sofort wirksam. Die Attraktivität der Zeitarbeit liegt gerade in der sofortigen Realisierung benötigter Flexibilität bei gleichzeitiger Vermeidung von Investitionen. Umgekehrt kann die vorübergehend benötigte Flexibilität ohne großen Aufwand ebenso schnell wieder rückgängig gemacht werden. Demzufolge liegt die Kernkompetenz der Zeitarbeit im Vergleich zu anderen Formen der Arbeitsflexibilisierung in der schnellen Reaktionsmöglichkeit und der schnellen Realisierung von Flexibilität ohne Planungsaufwand.

Dieser Kernkompetenz der Zeitarbeit sind aber die Kosten der Zeitarbeit gegenüberzustellen, die neben den Stundenverrechnungssätzen auch die Einarbeitungszeiten des Zeitpersonals umfassen, welche innerbetriebliche Kapazitäten binden. Erst unter Abwägung des Kosten- bzw. Nutzenprofils der Zeitarbeit fällt die Entscheidung in den Unternehmen, Zeitarbeit nachzufragen oder andere Wege der Arbeitsflexibilisierung zu beschreiten. Die im folgenden Abschnitt analysierten Motive für die Nachfrage nach Zeitarbeit ermöglichen es, das Nutzenprofil der Zeitarbeit darzustellen, um schließlich ihre Bedeutung für die Unternehmen würdigen zu können.

2.3 Motive für die Nachfrage nach Zeitarbeit

Die Motive für die Nachfrage nach Zeitarbeit sind vielfältig. Obwohl sie erfahrungsgemäß überwiegend kombiniert vorliegen und zum Teil auch eng miteinander verknüpft sind, erlaubt die in der vorliegenden Untersuchung vorgenommene Einteilung in geschäftsbetriebsbedingte, personalpolitische und kostenrelevante Motive einen besseren Überblick über die Nutzungsursachen der Zeitarbeit und erleichtert die detaillierte unternehmensgrößenspezifische Analyse.

2.3.1 Geschäftsbetriebsbedingte Nachfrage nach Zeitarbeit

Zum einen können konjunkturelle Absatzschwankungen zu einem verschieden hohen Personalbedarf führen. Der Personalbedarf kann aber auch unabhängig von konjunkturellen Einflüssen kurzfristig, im Tages- oder Wochenrhytmus je nach Auftragslage, schwanken bzw. saisonal oder längerfristig kontinuierlich oder diskontinuierlich variieren. Auch die Bewältigung von Terminschwierigkeiten kann einen erhöhten Personalbedarf generieren, der durch Zeitarbeit gedeckt werden kann.

Neben den Unsicherheiten, die vornehmlich von den Absatzmärkten ausgehen, kann es aber auch betriebsinterne Unsicherheiten geben, die zur Nachfrage nach Zeitarbeit führen können. So können innerbetriebliche Umstrukturierungsmaßnahmen der Arbeitsorganisation oder auch die Veränderung der Produktpalette, die Entwicklung neuer Vertriebs- und Absatzkonzepte oder die Einführung neuer Technologien einen zusätzlichen Personalbedarf schaffen, der a priori langfristig nicht genau abgeschätzt werden kann. Auch solche Umstellungen können zur Nachfrage nach Zeitarbeit führen. In Tabelle 10 sind diese Nachfragemotive nach Beschäftigtengrößenklassen erfaßt.

Tabelle 10: Geschäftsbetriebsbedingte Motive für die Nachfrage nach Zeitarbeit nach Beschäftigtengrößenklassen, Mehrfachnennungen in v.H.

Geschäftsbetriebs-bedingte Motive	Beschäftigtengrößenklassen				Insgesamt
	1-19	20-99	100-499	> 500	
Saisonale Auftragsspitzen	58,3	66,7	63,3	38,5	60,7
Terminschwierigkeiten	66,7	55,6	55,1	76,9	59,8
Wachstumsphasen	25,0	38,9	44,9	46,2	39,3
Absatzschwankungen	20,8	8,3	26,5	30,8	20,5
Strategische Umstellung	8,3	5,6	16,3	15,4	11,5
Neue Technologien	4,2	5,6	10,2	15,4	8,2

© IfM Bonn

Die Bewältigung saisonaler Auftragsspitzen zusammen mit der Bewältigung von Terminschwierigkeiten werden jeweils von rund drei Fünftel der Entleihunternehmen am häufigsten als Motiv für die Nachfrage nach Zeitarbeit angegeben. Immerhin knapp zwei Fünftel der Befragten nutzen Zeitarbeit auch in betrieblichen Wachstumsphasen und passen somit den Personalbestand vorsichtig an.

Lediglich ein Fünftel der Befragten gibt die Bewältigung konjunktureller Absatzschwankungen als Nachfragemotiv an. Nur etwas mehr als jedes zehnte Entleihunternehmen nutzt Zeitarbeit bei strategischen Umstellungen von Produktions- und Marktkonzepten bei denen der langfristige Personalbedarf noch nicht abzusehen ist. Die Möglichkeit der Anpassung der Arbeitsorganisation an neue Technologien mit Zeitarbeit wird nur knapp von jedem zehnten Unternehmen wahrgenommen.

Die am häufigsten genannten Motive für die Nachfrage nach Zeitarbeit stehen in direkten Zusammenhang mit der Bewältigung von Problemen, die von den Absatzmärkten ausgehen. Demgegenüber wird die Zeitarbeit bei längerfristig zu planenden Entscheidungen bzw. Maßnahmen weniger häufig genannt; beispielsweise bei strategischen Umstellungen oder der Einführung neuer Technologien.

Die Nachfragemotive lassen sich demzufolge in eine Rangfolge bringen, die die Kernkompetenz der Zeitarbeit deutlich werden läßt. Die Entleihunternehmen schätzen an der Zeitarbeit ganz besonders, daß sie schnelle Reaktionsmöglichkeiten auf kurzfristig variierenden Arbeitskräftebedarf, wie er bei saisonalen Auftragsspitzen oder Termischwierigkeiten anfällt, bietet. Strategische

Umstellungen und die Einführung neuer Technologien sind längerfristig planbar und wurden von den Entleihunternehmen weit weniger häufig als Nachfragemotiv angegeben.

Deutliche größenspezifische Trends sind in bezug auf Phasen betrieblichen Wachstums und die Einführung neuer Technologien erkennbar, wenn auch im letzteren Fall auf ausgesprochen niedrigem Niveau. Das Unternehmenswachstum wird immerhin von einem Viertel der befragten Unternehmen durch den Einsatz von Zeitpersonal eingeleitet bzw. begleitet. Bei der durch Unternehmenswachstum induzierten Nachfrage nach Zeitarbeit ist davon auszugehen, daß gerade hier über die Zeitarbeit mittelfristig auch Dauerarbeitsverhältnisse in den Entleihunternehmen entstehen, weil ein Kennenlernen potentieller neuer Mitarbeiter möglich ist, ohne verfrüht arbeitsrechtliche Bindungen eingehen zu müssen. Die gerade im Unternehmenswachstum so wichtige Zwischenschaltung von Konsolidierungsphasen gelingt hier beschäftigungspolitisch sehr gut durch Zeitarbeit; die wachstumsbegleitende Schaffung von Dauerarbeitsplätzen kann eher vorsichtig und über die Zeitarbeit "auf Probe" durchgeführt werden. Im Segment der Unternehmen mit 20 bis 99 Beschäftigten geht bei jedem dritten Unternehmen betriebliches Wachstum mit der Nutzung der Zeitarbeit einher und bei mittelgroßen Unternehmen (100 - 499 Beschäftigte) nähert sich der Wert fast der 50 - Prozent - Marke an. Im klassischen Mittelstand gehen also Wachstum und die Nutzung von Zeitarbeit "Hand in Hand".

Die Gründe hierfür sind vielschichtig. Ausschlaggebend ist letztlich die Aussicht auf ein entsprechendes Nachfrage- bzw. Auftragspotential. Inwieweit auch arbeitsrechtliche und tarifpolitische Überlegungen eine Rolle spielen, wird in Abschnitt 2.6 näher untersucht. Wie die Ergebnisse des IfM Bonn aus dem Jahre 1995/96 zur Tarifpolitik (vgl. KAYSER u.a. 1997) zeigen, sind noch weitere Faktoren von Bedeutung, die die Bereitschaft der Unternehmen, Neueinstellungen zu tätigen, beeinflussen. Allerdings wird die Expansionsbereitschaft der Unternehmen unbestritten durch die Gestaltung der tarifpolitischen sowie der rechtlichen Rahmenbedingungen beeinflußt.

Bis auf die Bewältigung saisonaler Auftragsspitzen weisen die Nachfragemotive in den Unternehmen aller Beschäftigtengrößenklassen die gleiche Rangfolge auf. Auffällig ist der relativ geringe Anteil der Unternehmen mit 500 und mehr Beschäftigten (38,5 %), die die Bewältigung saisonaler Auftragsspitzen als Nachfragemotiv genannt haben. Eine Erklärung ist die umfangreichere innerbetriebliche Flexibilisierung (vgl. Tabelle 8). Die Tatsache, daß 76,9 % dieser Unternehmen die Bewältigung von Terminschwierigkeiten als Nachfragemotiv nennen, ist ein Indiz dafür, daß Zeitarbeit in den großen Unternehmen eher nachgefragt wird, wenn andere Flexibilisierungspotentiale ausgeschöpft sind oder ein Flexibilisierungsbedarf gedeckt werden soll, der im Vergleich zu anderen Formen der Arbeitsflexibilisierung besser durch Zeitarbeit gedeckt werden kann.

Demgegenüber ist das Motiv der Bewältigung von Auftragsspitzen in kleinen und mittleren Unternehmen von größerer Bedeutung. Dies deutet auf eine größere Abhängigkeit dieser Unternehmen von externen Beschäftigungsformen wie der Zeitarbeit hin.[18] Wie die Untersuchung der Nutzung innerbetrieblicher Formen der Arbeitsflexibilisierung in den Unternehmen gezeigt hat, verfügen insbesondere die kleinen Unternehmen mit 1 bis 19 Beschäftigten weit weniger über innerbetriebliche Formen der Arbeitsflexibilisierung, was ihre Abhängigkeit von der Beschäftigungsform Zeitarbeit erhöht.

2.3.2 Personalpolitisch motivierte Nachfrage nach Zeitarbeit

Zu den personalpolitischen Motiven für die Nachfrage nach Zeitarbeit zählen die Überbrückung mitarbeiterbedingter Personalengpässe, die beispielsweise durch Krankheit, Urlaubsvertretung und Mutterschaftsurlaub entstehen können. Des weiteren die Möglichkeit, den Umfang der Belegschaft nach Bedarf kurzfristig durch Zeitarbeit variieren zu können. Zeitarbeit dient hier als personalpolitischer "Puffer", aufgrund dessen kein zusätzliches internes Personal vorgehalten werden muß. Die risikolose Erprobungsmöglichkeit potentieller neuer Mitarbeiter durch den Einsatz von Zeitpersonal ist ein weiteres personalpolitisches Nachfragemotiv. Auch Spezialaufgaben, die mit betriebsinternem Know how nicht bewältigt werden können, können mit Zeitarbeit gelöst werden. Diese Motive sind in Tabelle 11 nach Beschäftigtengrößenklassen zusammengestellt.

---

[18] Die Nutzungsintensität der Zeitarbeit ist in kleinen Unternehmen größer als in großen Unternehmen (vgl. Abschnitt 2.1.4).

Tabelle 11: Personalpolitische Motive für die Nachfrage nach Zeitarbeit nach Beschäftigtengrößenklassen, Mehrfachnennungen in v.H.

Personalpolitische Motive	Beschäftigtengrößenklassen				Insgesamt
	1-19	20-99	100-499	> 500	
Personalengpässe	76,9	80,0	88,7	93,3	84,3
Variation der Belegschaft	69,2	60,0	58,5	66,7	61,9
Mitarbeitererprobung	23,1	27,5	43,4	33.3	33,6
Spezialaufgaben	7,7	10,0	3,8	K.A.	6,0

© IfM Bonn

Die Rangfolge der personalpolitischen Motive ist bei den Unternehmen aller Beschäftigtengrößenklassen gleich. Die Überbrückung mitarbeiterbedingter Personalengpässe wird von insgesamt 84,3 % der Entleihunternehmen am häufigsten als Motiv für die Nachfrage nach Zeitarbeit genannt. Etwas mehr als drei Fünftel der Unternehmen nutzen die Möglichkeit, ihre Belegschaft durch Zeitarbeit kurzfristig variieren zu können. Immerhin 33,6 % der Befragten geben an, die Zeitarbeit zur Erprobung potentieller neuer Mitarbeiter zu nutzen. Lediglich 6,0 % der Unternehmen begründen ihre Nachfrage nach Zeitarbeit mit der Bewältigung von Spezialaufgaben, die von der Stammbelegschaft nicht wahrgenommen werden können.

Der Einsatz von Zeitpersonal zur Überbrückung von Personalengpässen liegt über alle Beschäftigtengrößenklassen auf hohem Niveau und steigt mit zunehmender Unternehmensgröße noch an. Eine mögliche Erklärung für die größenbedingte Bedeutungszunahme dieses Nachfragemotivs könnte sein, daß Zeitarbeit u.a. einen Personalbedarf abdeckt, der in dem Maße zunimmt, in dem Freistellungsansprüche im Rahmen von Normalarbeitsverhältnissen gewährt werden (VOSWINKEL 1995, S. 123). Hierbei wird unterstellt, daß Freistellungsansprüche Stammbeschäftigter mit zunehmender Unternehmensgröße eher wahrgenommen werden. Es kann aber auch als Hinweis darauf gewertet werden, daß die Unternehmen ihre personellen Kapazitäten an einer Untergrenze konstant halten.

Die kurzfristige Variationsmöglichkeit der Belegschaftsstärke als das von den Unternehmen als das zweithäufigste genannte Motiv für die Nachfrage nach Zeitarbeit unterstreicht die Bedeutung der quantitativen Dimension der Zeitarbeit als Instrument zur Deckung des kurzfristigen Arbeitskräftebedarfs.

Besonderes Kennzeichen der Zeitarbeit ist das Fehlen arbeitsvertraglicher Bindungen zwischen Zeitarbeitnehmern und Entleihunternehmen. Durch den Einsatz von Zeitarbeitnehmern kann das Risiko des Matching von Arbeitsanforderungs- und Qualifikationsprofil vom Entleihunternehmen externalisiert und auf das Zeitarbeitsunternehmen verlagert werden. Such- und Auswahlkosten entfallen für das Entleihunternehmen ebenfalls. Im Anschluß an den Einsatz eines Zeitarbeitnehmers kann das Entleihunternehmen entscheiden, ob der Zeitarbeitnehmer in eine Dauerbeschäftigung übernommen wird oder ob bei Bedarf erneut Zeitarbeitnehmer nachgefragt werden.

Die Möglichkeit dieser risikolosen Erprobung potentieller neuer Mitarbeiter wird verstärkt in den Unternehmen mit 100 bis 499 Beschäftigten genutzt. Immerhin 43,4 % dieser Unternehmen sehen darin ein Motiv, Zeitarbeit nachzufragen. Allerdings ist davon auszugehen, daß es sich hierbei eher um einen willkommenen Begleit- bzw. Mitnahmeeffekt handelt und weniger um ein Hauptnachfragemotiv. Von den Unternehmen mit 1 bis 19 Beschäftigten fragen immerhin 23,1 % Zeitarbeit aus diesem Grund nach. Da diese Unternehmen kaum über Personalabteilungen verfügen werden und Neueinstellungen das Tagesgeschäft dieser Unternehmen relativ stärker belasten dürften, ist es naheliegend, daß sie die Dienstleistung Zeitarbeit als "externe Personalabteilung" nutzen.

Wie bereits bei der Untersuchung der geschäftsbetriebsbedingten Motive für die Nachfrage nach Zeitarbeit angedeutet, ist von einem Zusammenhang zwischen Unternehmenswachstum und der Nutzung der Zeitarbeit zur Mitarbeitererprobung auszugehen. Eine Sonderauswertung der wachstumsorientierten Unternehmen des Samples belegt diesen Zusammenhang. Zudem zeigt sich ein größenspezifischer Trend. Danach steigt der Anteil der Unternehmen, die den Kennenlerneffekt potentieller neuer Mitarbeiter im Sinne einer "Mitarbeitererprobung" über die Zeitarbeit während des Unternehmenswachstums nutzen, mit steigender Unternehmensgröße. Dieser Befund ist ein Indiz dafür, daß Zeitarbeit von den kleineren Unternehmen in Wachstumsphasen mehr im Sinne einer personalpolitischen "Abfederungsfunktion" genutzt wird, die in eine Dauerbeschäftigung münden kann, während die größeren Unternehmen die Mitarbeitererprobung über die Zeitarbeit eher strategisch nutzen und planen.

Die Angaben der Entleihunternehmen zur Bewältigung von Spezialaufgaben durch Zeitpersonal liegen auf niedrigem Niveau. Obwohl dieses Nachfragemotiv insgesamt eher von untergeordneter Bedeutung ist, sind die Angaben der Unternehmen mit bis zu 99 Beschäftigten überdurchschnittlich. Die Bedeutung dieses Motivs liegt darin, daß Einstellungen hochspezialisierter Fachkräfte, die unter Umständen diskontinuierlich benötigt werden, nicht getätigt werden müssen. Statt dessen können deren Dienste extern über die Zeitarbeit oder auch Subunternehmen unter Einsparung der Kosten der Personalvorhaltung eingekauft werden.

2.3.3 Kosteninduzierte Nachfrage nach Zeitarbeit

Im Vergleich zu den Personalaufwendungen für Stammarbeitnehmer kann Zeitarbeit kostengünstiger sein, vor allem, wenn man neben den direkten Lohnkosten auch die Personalzusatzkosten berücksichtigt. Kostenvorteile der Zeitarbeit bestehen in diesem Zusammenhang im weitesten Sinne in der Vermeidung indirekter Entgelt- und fixer Personalkosten wie etwa Sozialvesicherungsbeiträge, Urlaubsgeld, tarifliche Zulagen, Lohnfortzahlung im Krankheitsfall etc. oder etwa auch Personalverwaltungskosten. Aber auch die Fluktuationskosten wie Anbahnungs- Einstellungs-, Qualifikations- und Entlassungskosten in Form von Abfindungszahlungen bei Kündigungen entfallen. In Tabelle 12 sind die Angaben der befragten Entleihunternehmen zu den kosteninduzierten Nachfragemotiven nach Beschäftigtengrößenklassen wiedergegeben.

Tabelle 12: Kosteninduzierte Motive für die Nachfrage nach Zeitarbeit nach Beschäftigtengrößenklassen, Mehrfachnennungen in v.H.

Kosteninduzierte Motive	Beschäftigtengrößenklassen				
	1-19	20-99	100-499	> 500	Insgesamt
Kein Personalüberhang	80,0	71,8	70,8	72,7	73,2
Kalkulationsgrundlage	52,0	56,4	43,8	36,4	48,8
Arbeitskräfteauswahl	36,0	28,2	50,0	54,5	40,7
Einsparung Verwaltung	28,0	25,6	25,0	36,4	26,8
Überstundenabbau	20,0	20,5	25,0	45,5	24,4
Indirekte Kostenvorteile	8,0	28,2	14,6	9,1	17,1

© IfM Bonn

Insgesamt 73,2 % der befragten Entleihunternehmen geben mit deutlichem Abstand die Vermeidung innerbetrieblicher Personalreserven als Motiv für die Nachfrage nach Zeitarbeit an. Die Angaben der Unternehmen aller Beschäftigtengrößenklassen zu diesem Motiv liegen auf sehr hohem Niveau. Sie schätzen an der Zeitarbeit offensichtlich ganz besonders, daß der Arbeitseinsatz auf den jeweiligen Arbeitsanfall beschränkt werden kann, wodurch die anfallenden Personalkosten zeitlich begrenzt und gesteuert werden können. Insbesondere für die kleinen Unternehmen scheint Zeitarbeit ein wichtiges Mittel zu sein, um Personalkosten bei schwankendem Arbeitskräftebedarf einzusparen. Ein Indiz dafür, daß die Unternehmen einen personellen Mindestbestand halten, der bei zusätzlichem Arbeitskräftebedarf durch Zeitpersonal ergänzt wird.

Knapp die Hälfte der Unternehmen schätzen an der Zeitarbeit die gute Kalkulationsgrundlage, die die feststehenden Stundenverrechnungssätze der Zeitarbeitsunternehmen bieten. Für die Unternehmen mit bis zu 99 Beschäftigten scheint dieses Motiv von relativ größerer Bedeutung zu sein, während die Unternehmen mit mehr als 100 Beschäftigten einer festen Kalkulationsgrundlage nicht eine so große Bedeutung beimessen.

In bezug auf die Vermeidung der Kosten für die Suche und Auswahl von Arbeitskräften verhält es sich interessanterweise genau umgekehrt. Nutzen die Hälfte bzw. mehr als die Hälfte der Unternehmen mit mehr als 100 Beschäftigten Zeitarbeit, um die Kosten, die durch die Suche und Auswahl neuer Mitarbeiter anfallen, zu vermeiden, sind es bei den Unternehmen mit 1 bis 19 Beschäftigten nur 36,0 % bzw. bei denen mit 20 bis 99 Beschäftigten sogar nur 28,2 %.

Da davon auszugehen ist, daß in den größeren Unternehmen ohnehin Personalabteilungen institutionalisiert sind, hätte man erwartet, daß kleine Unternehmen die Kostenersparung durch die Nutzung der Zeitarbeitsunternehmen als externe Personalabteilungen für die Suche und Auswahl von Mitarbeitern höher einschätzen. Dieser Befund erklärt sich aber aus der vorherigen Feststellung, daß größere Unternehmen die Mitarbeiterauswahl über die Zeitarbeit eher strategisch vornehmen und planen, während die kleineren Unternehmen darin eher einen Begleiteffekt der Nachfrage sehen. Für die Unternehmen mit mehr als 100 Beschäftigten ist dieses Motiv daher Ausdruck strategischer Überlegungen, die sich in den höheren Angaben manifestieren.

Im Vergleich zu den ersten drei kostenrelevanten Motiven für die Nachfrage nach Zeitarbeit wurden die Einsparung von Verwaltungskapazitäten für die Personalbeschaffung und die Vermeidung von Überstunden weniger häufig genannt. In bezug auf die Vermeidung bzw. den Abbau von Überstunden ist ein größenspezifischer Trend erkennbar. Geben nur ein Fünftel der Unternehmen mit bis zu 99 Beschäftigten dieses Nachfragemotiv an, sind es immerhin 45,5 % der Unternehmen mit mehr als 500 Beschäftigten, die Zeitarbeit nachfragen, um Überstunden abzubauen bzw. zu vermeiden. Man könnte vermuten, daß letztere Überstunden im Vergleich zur Zeitarbeit als kostenintensiver einschätzen. Das Kostenbewußtsein im Hinblick auf Überstunden wäre demnach in den Unternehmen mit mehr als 500 Beschäftigten vergleichsweise ausgeprägter.

Allerdings ist davon auszugehen, daß die großen Unternehmen, begünstigt durch die größere innerbetriebliche Flexibilisierung und die Nutzung der Zeitarbeit als Alternative zu Überstunden, empfindlicher auf durch Überstunden versursachte Kosten reagieren; insbesondere kleine Unternehmen haben neben der Nutzung der Zeitarbeit kaum eine Alternative zu Überstunden, wenn sie ihre Aufträge nicht an Subunternehmen weiterleiten. So kann aus den geringeren Angaben der Unternehmen mit weniger als 99 Beschäftigten nicht gefolgert werden, daß die kostenmäßige Belastung durch Überstunden in diesen Unternehmen als nicht so stark empfunden wird. Sie drücken vielmehr die Selbstverständlichkeit von Überstunden aus Mangel an Alternativen aus.

Indirekte Kostenvorteile der Zeitarbeit wie beispielsweise die Vermeidung von Konventionalstrafen wegen Überschreitung von Lieferfristen sehen lediglich 17,1 % aller befragten Unternehmen. Interessanterweise liegen die Angaben der Unternehmen mit 20 bis 99 Beschäftigte im Gegensatz zu den anderen Unternehmen deutlich über dem Durchschnitt. Die Gründe dafür sind nicht klar. Es ist zu vermuten, daß es sich hierbei eher um individuelle Erfahrungen der Unternehmen handelt.

2.3.4 Würdigung der Motive für die Nachfrage nach Zeitarbeit

Die Unterteilung der Nachfragemotive in geschäftsbetriebsbedingte, personalpolitische und kosteninduzierte Motive führt zu einer systematischen Erfassung der Nutzungsgründe von Zeitarbeit. Eine hierarchische Wertigkeit dieser Gruppen von Nachfragemotiven ist nicht gegeben. Allerdings lassen sich innerhalb der jeweiligen Gruppen Gesetzmäßigkeiten bzw. charakteristische Merkmale für die Nachfrage nach Zeitarbeit finden, die explizit oder implizit gruppenübergreifend sind. Bei den beiden erstgenannten Gruppen sind es letztlich die Kategorien einmal der quantitativen Anpassung an den jeweiligen Arbeitskräftebedarf und die eher qualitative Dimension bzw. strategische Nutzung der Zeitarbeit.

Das wesentliche Kennzeichen der in allen drei Gruppen am häufigsten genannten Motive für die Nachfrage nach Zeitarbeit ist ihre Identifizierung als pull-Faktoren, d.h. Faktoren, die die Unternehmen zur Reaktion zwingen. Die eher strategischen Motive mit personalpolitischem Gestaltungscharakter (push-Faktoren), weisen demgegenüber vergleichsweise geringe Nennungen auf. Folglich ist die quantitative Anpassung an den jeweiligen Arbeitskräftebedarf (numerische Flexibilität) zusammen mit der schnellen Reaktionsmöglichkeit das übergeordnete Motiv für die Nachfrage nach Zeitarbeit. Dies belegen die Angaben der Entleihunternehmen aller Beschäftigtengrößenklassen zur Bewältigung saisonaler Auftragsspitzen und Terminschwierigkeiten sowie ihre Angaben zur Überbrückung von Personalengpässen und der kurzfristigen Variationsmöglichkeit der Belegschaft.

Die qualitative Dimension der Nachfrage nach Zeitarbeit (funktionale Flexibilität), unter die die Verrichtung von Spezialaufgaben, die Einführung neuer Technologien sowie strategische Umstellungen subsumiert werden können, sind insgesamt von eher untergeordneter Bedeutung. Es ist davon auszugehen, daß es sich bei diesen Motiven eher um Begleit- oder Mitnahmeeffekte der Nachfrage nach Zeitarbeit handelt denn um Hauptnachfragemotive. Die Kernkompetenz der Zeitarbeit liegt folglich im Bereich der kurzfristigen, schnellen Verfügbarkeit zusätzlichen Personals, welches an den jeweiligen Arbeitskräftebedarft genau angepaßt werden kann.

Auch die unternehmensgrößenspezifischen Unterschiede bei den Nachfragemotiven lassen sich im wesentlichen aus der Unterscheidung der quantitativen und der qualitativen Dimension der Zeitarbeit ableiten (numerische versus funktionale Flexibilität). Die Nachfrage nach Zeitarbeit in den Unternehmen mit bis zu 99 Beschäftigten konzentriert sich vergleichsweise mehr auf die Bewältigung des Tagesgeschäfts, d.h. die Zeitarbeit wird zur Erhöhung der augenblicklich benötigten numerischen Flexibilität genutzt. Die strategische Nutzung der Zeitarbeit ist weniger stark ausgeprägt, was sich an den im Vergleich zu den größeren Unternehmen geringeren Angaben zu Motiven zeigt, die einen längeren Planungshorizont beinhalten. So beispielsweise strategische Umstellungen von Produktions- und Marktkonzepten oder die Einführung neuer Technologien.

Betrachtet man nur die Motive, die der quantitativen Dimension der Zeitarbeit zuzurechnen sind, die also der Erhöhung der numerischen Flexibilität dienen, sind keine gravierenden Unterschiede zwischen den Unternehmen verschiedener Beschäftigtengrößenklassen festzustellen. Wie jedoch die Untersuchung zur innerbetrieblichen Flexibilisierung gezeigt hat, werden innerbetriebliche Formen der Arbeitsflexibilisierung in großen Unternehmen stärker genutzt. Größere Unternehmen scheinen demzufolge verstärkt auch nach innerbetrieblichen Wegen der Beschäftigungsflexibilisierung zu suchen. Entsprechend konzentriert sich die Nachfrage der Unternehmen mit 500 und mehr Beschäftigten mehr auf die Bewältigung von Terminschwierigkeiten, wenn offensichtlich innerbetriebliche Möglichkeiten ausgeschöpft sind. Auch die Bundesanstalt für Arbeit erklärt die Nutzung von Zeitarbeit damit, daß es den Unternehmen trotz Arbeitszeitausweitungen nicht gelingt, Produktionsspitzen sowie Personalausfälle aufzufangen, weshalb sie Zeitpersonal einsetzen (BUNDESANSTALT FÜR ARBEIT 1995, S. 54).

Da die Nachfragemotive immer noch überwiegend numerischer Art sind, die die Unternehmen aller Beschäftigtengrößenklassen zur Nachfrage nach Zeitarbeit veranlassen, kann ein Funktionswandel der Zeitarbeit kaum bejaht werden. Wenn überhaupt, hat er tendenziell eher in großen Unternehmen stattgefunden, weil Begleit- oder Mitnahmeeffekte der Zeitarbeit bei den größeren Unternehmen stärker ausgeprägt sind. Dennoch bleibt festzuhalten, daß den am häufigsten genannten Motiven die Deckung eines kurzfristig zusätzlich entstandenen, vielleicht auch unvorhergesehen Arbeitskräftebedarfs mehr oder weniger zugrundeliegt.

In bezug auf die konsteninduzierten Motive gibt es keine gravierenden größenspezifischen Unterschiede. Die Unternehmen aller Beschäftigtengrößenklassen fragen am häufigsten Zeitarbeit nach, weil sie die Kosten eines Personalüberhangs vermeiden wollen. Von gewerkschaftsnaher Seite wird mit diesem Nachfragemotiv jedoch bereits ein Funktionswandel der Zeitarbeit unterstellt, weil Zeitarbeit hier nicht mehr der Überbrückung von Personalausfällen dient, sondern der Flexibilisierung des Personaleinsatzes in den Unternehmen allgemein. Stammarbeitnehmer werden danach nur für ein "absolut gesichertes Umsatzvolumen beschäftigt" (KOCK 1989, S. 26). Diese Sichtweise enthält implizit die Forderung, Personalreserven in den Unternehmen wieder aufzubauen. Inwieweit diese Argumentation noch zeitgemäß ist, darf hinterfragt werden und demzufolge auch der vielfach konstatierte Funktionswandel der Zeitarbeit.

Aus der Analyse der Motive für die Nachfrage nach Zeitarbeit lassen sich folgende Schlußfolgerungen ableiten: Die Identifizierung der Hauptnachfragemotive nach Zeitarbeit als pull-Faktoren ist zum einen ein wichtiger Anhaltspunkt für die Beurteilung des Stellenwerts der Zeitarbeit im Kalkül der Unternehmen. Zeigt sie doch, daß Zeitarbeit überwiegend in "Notsituationen" nachgefragt wird und dies mehr oder weniger über alle Unternehmensgrößenklassen. Die Motive, die eine strategische Nutzung der Zeitarbeit erkennen lassen, treten insgesamt betrachtet in ihrer Bedeutung deutlich hinter den zuvor genannten Motiven zurück.

Hinter dieser Feststellung verbirgt sich aber die Frage, warum die Unternehmen auftretende, personalpolitische Notsituationen nicht durch eine entsprechende Personalpolitik vermeiden und in Arbeitsplätze investieren, anstatt auf Zeitarbeit zurückzugreifen. So zeigte die Untersuchung zur regelmäßigen bzw. zur fallweisen Nachfrage nach Zeitarbeit, daß von den mittelständischen Unternehmen vergleichsweise viele der Befragten Zeitarbeit regelmäßig nachfragen; bei den Unternehmen mit 1 bis 19 Beschäftigten sind es 44,0 %, bei denen mit 20 bis 99 sind es 30,8 % und bei denen mit 100 bis 499 Beschäftigten sogar 50,0 %. Dagegen fragen nur 28,6 % der Unternehmen mit mehr als 500 Beschäftigten Zeitarbeit regelmäßig nach (vgl. Abbildung 11). Neben der unbestritten größeren innerbetrieblichen Flexibilisierung in den großen Unternehmen und der größeren Abhängigkeit insbesondere kleiner Unternehmen von der Beschäftigungsform Zeitarbeit, die beide als Erklärung für diesen Befund angeführt werden können, scheinen aber auch die Rahmenbedingungen einen nicht unwesentlichen Einfluß zu haben.

Hemmnisse sind nicht zuletzt auch arbeitsrechtliche Tatbestände, weil das Arbeitsrecht vieles nur in Generalklauseln enthält, welche der richterlichen Rechtsfortbildung unterliegen. Beispielhaft sei hier die Rechtsprechung zum Kündigungsschutzrecht angeführt. Beschäftigungskosten steigen durch Kündigungsfristen, Gerichts- und Weiterbeschäftigungskosten sowie Abfindungszahlungen, weshalb die Unternehmen potentielle neue Mitarbeiter erst einmal über die Zeitarbeit kennenlernen wollen, bevor sie arbeitsrechtliche Bindungen mit ihnen eingehen (WALWEI 1995, S. 15) bzw. sie entschließen sich, die Unternehmensmindestgröße, ab der Kündigungsschutzrechte greifen (diese liegt derzeit bei 10 Beschäftigten), möglichst nicht zu überschreiten (RIEDER 1997, S. 5; WEIGAND 1997, S. 2484).

2.4 Qualifikationsstruktur des Zeitpersonals

2.4.1 Eingesetztes Zeitpersonal

Erfahrungsgemäß ist der Anteil sogenannter Hilfsarbeiter in der Zeitarbeit relativ hoch (BUNDESANSTALT FÜR ARBEIT 1996, S. 30). Zeitarbeit wird in diesem Zusammenhang vielfach als eine Beschäftigungsform für gering qualifizierte Tätigkeiten bezeichnet. Auf der anderen Seite sind in der Zeitarbeit zunehmend hochqualifizierte Facharbeiter sowie EDV-Experten mit Hochschulabschluß beschäftigt (KRONE 1996, S. 103). Auch unter den Spezialisten ist eine Zunahme zu verzeichnen wie beispielsweise bei Ingenieuren und Konstrukteuren (KOCK 1989, S. 26).

Dieses widersprüchliche Erscheinungsbild der Zeitarbeit führt zu der Frage nach der Qualifikationsstruktur der Zeitarbeitnehmer in den untersuchten Entleihunternehmen und danach, ob es bei den nachgefragten Qualifikationen zwischen den Unternehmen verschiedener Beschäftigtengrößenklassen Unterschiede gibt. Zusätzlich ist von Interesse, ob und welche Qualifikationen von den Entleihunternehmen welcher Beschäftigtengrößenklassen nach dem Zeitarbeitseinsatz in eine Dauerbeschäftigung übernommen werden. In Abbildung 14 sind die von den Entleihunternehmen eingesetzten Zeitarbeitnehmer nach deren Qualifikation erfaßt. Die Unterteilung in Fachkräfte und un-/angelernte Arbeitskräfte sind als Oberbegriffe zu verstehen.[19]

Abbildung 14: Entleihunternehmen und die von ihnen nachgefragten Qualifikationen nach Beschäftigtengrößenklassen

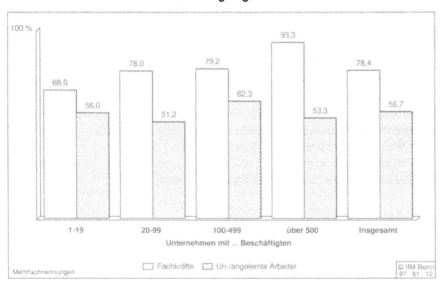

---

[19] Unter den Begriff "Fachkräfte" wurden Schreibkräfte, Sekretärinnen, kaufmännische Angestellte u.ä. für den kaufmännischen Bereich subsumiert. Zum technisch gewerblichen Bereich zählen Ingenieure, Techniker, Facharbeiter u.ä.. Die Rubrik un-/angelernte Arbeitskräfte umfaßt demgegenüber den Bereich der Hilfsarbeiten.

In allen befragten Entleihunternehmen werden sowohl qualifizierte als auch gering qualifizierte Zeitarbeitnehmer eingesetzt, wobei überraschenderweise der Anteil der Fachkräfte in den Unternehmen aller Beschäftigtengrößenklassen den der un-/angelernten Arbeiter übersteigt. Dieser Befund widerspricht der Vermutung, Zeitarbeit sei eine Beschäftigungsform für gering qualifizierte Tätigkeiten. Er ist ein Beleg für das qualifikatorische Spektrum, welches durch Zeitarbeit abgedeckt wird. Es ist aber auch ein Hinweis auf den in bezug auf den Fachkräftebereich engen Arbeitsmarkt.

Offensichtlich werden in den Unternehmen aller Beschäftigtengrößenklassen von Zeitarbeitnehmern sowohl gering qualifizierte Tätigkeiten als auch hoch qualifizierte Tätigkeiten verrichtet. Letztere steigen zwar mit zunehmender Unternehmensgröße an, die Nachfrage nach Hochqualifizierten dominiert aber über alle Unternehmensgrößenklassen. Mit diesem deutlichen Ergebnis war so nicht zu rechnen.

2.4.2 Übernahme von Zeitarbeitnehmern in eine Dauerbeschäftigung

Der Zeitarbeit wird verschiedentlich eine Integrations- und Koordinationsfunktion zugesprochen, in dem Sinne, daß der Matching-Prozeß von Arbeitsangebot und -nachfrage über die Zeitarbeit gut gelingt und Berufseinsteiger wie auch Arbeitslose über die Zeitarbeit (wieder) in eine Dauerbeschäftigung gelangen. Dies ist letztlich auch als ein Indiz für starre Strukturen auf den Arbeitsmärkten zu werten. Interessant ist in diesem Zusammenhang, daß im Rahmen des Arbeitsförderungsreformgesetzes der Eingliederungsvertrag als neues arbeitsmarktpolitisches Instrument geschaffen wurde, der sich in seiner Konstruktion sehr stark an die Arbeitnehmerüberlassung der Zeitarbeitsunternehmen anlehnt.[20] Die Entleihunternehmen, die Zeitarbeitnehmer in eine Dauerbeschäftigung übernommen haben, sind in Tabelle 13 erfaßt.

---

[20] Bei dem Eingliederungsvertrag (EV) mit Eingliederungszuschüssen treten die Arbeitsämter als "Verleiher" Langzeitarbeitsloser auf, in der Hoffnung, diese Personengruppe auf diese Weise wieder am Arbeitsmarkt zu plazieren. Seine Konstruktion lehnt sich mit dem "Überlassungselement" und den arbeitsrechtlichen Konsequenzen auffallend an die Arbeitnehmerüberlassung von Zeitarbeitsunternehmen an, weil dem Arbeitslosen kein Arbeitnehmerstatus gewährt wird; es entsteht, wie bei den Entleihunternehmen auch, lediglich ein Beschäftigungsverhältnis (HANAU 1997, S. 1278 ff.).

Tabelle 13: In eine Dauerbeschäftigung übernommene Zeitarbeitnehmer nach Beschäftigtengrößenklassen in v.H.

Übernommene Zeitarbeitnehmer	Beschäftigtengrößenklassen				
	1-19	20-99	100-499	> 500	Insgesamt
Ja	30,8	63,4	81,1	73,3	65,2
Nein	69,2	36,6	18,9	26,7	34,8
Insgesamt	100,0	100,0	100,0	100,0	100,0

© IfM Bonn

Insgesamt 65,2 % der befragten Entleihunternehmen haben Zeitarbeitnehmer im Anschluß an den Einsatz in eine Dauerbeschäftigung übernommen. Der Anteil übernehmender Unternehmen steigt mit der Unternehmensgröße, wenn er auch bei den Unternehmen mit 500 und mehr Beschäftigten wieder etwas abnimmt. Dieser Befund ist einsichtig, steigt doch mit der Unternehmensgröße auch die Anzahl potentiell zu besetzender Arbeitsplätze. Der Einbruch bei den Unternehmen mit 500 und mehr Beschäftigten kann demzufolge eine zufällige Abweichung sein. Kleine Unternehmen haben offenbar keine freien, vorhandenen Arbeitsplätze, sie müßten die entsprechenden Dauerarbeitsplätze erst einrichten, was Investitionen und damit langfristige Wachstumsperspektiven voraussetzen würde.

Dieser Befund korrespondiert auch mit den Angaben der Unternehmen zu den personalpolitischen und kostenrelevanten Motiven für die Nachfrage nach Zeitarbeit. Wie die Analyse gezeigt hat, ist die Erprobung potentieller neuer Mitarbeiter für die Unternehmen mit mehr als 100 Beschäftigten relativ bedeutender, in dem Sinne, daß sie die Mitarbeitererprobung bei der Nachfrage nach Zeitarbeit strategisch nutzen bzw. planen. Insofern erklärt dies auch den vergleichsweise hohen Anteil der Unternehmen mit mehr als 100 Beschäftigten, die Zeitarbeitnehmer schließlich auch in eine Dauerbeschäftigung übernommen haben.

Aufschlußreich ist der ausgesprochen hohe Anteil der Fachkräfte an den übernommenen Zeitarbeitnehmern, wie aus Abbildung 15 ersichtlich. Die Übernahmebereitschaft der Entleihunternehmen ist demzufolge positiv mit der Qualifikation der Zeitarbeitnehmer korreliert.

Abbildung 15: Entleihunternehmen und die von ihnen in eine Dauerbeschäftigung übernommenen Qualifikationen nach Beschäftigtengrößenklassen

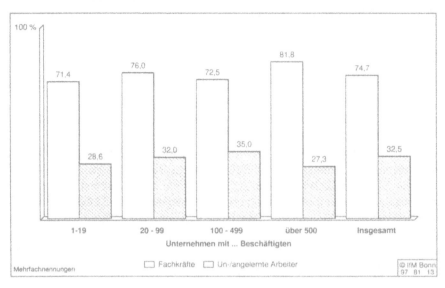

Dieser Befund verdeutlicht die Koordinationsfunktion der Zeitarbeit, die einen Kennenlerneffekt ohne arbeitsrechtliche Bindung gewährleistet und Anforderungs- und Qualifikationsprofil zusammenführt. Arbeitnehmer können in den Entleihunternehmen ihre soziale und fachliche Kompetenz unter Beweis stellen, während die Entleihunternehmen unverbindlich sehen können, ob der potentielle neue Mitarbeiter zu ihrem Unternehmen paßt.

Eine arbeitsmarktpolitisch noch bedeutsamere Funktion der Zeitarbeit ist aber, daß auch un-/ angelernte Arbeiter über die Zeitarbeit (wieder) in eine Dauerbeschäftigung gekommen sind. So unterstreicht das vorliegende Ergebnis zugleich auch die Integrationsfunktion der Zeitarbeit im Bereich gering Qualifizierter.

Bei den befragten Unternehmen aller Beschäftigtengrößenklassen zeigt sich in bezug auf das Verhältnis der Übernahme von Fachkräften und un-/angelernten Arbeitern ein sehr einheitliches Bild. Interessant ist die Betrachtung übernommener Zeitarbeitnehmer nach Wirtschaftsbereichen (vgl. Abbildung 16).

Abbildung 16: Entleihunternehmen und die von ihnen in eine Dauerbeschäftigung übernommenen Qualifikationen nach Wirtschaftsbereichen

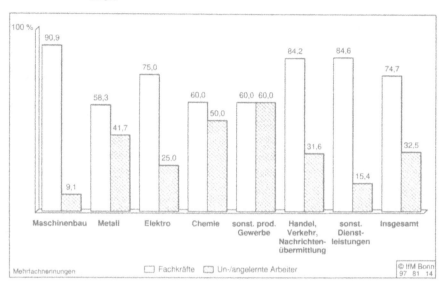

Bis auf das sonstige produzierende Gewerbe, in dem das Verhältnis zwischen Fachkräften und un-/angelernten Arbeitern ausgewogen ist, überwiegt der Fachkräfteanteil in allen anderen Wirtschaftsbereichen. Der Fachkräfteanteil im Dienstleistungsbereich liegt deutlich über dem Durchschnitt und wird nur vom Maschinenbau übertroffen.

Obwohl der Anteil un-/angelernter Arbeiter im Maschinenbau ausgesprochen niedrig ist und er auch in der Elektrotechnik deutlich unter dem Durchschnitt liegt, bietet das produzierende Gewerbe im Vergleich zum Dienstleistungsbereich insgesamt mehr Möglichkeiten, un-/angelernte Arbeiter zu beschäftigen.

2.5 Verhältnis zwischen Zeitarbeit und Normalarbeitsverhältnis

Eine im Zusammenhang mit der Zeitarbeit immer wieder gestellte Frage bezieht sich darauf, inwieweit durch Zeitarbeit neue Arbeitsplätze geschaffen werden oder ob nicht vielmehr Normalarbeitsverhältnisse durch Zeitarbeit ersetzt werden. Im Idealfall müßte geklärt werden, wieviele Normalarbeitsverhältnisse in den befragten Entleihunternehmen entstanden wären, würde keine Zeitarbeit nachgefragt. Dies ist jedoch nicht möglich.

Einen Anhaltspunkt, inwieweit ein Substitutionseffekt zwischen Normalarbeitsverhältnissen und der Zeitarbeit bestehen könnte, liefert Tabelle 14. Hier sind sowohl die Bestände als auch die Veränderungen in der sozialversicherungspflichtigen Beschäftigung[21] in den alten Bundesländern im Zeitraum von 1987 bis 1996 erfaßt.

Tabelle 14: Sozialversicherungspflichtig Beschäftigte 1987 und 1996 - Bestände und Bestandsveränderungen in den alten Bundesländern

Wirtschaftsbereich	Bestand		Bestandsveränderungen	
	1987	1996	absolut	in %
Maschinenbau	660.047	570.509	- 89.538	- 13,6
Metall	865.263	705.340	- 159.923	- 18,5
Elektro	1.054.047	902.223	- 151.824	- 14,4
Chemie	597.646	518.447	- 79.199	- 13,3
sonstiges produzierendes Gewerbe	5.057.136	4.583.197	- 473.939	- 9,4
Handel, Verkehr, Nachrichtenübermittlung	3.487.003	4.306.329	+ 819.326	+ 23,5
sonstige Dienstleistungen	4.984.208	6.646.341	+1.662.133	+ 33,3
Insgesamt	16.705.350	18.232.386	1.527.036	9,1

© IfM Bonn

Quelle: Sonderauswertung des INSTITUTS FÜR ARBEITSMARKT- UND BERUFSFORSCHUNG, Nürnberg, für das IFM Bonn; Berechnungen des IFM Bonn

Die sozialversicherungsplichtige Beschäftigung ist im Zeitraum von 1987 bis 1996 in den untersuchten Wirtschaftsbereichen mit Ausnahme des Handels, Verkehr, Nachrichtenübermittlung und des Dienstleistungsbereichs zurückgegangen. Gleichzeitig verzeichnet ein großer Teil der befragten Entleihunternehmen dieser Wirtschaftsbereiche eine steigende Nachfrage nach Zeitarbeit (vgl. Abbildung 10). Der Verdacht eines Substitutionseffekts drängt sich auf.

Die Bestandsveränderungen bei den sozialversicherungspflichtig Beschäftigten der untersuchten Wirtschaftsbereiche erreichen jedoch eine Größenordnung (vgl. Tabelle 14), an der gemessen die Zeitarbeit nur marginal beteiligt ist. Ein Substitutionseffekt - das genaue Ausmaß ist nicht quantifizierbar - wäre demnach in relativ geringem Ausmaß vorhanden. Dieser dürfte im Abbau von Personalreserven für einen wiederkehrenden, aber schwankenden Arbeitskräftebedarf in den Unternehmen begründet liegen. Der wettbewerbsbedingte Ratio-

---

[21] Die sozialversicherungspflichtige Beschäftigung entspricht dem Normalarbeitsverhältnis

nalisierungsdruck zusammen mit dem hohen Personalkostenanteil an den Gesamtkosten der Unternehmen können als Grund dafür genannt werden.

Beispielhaft sei hier der Maschinenbau erwähnt, dessen Personalkosten im Vergleich zu anderen Wirtschaftsbereichen der Industrie überdurchschnittlich hoch sind. Die überdurchschnittlichen Qualifikationen der Beschäftigten und die hohe Fertigungstiefe zeichnen dafür verantwortlich. Der Anteil der Personalkosten an den Gesamtkosten liegt fast bei 36 %, während die Personalkosten im Durchschnitt der Industrie etwa 27 % betragen (WIMMERS/WOLTER 1997, S. 66).

Einen weiteren Hinweis auf eine möglicherweise vorhandene substitutive Beziehung zwischen Normalarbeitsverhältnissen und der Zeitarbeit bietet die Überlegung der befragten Entleihunternehmen, ob sie in naher Zukunft Neueinstellungen planen oder Personal abbauen wollen. Da es hier keine berichtenswerten unternehmensgrößen- oder wirtschaftsbereichsspezifische Unterschiede gibt, wird nur das Gesamtergebnis vorgestellt.

Abbildung 17: Geplante personalpolitische Veränderungen in den Entleihunternehmen

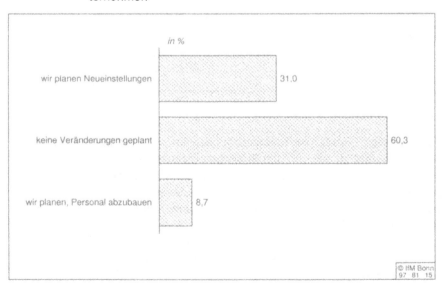

Abbildung 17 liefert keinen Hinweis auf eine Substituierung von Normalarbeitsverhältnissen durch Zeitarbeit in den untersuchten Unternehmen. Es scheint

viel eher, als decke die Nachfrage nach Zeitarbeit einen bereits definierten, zusätzlichen Arbeitskräftebedarf ab. Dies wird nicht nur durch die Gruppe der Unternehmen bestätigt, die keine personalpolitischen Veränderungen planen. Die Unternehmen, die beabsichtigen, Neueinstellungen zu tätigen, dokumentieren einen zusätzlichen Arbeitskräftebedarf, der, soweit langfristig absehbar, durch Neueinstellungen gedeckt wird. Soweit er nicht planbar ist, scheint Zeitarbeit nachgefragt zu werden. Lediglich 8,7 % der Befragten beabsichtigen, Personal abzubauen. Hier handelt es sich allerdings um eine Zeitpunktbetrachtung, die sich nur auf die zum Befragungszeitpunkt eingesetzten Zeitarbeitnehmer in den Unternehmen und den von ihnen geplanten personalpolitischen Veränderungen bezieht.

Interessanter ist die Untersuchung des von den Entleihunternehmen beabsichtigten, zukünftigen Einsatzes von Zeitarbeitnehmern und die von ihnen geplanten, personalpolitischen Veränderungen. Das Befragungsergebnis ist in Tabelle 15 wiedergegeben.

Tabelle 15: Zukünftiger Einsatz von Zeitarbeitnehmern in den Entleihunternehmen und geplante, personalpolitische Veränderungen in v.H.

Zukünftiger Einsatz von Zeitarbeitnehmern	Personalpolitische Veränderungen			
	Neueinstellung	keine Veränderung	Personalabbau	Insgesamt
Ja	97,4	93,4	90,9	94,4
Nein	2,6	6,6	9,1	5,6
Insgesamt	100	100	100	100

© IfM Bonn

Der zukünftige Einsatz von Zeitpersonal orientiert sich dem Befragungsergebnis zufolge nicht an den von den Entleihunternehmen geplanten, personalpolitischen Veränderungen. Sowohl die Gruppe der Unternehmen, die beabsichtigen, Neueinstellungen zu tätigen als auch die, die entweder keine personalpolitischen Veränderungen anstreben oder Personal abbauen, wollen auch zukünftig Zeitpersonal einsetzen. Zeitarbeit wird in den befragten Unternehmen folglich zusätzlich nachgefragt, so daß die Nachfrage definitiv komplementären Charakter hat. Bei den Unternehmen, die Personal abbauen wollen, ist eine substitutionale Beziehung zwischen Zeitarbeit und Normalarbeitsverhältnissen - das genaue Ausmaß ist nicht erkennbar - zu vermuten.

Dieser Befund ist deshalb von Bedeutung, widerlegt er doch das pauschale Urteil der Ersetzung von Normalarbeitsverhältnissen durch Zeitarbeit. Vielmehr zeigt sich bei der Gruppe der Unternehmen, die Neueinstellungen tätigen wollen, eine in der öffentlichen Diskussion zu wenig beachtete Funktion der Zeitarbeit. Wie die Analyse der Motive für die Nachfrage nach Zeitarbeit gezeigt hat, wird Zeitpersonal auch wachstumseinleitend bzw. begleitend nachgefragt. Zeitarbeit bietet demzufolge wachsenden Unternehmen eine Möglichkeit der beschäftigungspolitischen Konsolidierung und deckt nicht nur einen ad hoc anfallenden, zusätzlichen Arbeitskräftebedarf ab. Sie eignet sich zur vorsichtigen, mittel- bis langfristigen Personalplanung, die es Unternehmen ermöglicht, das personalpolitische Wachstumsrisiko in Form verfrühter Neueinstellungen zu vermeiden.

Auch als zu hoch empfundene Tariflöhne könnten dazu führen, daß Stammbeschäftigte entweder durch Zeitarbeitnehmer substituiert werden oder aber Neueinstellungen unterbleiben und zusätzlicher Arbeitskräftebedarf über die Zeitarbeit gedeckt wird. Aus diesem Grund wurden die Entleihunternehmen gefragt, ob die praktizierte Tarifpolitik ihre Nachfrage nach Zeitarbeit beeinflußt.

Für insgesamt 84,4 % der befragten Entleihunternehmen besteht ein derartiger Zusammenhang nicht. Lediglich 15,6 % räumen ein, daß die Höhe der Tariflöhne einen Einfluß auf ihr Nachfrageverhalten nach Zeitarbeit hat und sie deshalb geneigt sind, lieber Zeitpersonal einzusetzen als Neueinstellungen zu tätigen. Interessanterweise handelt es sich bei letztgenannten überwiegend um Unternehmen aus dem Wirtschaftsbereich Metallverarbeitung.

Ein anderer Aspekt, der die These von der substitutiven Beziehung zwischen Zeitarbeit und Normalarbeitsverhältnissen hinterfragt, ist die Bereitschaft der Unternehmen, in Weiterbildungsmaßnahmen für ihre Stammbeschäftigten zu investieren. Die Investition in Humankapital würde sich aus Sicht der Entleihunternehmen nur dann lohnen, wenn eine langfristige Zusammenarbeit mit den Mitarbeitern angestrebt würde. In Tabelle 16 sind die Angaben der Unternehmen zu Weiterbildungsmaßnahmen wiedergegeben.

Insgesamt führen 80,0 % der befragten Entleihunternehmen Weiterbildungsmaßnahmen für ihre Stammbeschäftigten durch. Die Angaben der Unternehmen aller Beschäftigtengrößenklassen liegen auf hohem Niveau. Gleichwohl steigt der Anteil der Unternehmen mit Weiterbildungsmaßnahmen mit zunehmender Unternehmensgröße. Auch wenn dies keine dynamische Betrachtung der Weiterbildungsmaßnahmen pro Arbeitnehmer in den Unternehmen ist, legen die Angaben zu den personalpolitischen Veränderungen sowie die Bereitschaft zu Weiterbildungsmaßnahmen nahe, daß die Nachfrage nach Zeitarbeit offensichtlich in starkem Maße in komplementärer Beziehung zu Normalarbeitsverhältnissen steht.

Tabelle 16: Weiterbildungsmaßnahmen für Stammbeschäftigte der Entleihunternehmen nach Beschäftigtengrößenklassen in v.H.

| Weiterbildungs- | Beschäftigtengrößenklassen | | | | |
maßnahmen	1-19	20-99	100-499	> 500	Insgesamt
Ja	65,4	73,2	86,8	100,0	80,0
Nein	34,6	26,8	13,2	-	20,0
Insgesamt	100,0	100,0	100,0	100,0	100,0

© IfM Bonn

In der Gesamtbetrachtung ist zur substitutiven Beziehung zwischen Normalarbeitsverhältnissen und Zeitarbeit folgendes festzuhalten: Die Flexibilisierung der Arbeitsbeziehungen in den Unternehmen kann einerseits nicht pauschal mit der Substituierung von Normalarbeitsverhältnissen durch Zeitarbeit gleichgesetzt werden. Auf der anderen Seite liegt eine substitutive Beziehung ja bereits schon dann vor, wenn bereits einige Normalarbeitsverhältnisse nicht eingegangen werden, weil stattdessen Zeitarbeit nachgefragt wird. Richtig ist aber auch, daß durch die Zeitarbeit neue Arbeitsverhältnisse zustandekommen und auch durch Abwerbung der Entleihunternehmen neue Dauerarbeitsverhältnisse entstehen. Der Nettoeffekt wäre demnach ausschlaggebend. Hier besteht weiterer Forschungsbedarf.

Letztlich kann das Vorliegen eines Substitutionseffekts nicht verneint werden. Wie stark dieser ist, kann allerdings nicht quantifiziert werden. Die Ausführungen in diesem Abschnitt belegen aber, daß nicht primär eine substitutionale, sondern eine komplementäre Beziehung zwischen Zeitarbeit und Normalarbeitsverhältnissen besteht. Sie zeigt sich insbesondere an dem Anteil der Unternehmen, die planen, in Zukunft Neueinstellungen zu tätigen und gleichzeitig Zeitarbeit nachfragen. Der zusätzliche Charakter der Nachfrage nach Zeitarbeit zeigt sich auch bei den Unternehmen, die keine personalpolitischen Veränderungen planen.

Demzufolge scheinen tendenziell eher sogenannte Randbelegschaften durch Zeitarbeit ersetzt zu werden, während das Normalarbeitsverhältnis im Sinne qualifizierter Tätigkeiten unangetastet bleibt. Aus unserer Sicht deutet der hohe

Anteil der Unternehmen, die qualifizierte Zeitarbeitnehmer in eine Dauerbeschäftigung übernehmen, darauf hin, daß der Zeitarbeit heute eine wichtige Funktion bezüglich des Matching von Qualifikations- und Anforderungsprofilen in den Unternehmen zukommt. Letztlich zeigt sich hier eine Intransparenz auf Teilarbeitsmärkten insbesondere für gut bis hoch Qualifizierte. Der Kennenlerneffekt von potentiellen Arbeitgebern und Arbeitnehmern über die Zeitarbeit ist nicht zu unterschätzen.

2.6 Nachfragedämpfende Faktoren

Wie die Darstellung der rechtlichen Rahmenbedingungen der Zeitarbeit und der Ländervergleich mit den Niederlanden darlegt, könnte von der Regulierungsintensität der Zeitarbeit durch das Arbeitnehmerüberlassungsgesetz AÜG eine nachfragedämpfende Wirkung ausgehen. Am deutlichsten zeigt sich dies am Arbeitnehmerüberlassungsverbot im Bauhauptgewerbe für Tätigkeiten, die von Arbeitern verrichtet werden. Schätzungen gehen davon aus, daß die Aufhebung des Verbots einen deutlichen Anstieg der Nachfrage nach Zeitarbeit zur Folge hätte.

Zum anderen können unter Umständen auch betriebsverfassungsrechtliche Mitbestimmungsrechte der Betriebsräte auf die Nachfrage nach Zeitarbeit nachfragehemmend wirken, wenn sie dem Einsatz von Zeitpersonal nicht zustimmen. Betriebliche Vereinbarungen und Standards gelten nicht für Zeitarbeitnehmer. Diese erbringen ihre Arbeitsleistung mitunter auch zu Konditionen, die unter den betrieblichen Standards des Entleihunternehmens liegen. Unter Umständen kann dies von den Stammbeschäftigten als Drohpotential empfunden werden. Beispielsweise liegen die Arbeitsentgelte für Zeitarbeitnehmer mit Ausnahme hoch qualifizierter Fachkräfte überwiegend deutlich unter denen Stammbeschäftigter (vgl. RUDOLPH/SCHRÖDER 1997).

In der Gesamtbetrachtung können die betriebsverfassungsrechtlichen Mitbestimmungsrechte den Einsatz von Zeitpersonal be- oder verhindern. Um einen besseren Einblick in diesen Zusammenhang zu erhalten, wurden die Entleihunternehmen gefragt, ob sie über einen Betriebsrat verfügen.

Wie zu erwarten, ist die Einrichtung von Betriebsräten positiv mit der Unternehmensgröße korreliert. Die Unternehmen, die über einen Betriebsrat verfügen, wurden schließlich nach der Haltung ihres Betriebsrats zur Nutzung von Zeitarbeit befragt. Sie sollten angeben, ob er diese personalpolitische Flexibilisierungsstrategie unterstützt oder ob er Vorbehalte hat, sich der Nutzung der Zeitarbeit aber nicht in den Weg stellt.

Tabelle 17: Einrichtung von Betriebsräten in den Entleihunternehmen nach Beschäftigtengrößenklassen in v.H.

Betriebsrat im Entleihunternehmen	Beschäftigtengrößenklassen				
	5-19	20-99	100-499	> 500	Insgesamt
Ja	21,7	48,8	75,5	100,0	60,6
Nein	78,3	51,2	24,5	-	39,4
Insgesamt	100,0	100,0	100,0	100,0	100,0

© IfM Bonn

69,7 % der Entleihunternehmen geben an, ihr Betriebsrat habe Vorbehalte gegenüber dem Einsatz von Zeitpersonal, dulde diese Maßnahme jedoch, weil er die betriebliche Notwendigkeit sehe. Lediglich 30,3 % der Befragten sagen, der Betriebsrat unterstütze den Einsatz von Zeitarbeitnehmern. In bezug auf diese Fragestellung gibt es weder signifikante betriebsgrößen- oder wirtschaftsbereichsspezifische Unterschiede.

Ein anderer, nachfragedämpfender Einfluß könnte, wie bereits angeführt, auch von der Regulierung der Zeitarbeit ausgehen. Dies setzt voraus, daß die Folgen der Regulierung nicht nur die Zeitarbeitsunternehmen treffen, sondern auch die Entleihunternehmen. Von besonderem Interesse ist daher die Frage, ob die zum 1. April 1997 in Kraft getretene Novelle zum Arbeitnehmerüberlassungsgesetz spürbare Erleichterungen oder Vorteile für die Entleihunternehmen gebracht hat.

Tabelle 18: Vorteile der AÜG-Novelle aus Sicht der Entleihunternehmen nach Beschäftigtengrößenklassen in v.H.

Vorteile	Beschäftigtengrößenklassen				
	1-19	20-99	100-499	> 500	Insgesamt
Ja	11,5	43,9	35,8	40,0	34,1
Nein	88,5	56,1	64,2	60,0	65,9
Insgesamt	100,0	100,0	100,0	100,0	100,0

© IfM Bonn

Nur 34,1 % der Befragten gehen davon aus, daß die AÜG-Novelle zu spürbaren Erleichterungen oder Vorteilen führt. So wird zwar die Anhebung der Überlassungshöchstdauer von 9 auf 12 Monate positiv gewertet. Allerdings wird die Notwendigkeit der gesetzlichen Festsetzung der Überlassungshöchstdauer insgesamt in Frage gestellt. Wie die telefonischen Interviews gezeigt haben, werden die Entleihunternehmen durch diese gesetzliche Regelung im Bereich hochqualifizierter Fachkräfte behindert. Angesprochen sind in diesem Zusammenhang die Einarbeitungszeiten, die jeweils anfallen, wenn neue Zeitarbeitskräfte in das Entleihunternehmen kommen.

Zu berücksichtigen ist nach Meinung der Entleihunternehmen auch der Sachverhalt, daß Zeitarbeitnehmer nach dem Einsatz in ihrem Unternehmen erst in ein anderes Unternehmen überlassen werden müssen, bevor sie im gleichen Entleihunternehmen wieder arbeiten dürfen. Der Einsatz sollte ohne gesetzliche Einschränkung mit demselben Zeitarbeitnehmer, zu dem Zeitpunkt, zu dem Arbeitskräftebedarf vorhanden ist, möglich sein.

2.7 Zukünftige Entwicklung der Nachfrage nach Zeitarbeit

Eine Möglichkeit, den Zufriedenheitsgrad der befragten Entleihunternehmen mit der Dienstleistung Zeitarbeit zu untersuchen, ist die Frage nach der zukünftigen Nutzung der Zeitarbeit in diesen Unternehmen. Hier zeichnet sich ein deutliches Bild ab. 94,1 % der befragten Entleihunternehmen planen auch in Zukunft, Zeitarbeitnehmer zu beschäftigen. Diesbezüglich gibt es weder betriebsgrößen- noch wirtschaftsbereichsspezifische Unterschiede. Aufschlußreich sind die Angaben der Unternehmen bezüglich der Frage, ob sie beabsichtigen, die Nachfrage nach Zeitarbeit in Zukunft eher zu forcieren oder einzuschränken.

Insgesamt 67,6 % der Unternehmen planen, gleich viel Zeitpersonal einzusetzen, während immerhin 23,4 % beabsichtigen, den Einsatz von Zeitarbeitpersonal zu reduzieren; 9,1 % der Befragten wollen mehr Zeitpersonal nachfragen. Auch hier gibt es keine berichtenswerten Unterschiede zwischen Wirtschaftsbereichen und Beschäftigtengrößenklassen.

Die Tatsache, daß der überwiegende Teil der befragten Unternehmen in Zukunft gleich viel Zeitpersonal nachfragen will, ist ein Indiz für die Fortschreibung eines zusätzlichen jedoch schwankenden Arbeitskräftebedarfs, welcher in die Zukunft extrapoliert wurde. Dies deutet auf das Vorhandensein von Tätigkeitsbereichen in den Unternehmen hin, die typischerweise durch Zeitpersonal besetzt werden. Die Unternehmen scheinen darüber hinaus aber auch Schwankungen im Personalbestand bedingt durch Urlaub, Krankheit etc. antizipiert zu haben.

Abbildung 18: Zukünftiger Einsatz von Zeitpersonal in den Entleihunternehmen

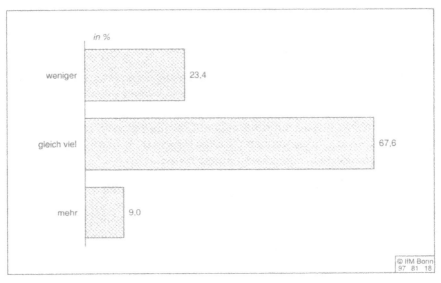

Die mit Entleihunternehmen geführten telefonischen Interviews bestätigen die Einschätzung, daß aus unterschiedlichen Gründen von einem immer wiederkehrenden, zusätzlichen Arbeitskräftebedarf auszugehen ist, der aus Erfahrung zu einer etwa gleich hohen Nachfrage nach Zeitpersonal führt. Interessant ist allerdings die von den Interviewpartnern bekundete Absicht, die Nachfrage nach Zeitarbeit langfristig zurückführen zu wollen. Als Grund geben sie nicht etwa eine vorhandene Unzufriedenheit mit der Dienstleistung Zeitarbeit an. Neben dem Grund, die Zeitarbeit sei zu kostenintensiv, wurde vorrangig die Suche nach betriebsinternen Lösungen angegeben.

Hier zeigt sich der temporäre Charakter der Nutzung von Zeitarbeit, wie er sich schon bei den Unternehmen des Samples zeigte, die Zeitarbeit fallweise, also in Ausnahmesituationen nachfragen (vgl. Abbildung 11) sowie bei der alternativen Verwendung innerbetrieblicher Formen der Arbeitsflexibilisierung, durch die Zeitarbeit zum Teil substituiert wird. Die Zeitarbeit hat demnach mehr oder weniger stark eine Überbrückungsfunktion zur Bewältigung von "Notsituationen" als daß sie von den Unternehmen als die beste aller zur Verfügung stehenden Möglichkeiten eingeschätzt würde.

3. Folgerungen für die zukünftige Nachfrage kleiner und mittlerer Unternehmen nach Zeitarbeit

Kleine, mittlere und große Unternehmen weisen hinsichtlich der Nachfrage nach Zeitarbeit eine unterschiedliche Nachfragestruktur auf, die sich aus der Unternehmensgröße und der Organisationsstruktur dieser Unternehmen ergibt. Daraus folgt letztlich ein unterschiedliches Abhängigkeitsverhältnis der Unternehmen von der Beschäftigungsform Zeitarbeit. So sinnvoll und notwendig in großen Unternehmen beispielsweise eine umfangreiche innerbetriebliche Flexibilisierung ist, sie eignet sich nicht gleichermaßen auch für kleine und mittlere Unternehmen. Allein aus der stärkeren bzw. alternativen Nutzung innerbetrieblicher Formen der Arbeitsflexibilisierung in großen Unternehmen, insbesondere im Verlgleich zu kleinen Unternehmen, ergibt sich ein unterschiedliches Nachfrageverhalten. Die Nachfrage nach Zeitarbeit ist daher in großen Unternehmen elastischer als in kleinen und mittleren Unternehmen. Die vergleichsweise hohe beschäftigungsbezogene Nutzungsintensität der Zeitarbeit insbesondere in kleinen Unternehmen dokumentiert die größere Abhängigkeit dieser Unternehmen von der Beschäftigungsform Zeitarbeit (vgl. Tabelle 7).

Zeitarbeit wird in großen Unternehmen tendenziell eher nachgefragt, wenn innerbetriebliche Flexibilisierungspotentiale ausgeschöpft sind oder wenn der Flexibilisierungsbedarf dergestalt ist, daß Zeitarbeit hier einen komparativen Vorteil gegenüber anderen Formen der Arbeitsflexibilisierung hat. In kleinen und mittleren Unternehmen wird mit Zeitarbeit eher ein sich aus dem Tagesgeschäft ergebender ad hoc Bedarf an zusätzlichem Personal gedeckt, wenn Überstunden Stammbeschäftigter und Mehrarbeit des Inhabers und mithelfender Familienangehöriger nicht ausreichen. Die Nachfrage nach Zeitarbeit ist demzufolge unelastisch und eher durch Mangel an Alternativen gekennzeichnet, wenn man von der Auftragsvergabe an Subunternehmen absieht. Aufgrund dieser im Vergleich zu großen Unternehmen eher unelastischen Nachfrage kleiner und mittlerer Unternehmen ist davon auszugehen, daß diese Unternehmen Zeitarbeit auch zukünftig mehr oder weniger regelmäßig, in Abhängigkeit von der jeweiligen Auftragslage, nachfragen werden.

Die Untersuchung des Zeitpunkts der erstmaligen Nachfrage nach Zeitarbeit in den befragten mittelständischen Unternehmen im betrachteten Zeitraum von 1967 bis 1997 läßt sogar erwarten, daß diese Unternehmen zukünftig verstärkt Zeitarbeit nachfragen. Zwischen 1994 bis 1997 ist ein deutlicher Schwerpunkt der mittelständischen und insbesodere der kleinen Unternehmen mit 1 bis 19

Beschäftigten zu verzeichnen, die erstmalig Zeitarbeit nachgefragt haben, was zunehmenden Flexibilisierungsbedarf in diesen Unternehmen erkennen läßt.

Immerhin 39,3 % der befragten Unternehmen haben angegeben, daß sie Zeitarbeit in Wachstumsphasen nachfragen. Sie definieren damit eine Nachfrage nach Zeitarbeit, die sich qualitativ von den am häufigsten genannten Motiven unterscheidet. Der hierin zum Ausdruck kommende positive Zusammenhang zwischen Unternehmenswachstum und Zeitarbeitnutzung zeigt, daß das Nachfragepotential nach Zeitarbeit im Mittelstand auch von der Wachstumsbereitschaft dieser Unternehmen abhängt, die ihrerseits von den wirtschaftlichen und rechtlichen Rahmenbedingungen nachhaltig beeinflußt wird.

Die wachstumseinleitende bzw. begleitende Funktion der Zeitarbeit ist in mehrerer Hinsicht für die Unternehmen von Bedeutung. Zum einen ermöglicht sie einen "Kennenlerneffekt" potentieller neuer Mitarbeiter, ohne daß die Unternehmen verfrüht arbeitsrechtliche Bindungen eingehen müssen. Die Kosten für die Suche und Auswahl neuer Mitarbeiter können vermieden und der Personalbedarf kann vorsichtig angeglichen werden, wobei beschäftigungspolitische Konsolidierungsphasen zwischengeschaltet werden können. Diese Eigenschaften der Dienstleistung Zeitarbeit sind positiv zu werten, da sich die Entleihunternehmen auf das Tagesgeschäft konzentrieren können. Gleichzeitig führt das Know how der Zeitarbeitsunternehmen zu einer Optimierung von Arbeitsangebot und -nachfrage. In dem Maße, in dem die Bereitschaft mittelständischer Unternehmen zum Unternehmenswachstum zunimmt, in dem Maße wird auch diese Funktion der Zeitarbeit an Bedeutung gewinnen.

4. Zusammenfassung

Die öffentliche Diskussion um die Beschäftigungsform Zeitarbeit ist immer noch kontrovers. Befürworter, die um der Schaffung zusätzlicher Arbeitsplätze willen die Integrations- und Koordinationsfunktion der Zeitarbeit hervorheben und jene, die Zeitarbeit als atypische oder prekäre Beschäftigungsform klassifizieren, stehen sich gegenüber. Letztere zeichnen sich durch eine Argumentationsweise aus, die jede Beschäftigungsform, die nicht dem Normalarbeitsverhältnis entspricht, als nicht wünschenswert erachtet. Diese Unterschiede in der Sichtweise haben zu einer regelrechten Frontenbildung geführt, was beispielsweise darin zum Ausdruck kommt, daß dem Bundesverband Zeitarbeit stellvertretend für die Zeitarbeitsunternehmen der Rang einer Tarifvertragspartei vorenthalten wird.

Weder die ablehnende Haltung gegenüber dieser Beschäftigungsform noch ihre uneingeschränkte Befürwortung tragen aufgrund ihrer jeweils einseitigen Betrachtungsweise zu einer fruchtbaren Diskussion im Spannungsverhältnis einer sinnvollen Flexibilisierung einerseits und eines sachgerechten Maßes an Regulierung andererseits bei. Die vorliegende Untersuchung bietet eine Diskussionsgrundlage, die den Zusammenhang von Flexibilisierungsbedarfen in den Unternehmen aufzeigt und die tatsächliche Bedeutung der Zeitarbeit als Form der Arbeitsflexibilisierung in den Unternehmen aufdeckt.

Die Bedeutung der Zeitarbeit für die Unternehmen relativiert sich nach unseren Befunden vorab dadurch, daß sie nur eine von verschiedenen Möglichkeiten darstellt, Arbeitsabläufe zu flexibilisieren. So ist doch die entscheidende Frage, wodurch sich die Zeitarbeit als Instrument zur Deckung von speziellen Flexibilisierungsbedarfen in den Unternehmen auszeichnet, um eine Aussage über ihren Sinn und ihre Bedeutung machen zu können. Das Angebot an Zeitarbeit setzt schließlich eine entsprechende Nachfrage voraus. Diese wiederum ist das Ergebnis marktlicher, vor allem wettbewerblicher Veränderungen vor dem Hintergrund gegebener Regulierungstatbestände. So ist die Nachfrage der Unternehmen nach Zeitarbeit durchaus auch als Reaktion auf regulierungsbedingte Hemmnisse zu sehen.

Der Stellenwert der Zeitarbeit im Kalkül der Entleihunternehmen kann unserem Untersuchungsergebnis zufolge wie folgt zusammengefaßt werden: Die Zeitarbeit ist ein außerordentlich wichtiges Instrument zur Deckung eines kurzfristig entstandenen, zusätzlichen Personalbedarfs in den Unternehmen, welches im Vergleich zu anderen Formen der flexiblen Beschäftigung in diesem Segment außer Konkurrenz steht. Als Begleit- oder Mitnahmeeffekt wird die Zeitarbeit auch strategisch, d.h. beispielsweise zur Erprobung potentieller neuer Mitarbeiter genutzt. Insgesamt sind aber Bereiche mit längeren Planungshorizonten, die ein strategisches Nutzenprofil der Zeitarbeit erkennen lassen, von untergeordneter Bedeutung. In der Gesamtbewertung überwiegen folglich Motive, die der Erhöhung der numerischen Flexibilität dienen, um einen vorübergehenden, zusätzlichen Arbeitskräftebedarf kurzfristig zu decken. Dies gilt für die Unternehmen aller Beschäftigtengrößenklassen. Hier hat die Zeitarbeit einen komparativen Vorteil gegenüber anderen Formen der Arbeitsflexibilisierung und damit ihre Kernkompetenz. Diese kann definiert werden als Möglichkeit, bei ausgesprochen kurzen Planungs- und Reaktionszeiten, eine bedarfsgerechte, personalpolitische Steuerung zu erreichen.

Diese Kernkompetenz hat etwas von einem "Notfallcharakter", der mit steigender Unternehmensgröße noch ausgeprägter ist. So wird Zeitarbeit zwar insgesamt von den Unternehmen aller Beschäftigtengrößenklassen in Ausnahmesituationen nachgefragt. Typische Nachfragemotive sind die Bewältigung saisonaler Auftragsspitzen und die Bewältigung von Terminschwierigkeiten. Das letztgenannte Nachfragemotiv ist jedoch für große Unternehmen vergleichweise bedeutender. Die wesentlichen Gründe, die zur Nachfrage nach Zeitarbeit führen, hängen damit direkt mit den von den Absatzmärkten ausgehenden Unwägbarkeiten zusammen, die den Unternehmen nur eine kurze Reaktionszeit lassen.

Daneben gibt es einen Bereich in den Unternehmen aller Beschäftigtengrößenklassen und Wirtschaftsbereiche, in dem Zeitarbeit regelmäßig nachgefragt wird. Dies deutet auf das Vorhandensein standardisierter, fest umrissener, immer wiederkehrenden Tätigkeiten hin, für die die Zeitarbeit prädistiniert ist, weil Anlernzeiten kurzgehalten und der Arbeitskräftebedarf genau angepaßt werden kann. Allerdings gibt es eine Konkurrenzbeziehung zwischen der Zeitarbeit und internen Formen der Arbeitsflexibilisierung. Die substitutive Beziehung wird mit zunehmender Unternehmensgröße stärker. So stellt die alternative Verwendung flexibler Beschäftigungsformen eine natürliche Grenze für das Ausmaß der Nachfrage nach Zeitarbeit dar. Da die kleineren Unternehmen jedoch eine geringere innerbetriebliche Flexibilisierung aufweisen, sind sie von der Zeitarbeit vergleichsweise abhängiger. Die wesentlich höhere beschäftigungsbezogene Nutzungsintensität der Zeitarbeit in kleinen Unternehmen unterstreicht dies.

In bezug auf die Fragestellung, ob ein Funktionswandel der Zeitarbeit zu bejahen ist, ist von entscheidender Bedeutung, was unter Funktionswandel verstanden wird. Wird der Funktionswandel so interpretiert, daß Zeitarbeit pauschal zur Vermeidung von Normalarbeitsverhältnissen nachgefragt wird, so wird das Vorliegen dieser Art von Funktionswandel durch die vorliegende Untersuchung widerlegt. Zeitarbeit wird in den untersuchten Entleihunternehmen eher ergänzend nachgefragt; der Anteil der Entleihunternehmen, die planen, Personal abzubauen, ist gering. Demgegenüber überwiegt der Anteil der Unternehmen, die entweder keine personalpolitischen Veränderungen planen und Zeitarbeit nachfragen und der Anteil der Unternehmen, die Neueinstellungen tätigen wollen und zusätzlich Zeitarbeit nachfragen. Dieser Befund ist ein Indiz für die eher komplementäre Beziehung zwischen Normalarbeitsverhältnissen und der Zeitarbeit.

Um das Vorliegen einer substitutiven Beziehung abschließend prüfen zu können, müßte bekannt sein, wieviele Normalarbeitsverhältnisse entstanden wären, würde keine Zeitarbeit nachgefragt. Dieses ist uns jedoch nicht möglich. Die Ausführungen im Abschnitt zum Verhältnis der Zeitarbeit zum Normalarbeitsverhältnis vermitteln aber einen Eindruck von der Größenordnung eines möglicherweise vorhandenen Substitutionseffekts.

Die Analyse der Qualifikationsstruktur eingesetzter Zeitarbeitnehmer liefert wohl den beeindruckensden Befund. Sie widerlegt die These, Zeitarbeit sei eine von gering qualifizierten Tätigkeiten dominierte Beschäftigungsform. Der Anteil der Fachkräfte an den eingesetzten Zeitarbeitnehmern in den untersuchten Unternehmen ist hoch. Er steigt mit zunehmender Unternehmensgröße sogar noch an. Offenbar haben die Unternehmen aller Beschäftigtengrößenklassen Schwierigkeiten, Fachkräfte auf dem freien Arbeitsmarkt zu rekrutieren, weshalb sie Zeitarbeitnehmer nachfragen. Die Unternehmen, die Zeitpersonal abgeworben bzw. übernommen haben, belegen dies. Dieser Befund ist ein Hinweis auf die Intransparenz auf dem ohnehin engen Arbeitsmarkt für qualifizierte Arbeitnehmer. Die Zeitarbeitsunternehmen übernehmen hier die Funktion der "Sichtung von Qualifikationen" und optimieren das Matching von Arbeitsangebot und -nachfrage.

Der Kennenlerneffekt potentieller neuer Mitarbeit über die Zeitarbeit führt gerade im Bereich gut bis hoch qualifizierter Arbeitskräfte zu Übernahmen in eine Dauerbeschäftigung in den Entleihunternehmen, ohne daß verfrüht arbeitsrechtliche Bindungen eingegangen werden müssen. Zudem haben Entleihunternehmen einen Anreiz, Zeitarbeitnehmer abzuwerben, weil dies auf Dauer kostengünstiger ist als die Entrichtung der Überlassungsgebühr. Von einem Funktionswandel der Zeitarbeit könnte daher viel eher in positiver Hinsicht gesprochen werden, weil die Integrations- bzw. Koordinationsfunktion der Zeitarbeit an Bedeutung gewinnt.

Sinnvoller scheint es jedoch, nicht von einem Funktionswandel der Zeitarbeit zu sprechen, sondern von der Zunahme der Bandbreite der Funktionen der Zeitarbeit, und zwar im positiven Sinn. Da die Zeitarbeitsunternehmen auch als Kunden der Arbeitsämter auftreten und ihr Personal dort rekrutieren, ist der Anteil der Zeitarbeitnehmer, die zuvor arbeitslos waren, naturgemäß hoch.[22] Aus arbeitsmarktpolitischer Sicht kommt dieser Funktion der Zeitarbeit eine

---

[22] Im Juni 1997 lag er bei 57,5 %.

bedeutende Funktion zu. Im Bereich gering qualifizierter Tätigkeiten sind die Einsatzzeiten zwar kurz, was mit einer entsprechend hohen Fluktuation von Zeitarbeitnehmern in den Entleihunternehmen verbunden ist. Die vorliegende Untersuchung zeigt aber auch die Bereitschaft der Entleihunternehmen, gering qualifiziertes Zeitpersonal in eine Dauerbeschäftigung zu übernehmen. So werden über die Zeitarbeit auch gering Qualifizierte dauerhaft ins Arbeitsleben integriert.

Allerdings muß eingeräumt werden, daß es im Bereich gering Qualifizierter auch eine hohe Fluktuation in die und aus der Arbeitslosigkeit gibt, weil Zeitpersonal, wenn keine Aussicht auf weitere Einsatzmöglichkeiten besteht, oftmals auch relativ schnell wieder freigesetz wird. In der Gesamtbewertung der Integrations- bzw. Koordinationsfunktion der Zeitarbeit ist es aber wichtig, folgendes festzuhalten: Problemgruppen des Arbeitsmarktes können über die Zeitarbeit mindestens vorübergehend einer Tätigkeit nachgehen, bei der sie ihre Leistungsfähigkeit und ihre Einsatzbereitschaft unter Beweis stellen können, was die Chancen bei späteren Bewerbungen beträchtlich erhöhen dürfte. Außerdem besteht grundsätzlich immer die Möglichkeit, vom Entleihunternehmen in eine Dauerbeschäftigung übernommen zu werden. Folglich führt die Zeitarbeit in jedem Fall zu einer Bewegung am Arbeitsmarkt, die geeignet ist, die Insider-Outsider Problematik und den Verlust von Qualifikationen durch langanhaltende Arbeitslosigkeit zu entschärfen.

Die Bezeichnung der Zeitarbeit als prekäre Beschäftigungsform zeugt unter Beachtung vorgenannter Gründe eher von Vorurteilen denn von praktischer Kenntnis. Gegenüber - nach arbeitsrechtlichen Gesichtspunkten - normalen Arbeitsverhältnissen kann sich mancher "prekäre" Zeitarbeitnehmer durchaus in einer vergleichsweise sicheren Position befinden. Die arbeitsrechtliche Form des Vertragsverhältnisses ist kaum ein verläßlicher Indikator für die reale soziale Lage der Beschäftigten. Zuvor genanntes Urteil verkennt ebenfalls, daß viele Arbeitnehmer aus eigenem Antrieb in der Zeitarbeit tätig sind und nicht etwa aus Mangel an Beschäftigungsmöglichkeiten.

Die wirtschaftspolitischen Implikationen der Zeitarbeit und das zukünftige Ausmaß der Nachfrage kleiner und mittlerer Unternehmen nach Zeitarbeit kann nicht losgelöst von den unternehmerischen Rahmenbedingungen gesehen werden. So sehr die von den Absatzmärkten ausgehenden Unsicherheiten und der Wettbewerbsdruck auch in Zukunft eher noch eine verstärkte Nachfrage nach Zeitarbeit erwarten lassen, zeichnen nicht zuletzt auch die starren Strukturen auf den Arbeitsmärkten für diese Entwicklung verantwortlich.

Der Dienstleistung Zeitarbeit kommt immer mehr auch die Rolle des Personal- bzw. Arbeitsvermittlers zu, weil die Zeitarbeitsunternehmen in die Entleihunternehmen gehen, sich die Arbeitsplätze ansehen und das Anforderungsprofil der Unternehmen mit den entsprechenden Qualifikationen abstimmen. Es ist zu erwarten, daß diese Dienstleistung der Zeitarbeitsunternehmen in Zukunft einen weit höheren Stellenwert erlangen wird, als dies gegenwärtig noch der Fall ist.[23] Insofern wäre es im Hinblick auf die Reintegration Arbeitsloser geradezu wünschenswert, wenn Regulierungen, die den Aktionsradius der Zeitarbeitsunternehmen einschränken, auf ihre Sinnhaftigkeit geprüft würden. Sie müßten den Kosten, die in dem aufgrund der Regulierung nicht bedienten Nachfragepotentials bestehen, gegenübergestellt werden.

An der Regulierung der Zeitarbeit in Deutschland auf der einen Seite und den zahlreichen arbeitsmarktpolitischen Instrumenten auf der anderen, zeigt sich das mangelnde Verständnis der Setzung anreizverträglicher Strukturen, um, wie am Beispiel der Zeitarbeit deutlich wird, durch Entfaltung der Marktkräfte positive Wirkungen am Arbeitsmarkt zu erzielen und dem Irrglauben, die Erhöhung der Anzahl der arbeitsmarktpolitischen Instrumente gleiche ihre Ineffizienz aus.[24] Dagegen stellt das wirtschaftliche Interesse der Zeitarbeitsunternehmen an ihrem eigenen Fortbestehen einen sehr wirksamen Anreiz dar, das Matching von Arbeitsangebot und -nachfrage - eine entsprechende Nachfrage nach Zeitpersonal vorausgesetzt - zu optimieren, was zu einer größeren Entlastung des Arbeitsmarktes beitragen könnte.

Wie die Untersuchung belegt, ist diese Voraussetzung erfüllt. Der derzeit vorherrschende Nachholbedarf in der Zeitarbeitnutzung - beispielsweise bei Aufhebung des Verbots der Arbeitnehmerüberlassung im Bauhauptgewerbe für

---

[23] Spätestens seit Einführung des Sozialgesetzbuches SGB III ist die Belastung der Arbeitsvermittler in den Arbeitsämtern mit sachbearbeitenden Tätigkeiten unerträglich geworden, so der Direktor des Arbeitsamtes Köln in einem Interview mit dem WDR vom 5. März 1998. Zeit für die vermittlerische Tätigkeit, die zuvor schon knapp bemessen war, sei praktisch nicht mehr vorhanden. Zeit für Außendienste zur Rekrutierung neuer Arbeitsstellen und Kontaktpflege mit potentiellen Arbeitgebern ist nur unzureichend vorhanden. Diese Dienstleistungslücke, die darin besteht, daß Unternehmen als Kunden wahrgenommen werden, ist von den Zeitarbeitsunternehmen aufgegriffen worden.

[24] Gespräche mit Arbeitsvermittlern im Arbeitsamt Bonn haben beispielsweise ergeben, daß der im Rahmen des Arbeitsförderungsreformgesetzes eingeführte Eingliederungsvertrag nicht die erhoffte Wirkung entfaltet.

von Arbeitern verrichtete Tätigkeiten - würde zunächst zu einem sprunghaften Anstieg der Nachfrage nach Zeitarbeit führen. Die Tatsache, daß es neben der Zeitarbeit noch alternative Formen der Arbeitsflexibilisierung gibt, zeigt aber auch, daß sich die Nachfrage bei Beseitigung der Regulierungshemmnisse auf einem höheren Niveau einpendeln würde, wie das Beispiel der Niederlande zeigt. Allerdings belegt die unternehmensgrößenspezifische Analyse der Nachfrage nach Zeitarbeit, daß kleine und mittlere Unternehmen aufgrund ihrer Größe und Organisationsstruktur auch langfristig ein bedeutendes Nachfragepotential für die Zeitarbeit darstellen.

Anhang

Tabelle 1: Struktur und Entwicklung der Betriebe in der Zeitarbeit

Jahr	Erlaubnis-inhaber	Zahl der Betriebe insgesamt	darunter:	
			Hauptzweck ANÜ	Mischbetriebe
Westdeutschland				
1982	1.548	1.902	1.061	841
1983	1.273	1.664	856	808
1984	1.224	1.502	814	688
1985	1.456	1.722	911	811
1986	2.127	2.516	1.215	1.301
1987	2.913	3.255	1.397	1.858
1988	3.470	4.138	1.661	2.477
1989	3.974	4.682	1.861	2.821
1990	4.465	5.343	2.139	3.204
1991	4.822	5.807	2.480	3.327
1992	5.102	6.255	2.735	3.520
1993	5.118	6.387	2.758	3.629
1994	5.070	6.228	2.638	3.590
1995	5.312	6.652	2.895	3.757
Ostdeutschland				
1991*	272	-	-	-
1992	369	448	101	347
1993	474	591	174	417
1994	577	682	262	420
1995	703	861	394	467

* Angaben zur Anzahl der Betriebe und ihre Aufteilung für das Jahr 1991 sind nicht möglich
Quelle: RUDOLPH/SCHRÖDER 1997, S. 110

Tabelle 2: Überlassene Zeitarbeitnehmer jeweils am 30.6. eines Jahres nach Geschlecht und als Anteil an den sozialversicherungspflichtig Beschäftigten

Jahr	Zeitarbeitnehmer insgesamt	Zeitarbeitnehmerquote in %*	Männer	Frauen	Anteil Männer in %
Westdeutschland					
1973	34.379	0,17	26.566	7.813	77,3
1974	19.380	0,09	13.235	6.145	68,3
1975	11.805	0,06	7.363	4.442	62,4
1976	16.858	0,08	11.618	5.240	68,9
1977	21.186	0,11	14.952	6.234	70,6
1978	26.408	0,13	18.625	7.783	70,5
1979	36.318	0,18	26.712	9.606	73,6
1980	47.021	0,22	34.819	12.202	74,0
1981	43.058	0,21	31.921	11.137	74,1
1982	29.117	0,14	19.280	9.837	66,2
1983	25.702	0,13	17.582	8.120	68,4
1984	32.976	0,16	23.652	9.324	71,7
1985	48.707	0,24	36.731	11.976	75,4
1986	70.376	0,34	56.059	14.317	79,7
1987	73.083	0,35	58.427	14.656	79,9
1988	87.743	0,41	71.380	16.363	81,4
1989	104.930	0,49	85.761	19.169	81,7
1990	123.378	0,55	99.755	23.623	80,9
1991	133.734	0,58	107.698	26.036	80,5
1992	135.827	0,58	108.830	26.997	80,1
1993	115.058	0,50	91.983	23.075	79,9
1994	128.577	0,57	104.351	24.226	81,2
1995	161.995	0,72	130.845	31.150	80,8
Ostdeutschland					
1993	6.342	0,12	5.414	928	85,3
1994	9.874	0,18	8.797	1.077	89,1
1995	14.190	0,26	12.769	1.421	90,0

* Überlassene Zeitarbeitnehmer in % der sozialversicherungspflichtig Beschäftigten
Quelle: RUDOLPH/SCHRÖDER 1997, S. 106

Literaturverzeichnis

AIGINGER, K.; TICHY, G. (1985): Die Größe der Kleinen. Die überraschenden Erfolge kleiner und mittlerer Unternehmen in den achtziger Jahren, Wien

ALGEMENE BOND UITZENDONDERNEMINGEN (1997): Collectieve Arbeidsovereenkomst voor Uitzendkrachten, Badhoevedorp

BAUMEISTER, H.; BOLLINGER, D.; PFAU, B. (1988): Beschäftigung in der Grauzone des Arbeitsmarktes, in: Mitteilungen aus der Zentralen wissenschaftlichen Einrichtung (ZWE) "Arbeit und Betrieb", Heft 20, Bremen, S. 6-31

BECKER, F. (1988): Abgrenzung der Arbeitnehmerüberlassung gegenüber Werk- und Dienstverträgen, in: Der Betrieb, Heft 50, S. 2561-2567

BODE, I.; BROSE, H-G.; VOSWINKEL, S. (1994): Die Regulierung der Deregulierung. Zeitarbeit und Verbändestrategien in Frankreich und Deutschland

BOLLINGER, D.; CORNETZ, W.; PFAU-EFFINGER, B. (1991): "Atypische" Beschäftigung - Betriebliche Kalküle und Arbeitnehmerinteressen, S. 177-199, in: Semlinger, K. (Hrsg.): Flexibilisierung des Arbeitsmarktes, Frankfurt am Main

BROSE, H.-G.; SCHULZE-BÖING, M.; MEYER, W. (1990): Arbeit auf Zeit, Zur Karriere eines "neuen" Beschäftigungsverhältnisses, Opladen

BROSE, H.-G.; SCHULZE-BÖING, M.; WOHLRAB-SAHR, M. (1987): Konturen eines "neuen" Beschäftigungsverhältnisses, in: Soziale Welt, Heft 3

BUNDESANSTALT FÜR ARBEIT (Hrsg.) (1995): Arbeitsmarkt 1994

BUNDESANSTALT FÜR ARBEIT (Hrsg.) (1996): Arbeitsstatistik 1995 - Jahreszahlen

BUNDESANSTALT FÜR ARBEIT (Hrsg.) (1997): Arbeitsstatistik 1996 - Jahreszahlen

BUNDESMINISTERIUM FÜR WIRTSCHAFT (Hrsg.) (1997): Unternehmensgrößenstatistik 1997/98, Bonn

CASEY, B.; DRAGENDORF, R.; HEERING, W.; JOHN, G. (1989): Temporary employment in Great Britain and the Federal Republic of Germany. An overview, in: international labour review, Heft 4, S. 449-466

CLEMENS, R.; KOKALJ, L.; HAUSER, E. (1995): Bürokratie - ein Kostenfaktor, Schriften zur Mittelstandsforschung, Nr. 66 NF, Stuttgart

CORNETZ, W. (1988): Makroökonomische Bestimmungsgründe der Ausweitung der Grauzone, in: Mitteilungen aus der Zentralen wissenschaftlichen Einrichtung (ZWE) "Arbeit und Betrieb", Heft 20, Bremen, S. 32-53

DEUTSCHER BUNDESTAG (1992): Siebenter Bericht der Bundesregierung über Erfahrungen bei der Anwendung des Arbeitnehmerüberlassungsgesetzes - AÜG - sowie über die Auswirkungen des Gesetzes zur Bekämpfung der illegalen Beschäftigung - BillBG -, Bundestagsdrucksache 12/3180

DEUTSCHER BUNDESTAG (1996a): Entwurf eines Gesetzes zur Reform der Arbeitsförderung (Arbeitsförderungs-Reformgesetz-AFRG), Bundestagsdrucksache 13/4941

DEUTSCHER BUNDESTAG (1996b): Achter Bericht der Bundesregierung über Erfahrungen bei der Anwendung des Arbeitnehmerüberlassungsgesetzes - AÜG - sowie über die Auswirkungen des Gesetzes zur Bekämpfung der illegalen Beschäftigung - BillBG -, Bundestagsdrucksache 13/5498

DÖRSAM, P. (1997): Flexible Arbeitszeitgestaltung in mittelständischen Unternehmen, Schriften zur Mittelstandsforschung, Nr. 71 NF, Stuttgart

DÖRSAM, P.; ICKS, A. (1997): Vom Einzelunternehmen zum regionalen Netzwerk: Eine Option für mittelständische Unternehmen, Schriften zur Mittelstandsforschung, Nr. 75 NF, Stuttgart

DRAGENDORF, R.; HEERING, W.; JOHN, G. (1988): Beschäftigungsförderung durch Flexibilisierung? Dynamik befristeter Beschäftigungsverhältnisse in der Bundesrepublik Deutschland, Frankfurt am Main, New York

FEUERBORN, A. (1996): Gestaltungsmöglichkeiten des Einsatzes von Fremdfirmenarbeitnehmern, in: Wirtschaftsrechtliche Beratung, Heft 5, S. 198-201

FICKINGER, N. (1996): Mehr Chancen durch Zeitarbeit, in: Frankfurter Allgemeine Zeitung vom 6.11.96, S. 19

FRIEDRICH-EBERT-STIFTUNG (1996): Prekäre Beschäftigungsverhältnisse - Die Bundesrepublik Deutschland auf dem Weg in die Tagelöhnergesellschaft, "Wirtschaftspolitische Diskurse", Nr. 92, Leipzig

GERME, J.-F. (1982): Le Travail Temporaire, Paris

HANAU, P. (1997): Der Eingliederungsvertrag - Ein neues Instrument der Arbeitsförderung, in: Der Betrieb, Heft 25, S. 1278-1281

HANAU, P.; ADOMEIT, K. (1994): Arbeitsrecht, Neuwied, Kriftel, Berlin

HOYNINGEN-HUENE v. G. (1985): Subunternehmervertrag oder illegale Arbeitnehmerüberlassung?, in: Betriebs-Berater, Heft 25, S. 1669-1675

INSTITUT DER DEUTSCHEN WIRTSCHAFT (1998): Zeitarbeit - Brücke zum Arbeitsmarkt, in: Informationsdienst des Instituts der deutschen Wirtschaft, Nr. 4, S. 2

INSTITUT FÜR WIRTSCHAFT UND GESELLSCHAFT, IWG (1995): Die wirtschafts- und arbeitsmarktpolitische Bedeutung der Zeitarbeit, Bonn

KAYSER u.a. (1997): Möglichkeiten der Berücksichtigung mittelständischer Unternehmen im Rahmen der Tarifpolitik, Schriften zur Mittelstandsforschung, Nr. 72 NF, Stuttgart

KELLER, B. (1991): Einführung in die Arbeitspolitik, München, Wien

KELLER, B.; SEIFERT, H. (1995): Regulierung atypischer Beschäftigungsverhältnisse, in: Seifert, H. (Hrsg.): Atypische Beschäftigung: verbieten oder gestalten?, Köln

KOCK, K. (1989): Entwicklungstendenzen der zugelassenen Leiharbeit, in: Mitteilungen des Wirtschafts- und Sozialwissenschaftlichen Instituts des Deutschen Gewerkschaftsbundes, Heft 1, S. 24-32

KRONE, S. (1996): Die Kontrolle des Leiharbeitsmarktes, Pfaffenweiler 1996

LEIKEB u.a. (1995): Struktur des Stellenangebots nach Betriebsgrößen, Wirtschaftsbereichen und Qualifikationsgruppen, IAB-Kurzbericht, Nr. 11

LINNE, G.; VOSWINKEL, St. (1989): "Vielleicht ist ja noch alles offen". Eine empirische Untersuchung über befristete Arbeitsverhältnisse, Hamburg

MATTHIES, H. u.a. (1994): Arbeit 2000, Anforderungen an eine Neugestaltung der Arbeitswelt, Hamburg

NIEBLER, M.; BIEBL, J.; ULRICH, A. (1996): Arbeitnehmerüberlassungsgesetz, Ein Leitfaden für die betriebliche Praxis, Berlin

O.V. (1997a): Branche meldet Rekord bei Zeitarbeitern, in: Handelsblatt, Nr. 213, S. 7

O.V. (1997b): Manpower will 1500 neue Arbeitsplätze schaffen, in: Handelsblatt, Nr. 213, S. 20

PAQUÉ, K.-H. (1997): Es gibt keine Alternative zur Anpassung in Richtung mehr Flexibilität, in: Wirtschaftsdienst, Heft 4, S. 195-198

PFAU, B. (1988): Betrieb und Grauzone des Arbeitsmarktes, in: Mitteilungen aus der Zentralen wissenschaftlichen Einrichtung (ZWE): "Arbeit und Betrieb", Heft 20, S. 54-71

PLANDER, H. (1990): Flucht aus dem Normalarbeitsverhältnis: An den Betriebs- und Personalräten vorbei?, Rechtsgutachten für die Hans-Böckler-Stiftung, Baden-Baden

RIEDER (1997): Arbeitsrecht als Hindernis, in: Handelsblatt, Nr. 102, S. 5

RUDOLPH, R./ SCHRÖDER, E. (1997): Arbeitnehmerüberlassung: Trends und Einsatzlogik, in: Mitteilungen aus der Arbeitsmarkt- und Berufsforschung, Heft 1, S. 102-126

SANDMANN, G.; MARSCHALL, D. (1997): Arbeitnehmerüberlassungsgesetz-AÜG, Kommentar, Neuwied/ Kriftel/ Berlin

SCHÜREN (1994): Arbeitnehmerüberlassungsgesetz, München

SEMLINGER, K. (1991): Flexibilität und Autonomie - Zur Verteilung von Verhaltensspielräumen und Anpassungszwängen im Beschäftigungssystem, S. 17-38, in: Semlinger, K. (Hrsg.): Flexibilisierung des Arbeitsmarktes, Frankfurt am Main

STREECK, W. (1986): The Uncertainties of Management of Uncertainty, WZB-discussion paper, Berlin

VOSWINKEL, St. (1995): Die Regulierung der Leiharbeit. Zeitarbeit zwischen Arbeitsvermittlung und überbetrieblicher Beschäftigung, in: Seifert, H. (Hrsg.): Atypische Beschäftigung: verbieten oder gestalten?, Köln

WALTER, N.; SOLTWEDEL, R. (1984): Arbeitsmarkt und Zeitarbeit, Gutachten im Auftrag des Bundesverbandes Zeitarbeit e.V., Bonn

WALWEI, U. (1994): Ist die Arbeit zu teuer und inflexibel?, in: Landeszentrale für politische Bildung (Hrsg.), Standort Deutschland, Stuttgart/Berlin/Köln

WALWEI, U. (1995): Wachstum atypischer Beschäftigungsformen in EU-Ländern: Bestimmungsfaktoren und Effekte, in: Seifert, H. (Hrsg.): Atypische Beschäftigung: verbieten oder gestalten?, Köln

WEIGAND, H. (1997): Kleinbetriebe und Kündigungsschutz, in: Der Betrieb, Heft 49, S. 2484-2487

WEINKOPF, C.; KRONE, S. (1995): START Zeitarbeit, Sozialverträgliche Arbeitnehmerüberlassung als arbeitsmarktpolitisches Instrument, Köln

WIERLEMANN, F. (1995): Zeitarbeit in der Bundesrepublik Deutschland und den Niederlanden, Frankfurt am Main

WIMMERS, S.; WOLTER, H.-J. (1997): Situation und Perspektiven des industriellen Mittelstands in der Bundesrepublik Deutschland, Schriften zur Mittelstandsforschung, Nr. 77 NF, Stuttgart

ZACHERT, U. (1990): "Erosion des Normalarbeitsverhältnisses" in Europa, in: Betriebsberater, Heft 9, S. 565-568

Teil 2: Telearbeit und mittelständische Unternehmen

1. Einleitung

1.1 Problemstellung

Die Arbeitswelt erfährt durch den zunehmenden Einsatz moderner Informations- und Kommunikationstechnologien einen tiefgreifenden Strukturwandel. Die neuen Schlagworte heißen Dienstleistungsgesellschaft und Flexibilität, Liberalisierung und Individualität, Globalisierung und Dezentralisierung (WEIZSÄCKER V. 1997). Telearbeit gewinnt im Rahmen der Diskussion um die Flexibilisierung des Faktors Arbeit zunehmend an Bedeutung. Die neue Arbeitsform stellt zwei bislang eher unflexible Aspekte unserer Arbeitskultur und -organisation zur Disposition: Ort und Zeit, konstatieren die Autoren des neuesten Berichts an den Club of Rome (GIARINI/LIEDTKE 1998, S. 168).

Die Europäische Kommission zählt Telearbeit zu den wichtigsten Anwendungen im Rahmen der Informationsgesellschaft (EUROPÄISCHE KOMMISSION 1994) und auch die Bundesregierung sieht große Chancen dafür, daß Telearbeit und Telekooperation zu einer Flexibilisierung der Arbeitswelt beitragen (BMWI 1996, S. 11). Die Facetten der Telearbeitsdiskussion sind jedoch vielfältig: Während seitens der Telekommunikationsanbieter und einer Reihe von Unternehmensberatungen die Vorteile der innovativen Arbeitsform im Vordergrund der Betrachtungsweise stehen, befürchten Arbeitnehmervertretungen einen Rückgang der klassischen Arbeitsverhältnisse und eine Aufweichung des Arbeitsrechts. Ziel dieser Untersuchung ist es daher, Chancen und Risiken der Telearbeit auszuloten und insbesondere dem Aspekt ihrer Anwendbarkeit in mittelständischen Unternehmen, den wichtigsten Arbeitgebern unserer Volkswirtschaft, Aufmerksamkeit zu widmen.

Trotz der Fülle an Veröffentlichungen zum Thema Telearbeit blieben unternehmensgrößenspezifische Aspekte in der Literatur bislang weitestgehend unberücksichtigt. Bekannte Beispiele für Telearbeit finden sich vor allem in Großunternehmen wie IBM, Siemens oder BMW. Im Mittelstand vollzieht sich die Einführung von Telearbeit weniger öffentlichkeitswirksam, so daß sich die bisherigen Erkenntnisse vor allem auf die Situation großer Unternehmen beschränken. Die vorliegende Studie soll dazu beitragen, mittelstandsspezifische Besonderheiten, Motive, Chancen und Hemmnisse bei der Realisierung von Telearbeit aufzuzeigen.

1.2 Vorgehensweise

Ausgehend von einer Eingrenzung des Telearbeitsbegriffs werden in Kapitel 2 die verschiedenen Organisationsformen der Telearbeit und ihre personalpolitische Funktion dargestellt. Die betrieblichen Voraussetzungen für Telearbeit sowie Anwendungsmotive und Hemmnisse werden in Kapitel 3 unter unternehmensgrößenspezifischen Gesichtspunkten untersucht.

Möglichkeiten und Grenzen der Telearbeit müssen jedoch auch im Kontext rechtlicher Rahmenbedingungen gesehen werden, auf die in Kapitel 4 eingegangen wird. Daran anschließend folgt ein Überblick über Maßnahmen zur Förderung von Telearbeit auf Ebene der EU, des Bundes und der Länder (Kapitel 5).

Da sich im Laufe der Untersuchung herausstellte, daß die Zahl mittelständischer Unternehmen, die Telearbeit praktizieren, zu gering ist, um eine Erhebung sinnvoll erscheinen zu lassen, die einem Anspruch auf Repräsentativität gerecht würde, wurde ein anderer Ansatz gewählt, um die Telearbeitspraxis mittelständischer Unternehmen aufzuzeigen: Anhand einer synoptischen Darstellung aktueller empirischer Befunde zu Telearbeit werden im Rahmen einer vergleichenden Analyse übereinstimmende Tendenzen und heterogene Befunde zum Status Quo der Telearbeit diskutiert (Kapitel 6).

Die aktuelle Diskussion um die Telearbeit ist von hohen Erwartungen in Bezug auf ihre beschäftigungsfördernde Wirkung geprägt. In Kapitel 7 werden daher Faktoren, die die Schätzungen zum Beschäftigungspotential der Telearbeit entscheidend beeinflussen, analysiert, um eine realistische Einordnung der arbeitsmarktpolitischen Bedeutung der Telearbeit zu ermöglichen. Acht Fallstudien zu Telearbeit in mittelständischen Unternehmen ergänzen die Ergebnisse der vorliegenden Studie (Kapitel 8).

Abschließend werden Entwicklungsperspektiven der Telearbeit und die sich daraus ergebenden wirtschaftspolitischen Implikationen zusammenfassend dargestellt (Kapitel 9).

2. Definition

Unter Telearbeit versteht man jede auf Informations- und Kommunikationstechniken gestützte Tätigkeit, die räumlich entfernt vom Standort des Arbeit- oder Auftraggebers durchgeführt wird. In diesem Sinne ist Telearbeit als Oberbegriff zu verstehen, der ein breites Spektrum neuer und schon bestehender Arbeitsformen abdeckt. In der Literatur hat sich bis heute keine eindeutige Definition des Begriffs Telearbeit durchgesetzt. So versteht beispielsweise die Europäische Kommission unter Telearbeit

"... ein weites Spektrum an neuen Arbeitsformen, wobei jeweils die Telekommunikation als Werkzeug genutzt wird und die Arbeit zumindest zeitweise außerhalb der traditionellen Büroumgebung praktiziert wird." (EUROPÄISCHE KOMMISSION 1996a, S. 11)

Die Bundesregierung versteht unter Telearbeit

"...- jede auf Informations- und Kommunikationstechnologie gestützte Arbeit, einschließlich der Übertragung der Arbeitsergebnisse,

- die ausschließlich oder alternierend an einem räumlich außerhalb des Betriebes im herkömmlichen Sinne liegenden Arbeitsplatz (Nachbarschaftsbüro, Satellitenbüro, Privatwohnung, mobile Telearbeit) verrichtet wird,

- der mit der zentralen Betriebsstätte durch elektronische Kommunikationsmittel verbunden ist,

- sofern diese Tätigkeit nicht nur gelegentlich erfolgt." (BMWI 1996, S. 51)

Diese Definition stellt insofern eine engere Begriffsfassung dar, als sie gelegentliche Telearbeit ausschließt, während die Europäische Kommission keine zeitliche Einschränkung trifft.

IBM, einer der Vorreiter bei der Einführung von Telearbeit in Deutschland, faßt den Begriff noch enger. Die Charakteristika der Telearbeit im engeren Sinne sind dabei

" - Eine online-Verbindung, eine Televerbindung vom Arbeitsort mit den Zentralrechnern des Unternehmens mit Hilfe der Informations- und Kommunikationstechnik;

- die freie Wahl des Arbeitsortes;

- die freie Wahl bzw. Einteilung der Arbeitszeit;

- mindestens die Hälfte der Arbeitszeit wird nicht mehr an einem Schreibtisch im Unternehmen verbracht.

Im weiteren Sinne beinhaltet Telearbeit auch nur das zeitweise Arbeiten über Tele-Verbindungen von außerhalb des Unternehmens." (ZORN 1997, S. 173)

Diese Definition von Telearbeit im engeren Sinne impliziert im Unterschied zu der Definition der Bundesregierung schon ein bestimmtes Arbeitszeitkonzept, indem die freie Wahl der Arbeitszeit postuliert wird. Das schließt andere Arbeitszeitmodelle, bei denen die Leistung zu bestimmten festgelegten Zeiten erbracht werden soll, aus, obwohl gerade derartige Organisationsformen z.B. einen 24-Stunden-Service-Service ermöglichen.

Die Liste verschiedener Definitionen der Telearbeit könnte beliebig fortgesetzt werden. GODEHARDT (1994, S. 41) identifiziert in der Literatur über 50 unterschiedliche Definitionen für Telearbeit. Anhand der hier getroffenen Auswahl an Definitionen wird aber hinreichend deutlich, daß bei der kontrovers geführten Diskussion um die Vor- und Nachteile der Telearbeit keine einheitliche Diskussionsgrundlage zu erkennen ist. Das hat zur Folge, daß Angaben über die Anzahl der heute tätigen Telearbeiter und auch Schätzungen des arbeitsmarktpolitischen Potentials sehr stark differieren.

Übereinstimmung herrscht bei allen Definitionen dahingehend, daß die Nutzung von Informations- und Kommunikationstechniken konstituierendes Element der Telearbeit ist. Ferner beschreiben alle Definitionen gleichermaßen Telearbeit als eine Form der Dezentralisierung. Nicht einig sind sich die Autoren hingegen über den Ort der Leistungserbringung. So charakterisiert sich Telearbeit in der Definition von IBM über die freie Wahl des Arbeitsortes. Insbesondere bei mobiler Telearbeit im Kundendienst, Vertrieb oder auf Baustellen kann aber nicht von einer freien Wahl des Arbeitsortes ausgegangen werden. Um verschiedene mobile Formen der Telearbeit nicht auszuschließen, ist daher eine Definition vorzuziehen, die den Ort der Arbeitserbringung nicht konkretisiert, andererseits aber die dezentrale Arbeitsweise beschreibt, wie die Definition der Bundesregierung ("...räumlich außerhalb des Betriebes im herkömmlichen Sinne liegenden Arbeitsplatz"). Mißverständlich erscheint dagegen die Formulierung der Bundesregierung "mit der zentralen Betriebsstätte durch elektronische Kommunikationsmittel verbunden", da nicht deutlich wird, ob damit off-line-Tätigkeiten ausgeschlossen werden. So geht IBM z.B. explizit von einer online-Verbindung aus. Telearbeit kann aber auch ohne eine permanente Verbindung zur Firmenzentrale erbracht werden, unter Umständen ist das off-line-Verfahren aus Kosten- oder Datenschutzgründen sogar vorteilhafter. Eine umfassende Definition sollte daher eine Formulierung wie "eine permanente oder zeitweise bestehende Telekommunikationsverbindung zum Arbeits- oder Auftraggeber" beinhalten.

Telearbeit erleichtert oder macht es vielfach erst möglich, verschiedene Arbeitszeitmodelle in die Praxis umzusetzen. Eine differenzierte Darstellung verschiedener Flexibilisierungsansätze ist aber nur dann möglich, wenn nicht von vornherein bestimmte Arbeitszeitmodelle ausgeschlossen werden. Eine Festlegung auf eine Formulierung wie "die freie Wahl bzw. Einteilung der Arbeitszeit", wie sie IBM trifft, ist daher nicht geeignet, das Flexibilisierungspotential der Telearbeit zu erfassen, da sie einseitig auf die Zeitsouveränität des Arbeitnehmers zielt und die Unternehmensseite unberücksichtigt läßt. Entscheidend ist dagegen der Verweis auf die Regelmäßigkeit der Tätigkeit. Die Begriffsfassung auch auf gelegentliches berufliches Arbeiten am Laptop oder heimischen PC auszuweiten ist nicht sinnvoll, da durch derartige Tätigkeiten weder Betriebs- oder Unternehmensstrukturen berührt werden, noch sind sie statistisch erfaßbar.

Strittig ist auch, was im einzelnen unter Informations- und Kommunikationstechniken zu verstehen ist. Bei einer Ausweitung des Begriffs auch auf Funkverbindungen zu einer Firmenzentrale würden z.B. auch Taxifahrer zu den Telearbeitern zählen, da eine permanente Telekommunikationsverbindung zu ihrem Auftraggeber besteht. Da eine derartig weite Begriffsauslegung zu Verzerrungen im Hinblick auf Zahlenangaben und einem sich eventuell daraus ergebenden Handlungsbedarf führt, sollte unter technischen Gesichtspunkten eine Eingrenzung von Telearbeit auf Bildschirmtätigkeiten vorgenommen werden.

Relevant für diese Untersuchung ist letztendlich eine Definition, die sich an betrieblichen und organisatorischen Aspekten orientiert. Die Definition muß genügend Spielraum bieten, alle Facetten der Telearbeit miteinzubeziehen, andererseits den Begriff soweit eingrenzen, daß wenig sinnvolle Auslegungen ausgeschlossen sind.

Im weiteren wird daher Telearbeit

- als Oberbegriff für verschiedene Organisationsformen dezentraler oder teilweise dezentraler Bildschirmarbeit verstanden,
- bei der zur Leistungserstellung Informations- und Kommunikationstechniken genutzt werden und
- eine permanente oder zeitlich begrenzte Telekommunikationsverbindung zum Arbeit- oder Auftraggeber besteht,
- sofern diese Tätigkeit nicht nur gelegentlich erfolgt.

2.1 Formen der Telearbeit

Die Voraussetzungen für die Einführung dezentraler Arbeitsformen haben sich durch die technische Entwicklung wesentlich verbessert. Zunehmend wird die herkömmliche Arbeitsorganisation im Betrieb um individuell gestaltete Arbeitsformen wie z.B. alternierende Telearbeit erweitert. Während die Diskussion der achtziger Jahre sich in erster Linie auf den Telearbeiter konzentrierte, der von zu Hause aus isoliert ausschließlich Daten- und Textverarbeitungstätigkeiten verrichtete, haben sich mittlerweile sehr verschiedene Formen der Telearbeit entwickelt. Das Spektrum der Telearbeitsanwendungen reicht von der Arbeit zu Hause bzw. in Wohnortnähe über die Kooperation verschiedener Partner in befristeten Projekten bis hin zu virtuellen Unternehmen.

Die verschiedenen Formen der Telearbeit lassen sich nach zeitlichen, technischen, organisatorischen, arbeitsrechtlichen und räumlichen Aspekten differenzieren.

Übersicht 1: Formen der Telearbeit

zeitlich	permanent, isoliert / alternierend
technisch	online / off-line
organisatorisch	individuell / kollektiv
arbeitsrechtlich	Arbeitnehmer/ Heimarbeiter und dem Heimarbeiter Gleichgestellter /arbeitnehmerähnlicher freier Mitarbeiter / echter freier Mitarbeiter und Selbständiger
räumlich	Privatwohnung / Satellitenbüro / Nachbarschaftsbüro /Telecenter / Telehäuser / Teleservicecenter / mobileTelearbeit / off-shore-Telearbeit

© IfM Bonn

- **Zeitliche Charakteristika**

In der Literatur besteht weitgehend Konsens darüber, daß von Telearbeit nur dann gesprochen werden kann, wenn die dezentrale Bildschirmarbeit regelmäßig, d.h. nicht nur gelegentlich, ausgeübt wird. Dies setzt jedoch keine permanente Abwesenheit von der Betriebsstätte voraus. Vielmehr wird begrifflich unterschieden zwischen isolierter und alternierender Telearbeit.

Synonym für "isolierte Telearbeit" werden "ausschließliche Telearbeit" und "Teleheimarbeit" verwendet, wobei "Teleheimarbeit" eine juristische Präjudizierung beinhaltet, da die Bezeichnung eine Anwendung des Heimarbeitsgesetzes (HAG) indiziert (WEDDE 1994, S. 22). Sie erscheint daher weniger geeignet, den Sachverhalt isolierter Telearbeit zu beschreiben. Bei isolierter Telearbeit leistet der Beschäftigte die gesamte Arbeit von einem dezentralen Bildschirmarbeitsplatz aus, meist seiner Privatwohnung, verfügt also nicht über einen Arbeitsplatz im Betrieb des Arbeitgebers. Der Kontakt zu seinem Arbeit- oder Auftraggeber besteht ausschließlich über Telefon und elektronische Medien. Zwar bietet diese Form der Telearbeit gerade Personen, die aus unterschiedlichen Gründen über eine eingeschränkte Mobilität verfügen (z.B. Behinderte, Strafgefangene, Mütter mit Kleinkindern) neue Chancen, aber die Gefahr sozialer Isolation ist besonders groß.

Bei alternierender Telearbeit arbeitet der Beschäftigte zeitweise an einem dezentralen Arbeitsplatz, erbringt aber einen Teil der Arbeit auch im Betrieb und kann so den Kontakt zu Kollegen und Vorgesetzten aufrecht erhalten. Dabei ist es unwesentlich, in welchem zeitlichen Umfang Aufgaben dezentral erledigt werden, die Form der Zusammenarbeit kann individuell definiert werden. Die Aufteilung zwischen betrieblicher und außerbetrieblicher Arbeit kann tage- oder stundenweise festgelegt sein oder aber flexibel erfolgen.

- **Technische Charakteristika**

Telearbeit kann sowohl online, als auch off-line verrichtet werden. Online bedeutet, daß der Arbeitsplatz permanent mit dem Zentralcomputer des Auftraggebers vernetzt ist, so daß der Telearbeiter jederzeit auf Daten der Firma zurückgreifen kann und eine direkte Dialogmöglichkeit besteht.

Bei einem off-line-Verfahren ist der Zugriff auf die betrieblichen Datenverarbeitungssysteme dagegen eingeschränkt. Die notwendigen Daten werden entweder auf externen Datenträgern wie z.B. Disketten gespeichert und per Post versandt, oder elektronisch übertragen, beispielsweise über eine nur für den Zeitraum der Datenübertragung bestehende ISDN-Verbindung mit dem zentralen Firmenrechner oder eine Mobilfunkverbindung.

- **Organisatorische Charakteristika**

Die Differenzierung nach organisatorischen Aspekten setzt an den Arbeits- und Prozeßabläufen an. Telearbeit kann individuell oder kollektiv geleistet werden[1]. Derzeit wird Telearbeit vom Arbeitsablauf meist noch individuell organisiert, da kollektive Organisationsformen zwar technisch möglich sind, aber einen wesentlich höheren technischen Aufwand erfordern. Voraussetzung für individuell organisierte Arbeitsabläufe ist ein hinreichendes Maß an Arbeitsteilung. Geeignet sind besonders Tätigkeiten, die einen hohen Grad an zeitlicher und inhaltlicher Autonomie zulassen. Die Übergänge von individueller Arbeit zu kollektiven Organisationsformen sind fließend. So hat ein Telearbeiter über eine online-Verbindung eine permanente Dialogmöglichkeit mit seinen Kollegen oder Vorgesetzten, Dokumente können zur Abstimmung hin- und hergeschickt werden, so daß im weitesten Sinne schon von einer kollektiven Zusammenarbeit gesprochen werden kann. Technisch ist es heute aber auch möglich, simultan an einem Text- oder Grafikprogramm oder einer CAD-Anwendung zu arbeiten. So können sich mehrere Mitarbeiter gleichzeitig von verschiedenen Standorten aus an einem Projekt beteiligen. Gemeinsames verteiltes Arbeiten in einer Gruppe (collaborative work) ist auch mit Hilfe von Audio- und Videokonferenztechniken möglich. Weltweit ergeben sich so Kooperationsmöglichkeiten mit verschiedenen Partnern. Im industriellen Bereich findet kollektiv organisierte Telearbeit z.B. Anwendung in der Fernwartung. Zur Schadensbegutachtung können Fachleute zugeschaltet oder Reparaturhilfe per Videoübertragung geleistet werden. Andere Anwendungsbereiche sind Telemedizin oder Teleteaching.

- **Arbeitsrechtliche Charakteristika**

Grundsätzlich besteht hinsichtlich der vertraglichen Gestaltung des Arbeitsverhältnisses Vertragsfreiheit. Ausschlaggebend für die rechtliche Qualifikation des Telearbeiters ist aber die konkrete Ausgestaltung des Beschäftigungsverhältnisses. Da die juristischen Rahmenbedingungen der Telearbeit in Kapitel 4

---

1   Auch GODEHARDT (1994, S. 41) differenziert zwischen individuell und kollektiv organisierter Telearbeit, jedoch nach räumlich-organisatorischen Kriterien. Unter "kollektiv" werden dort Satelliten- und Nachbarschaftsbüros verstanden.

ausführlich erörtert werden, erfolgt hier nur eine systematische Abgrenzung der einzelnen individualrechtlichen Formen:

Der Telearbeiter kann den Status eines Arbeitnehmers, eines Heimarbeiters bzw. dem Heimarbeiter Gleichgestellten oder der eines freien Mitarbeiters bzw. selbständigen Unternehmers innehaben.

Derzeit nehmen Verträge, denen ein Arbeitnehmerstatus zugrundeliegt, den weitaus größten Teil der Rechtsbeziehungen zwischen Auftraggeber und Telearbeiter ein. In zunehmendem Maße sind Telearbeiter aber auch als freie Mitarbeiter oder Selbständige auf Basis eines Dienst- oder Werkvertrages tätig. Rechtsgrundlage für Telearbeit im Rahmen eines Arbeitsverhältnisses ist das Arbeits- und Sozialrecht mit den entsprechenden bindenden Vorschriften und Absicherungen. Telearbeit in Form von Heimarbeit ist an das Heimarbeitsgesetz (HAG) gebunden. Allerdings sind an den Status des Heimarbeiters spezielle Voraussetzungen geknüpft, sodaß das HAG für Telearbeiter verhältnismäßig selten zur Anwendung kommt. Soweit Telearbeit von Selbständigen oder freien Mitarbeitern geleistet wird, unterliegt die Gestaltung der Rechtsbeziehung den privatrechtlichen Vorschriften des Dienst- oder Werkvertrages.

Schwierigkeiten können sich bei der Abgrenzung Selbständiger und arbeitnehmerähnlicher Personen ergeben. Unter den Begriff der arbeitnehmerähnlichen Personen fallen die Beschäftigten, die zwar persönlich unabhängig, aber wirtschaftlich abhängig von ihrem Auftraggeber sind. Auf die komplexe Problematik der sogenannten Scheinselbständigkeit wird in Kapitel 4.1.1.4 eingegangen.

- **Räumliche Charakteristika**

Mit Telearbeit wird wohl am häufigsten das Arbeiten am PC in der Privatwohnung des Beschäftigten assoziert, andere Formen außerbetrieblicher Arbeitsplätze sind weniger bekannt. So wurden Satelliten- oder Nachbarschaftsbüros in Deutschland bisher vorwiegend in Pilotprojekten umgesetzt. Während diese Form der Telearbeit sich in den USA und Großbritannien durchaus etabliert hat, ist sie in Deutschland noch wenig verbreitet. Satellitenbüros sind ausgelagerte Zweigstellen eines Unternehmens, die zumeist in Wohnortnähe liegen. Die Telekommunikationsinfrastruktur steht dort mehreren Mitarbeitern einer Firma zur Verfügung. So können ganze Funktionsbereiche oder Abteilungen eines Unternehmens an kostengünstigere Standorte ausgelagert werden, ohne daß die Gefahr der sozialen Isolation der Mitarbeiter besteht. In Nachbarschaftsbüros teilen sich Mitarbeiter verschiedener Unternehmen einen Bürokomplex. Die Infrastruktur des Nachbarschaftsbüros wird gemeinsam genutzt. Eine Variante der Nachbarschaftsbüros sind die sogenannten Telecenter bzw. Telehäuser. In Deutschland wurden Telehäuser bisher vor allem im Rahmen der Förderung strukturschwacher Regionen eingerichtet. Die mit modernsten Telekommunikationseinrichtungen und -anschlüssen ausgestatteten Büroeinheiten können von Unternehmen gemietet werden. Sofern die öffentlichen oder privaten Träger der Telehäuser auch personelle Kapazitäten anbieten, wie z.B. Sekretariats-, Telefon-, oder Übersetzungsdienstleistungen, spricht man von einem Teleservicecenter[2]. Im Gegensatz zu Nachbarschaftsbüros ist in Satellitenbüros der enge Kontakt zur Konkurrenz ausgeschlossen.

Mobile Telearbeit wird vielfach schon praktiziert, ohne daß sich die Beteiligten bewußt als Telearbeiter wahrnehmen. Mobile Telearbeit ist ortsungebundene Arbeit, bei der mit Hilfe mobiler I&K-Techniken von jedem beliebigen Ort aus die Verbindung zu einer Zentrale für den Informationsaustausch hergestellt werden kann. Typische Einsatzfelder für mobile Telearbeit sind Kundenservice, Beratung und Vertrieb. Mobile Telearbeit stellt keine neue Arbeitsform dar, sondern zeichnet sich durch technische Unterstützung und damit qualitative Verbesserung schon bestehender Tätigkeiten aus. Die organisatorische Umstellung in Service und Vertrieb ist daher vergleichsweise unproblematisch, da Außendienstmitarbeiter ohnehin ein hohes Maß an Eigenständigkeit und Autonomie gewohnt sind.

In diesem Zusammenhang sei auch auf die off-shore Telearbeit hingewiesen, die zwar hinsichtlich ihrer Organisationsform keine neue Art der Telearbeit darstellt, aber im Zuge der internationalen Globalisierung sehr an Bedeutung gewinnt. Unter off-shore Telearbeit versteht man Telearbeit, die von Personen außerhalb der nationalen Grenzen ausgeführt wird. Bisher wird off-shore Telearbeit eher von großen Firmen in Anspruch genommen, da eine permanente online-Verbindung innerhalb eines firmeninternen Netzes (Token Ring LAN) mit hohem technischen und damit auch finanziellen Aufwand verbunden ist. So läßt z.B. die Lufthansa AG die Erfassung und Korrektur von Verkaufsabrechnungen sowie damit verbundene Prüfaufgaben von einer indischen Firma erledigen, deren Arbeitsplätze an das Rechenzentrum der Lufthansa Systems GmbH in Kelsterbach bei Frankfurt angebunden sind (HANSMANN/BREIT-

---

[2] In der Literatur werden die Begriffe Telecenter, Telehaus, Teleservicecenter sowie Telezentrum oftmals auch synonym verwendet.

BACH, 1996). Kostengünstiger ist grenzüberschreitende Telearbeit im off-line-Verfahren, bei der eine Verbindung nur für die Übertragung der Arbeitsergebnisse hergestellt wird. Inwieweit off-shore Telearbeit für mittelständische Unternehmen von Bedeutung ist, hängt in erster Linie von der Entwicklung der Telekommunikationskosten ab.

Jede konkrete Form der Telearbeit deckt jeweils eine der Ausprägungen der fünf charakterischen Merkmale ab. Grundsätzlich ist jede Kombination der einzelnen Ausprägungen denkbar. Die Gestaltung der Telearbeit kann also an die spezifischen Anforderungen unterschiedlicher Situationen oder Arbeitsaufgaben angepaßt werden. In der Praxis werden bisher aber nur einige bestimmte Kombinationen angewandt:

So dominieren heute alternierende Formen der Telearbeit. Telearbeit wird vor allem off-line praktiziert, das heißt in der Regel wird eine Verbindung mit der Betriebszentrale nur für die Übertragung der Arbeitsergebnisse hergestellt. Die Organisation der Telearbeit ist in erster Linie individuell, kollektive Formen werden wegen des höheren technischen Aufwandes eher selten und vor allem von großen Unternehmen wie z.B. BMW, MAN Roland oder Siemens realisiert. Die große Mehrheit der Telearbeiter sind festangestellte Beschäftigte mit Arbeitnehmerstatus. Während aber die Zahl der selbständigen Telearbeiter steigt, fällt Telearbeit auf Grundlage des HAG kaum ins Gewicht. Telearbeit wird heute vor allem von der Privatwohnung aus oder als mobile Telearbeit praktiziert. Satellitenbüros, Nachbarschaftsbüros oder Telecenter spielen derzeit noch eine untergeordnete Rolle.

Ziel der Studie ist es, ausgehend von den verschiedenen Ausprägungen, den potentiellen Gestaltungsspielraum von Telearbeit aufzuzeigen.

2.2 Telearbeit als Flexibilisierungsinstrument

Vor dem Hintergrund intensivierter Wettbewerbsbedingungen, neuer Technologien, innovativer Organisations- und Produktionskonzepte sowie rasch wechselnder Marktanforderungen gewinnen betriebliche Strategien personalpolitischer Flexibilisierung an Bedeutung. Ziel personalpolitischer Flexibilisierungsstrategien ist die optimale Anpassung des Arbeitsvolumens an quantitative oder qualitative Veränderungen der Nachfrage. In Abhängigkeit von den Unternehmenszielen können dem Einsatz von Telearbeit unterschiedliche Flexibilisierungsstrategien zugrundeliegen. Derzeit dient Telearbeit hauptsächlich als internes Flexibilisierungsinstrument, das ein optimales Management der betriebsinternen Humanressourcen unterstützt. Im Zuge rasch wechselnder Marktanforderungen wird Telearbeit aber auch als Option zur Externalisierung von Kapazitätsreserven gesehen.

2.2.1 Telearbeit als internes Flexibilisierungsinstrument

Bei einer internen Flexibilisierung bleibt das bestehende Arbeitsverhältnis in seinem Bestand unangetastet. Gestaltungsparameter sind daher Arbeitszeit und Ort der Leistungserstellung sowie die technische und organisatorische Ausgestaltung, nicht aber der arbeitsrechtliche Status des abhängig Beschäftigten. Telearbeit eignet sich in besonderer Weise für verschiedene Formen flexibler Arbeitszeitgestaltung, da verschiedene Arbeitszeitmodelle bei Telearbeit einfacher in die Praxis umzusetzen sind als bei Tätigkeiten im Betrieb. Die Fortschritte in der Informations- und Kommunikationstechnologie erlauben eine an den konkreten Bedarf angepaßte Gestaltung der Arbeitszeit auch unabhängig von den Betriebszeiten. So ist Telearbeit zum Beispiel besonders relevant für Tätigkeiten zu Tagesrandzeiten oder nachts, was gerade für internationale Geschäftsbeziehungen von Bedeutung ist. Auch Aufgaben mit nicht eindeutig definierten Arbeitszeiten wie Rufbereitschaften eignen sich besonders für Telearbeit, da im Bedarfsfall Mitarbeiter ohne lange Anfahrtszeiten sofort verfügbar sind. Bei Beschäftigten im Bereitschaftsdienst besteht daher auch eine hohe Akzeptanz für die neue Arbeitsform Telearbeit (WEDDE 1994, S. 35).

Die technischen Möglichkeiten der I&K-Technologien erleichtern den bedarfsorientierten Einsatz der Mitarbeiter in unterschiedlichen Bereichen des Unternehmens. Telearbeit bietet besonders gute Voraussetzungen für einen vielfältigen Einsatz der Mitarbeiter in verschiedenen Projekten, da mit Hilfe von PC, Modem, Telefon und Faxgerät unabhängig vom Arbeitsort mit wechselnden Teampartnern kommuniziert werden kann. Unterstützt durch Telearbeitsanwendungen kann die Direktkommunikation mit Mitarbeitern des Betriebes, aber auch mit Kunden oder Zulieferern die Beweglichkeit und Reaktionsfähigkeit des Unternehmens am Markt verbessern.

2.2.2 Telearbeit als externes Flexibilisierungsinstrument

Unter externer Flexibilisierung versteht man die bedarfsorientierte Variation der Beschäftigtenzahl. Bestimmte Mitarbeiter werden nur bei Bedarf in die eigene Organisation integriert. Die Anpassungsleistung kann dabei nach dem "hire and fire"- Prinzip oder durch Entlassungen und Rückrufe, dem aus den USA bekannten sog. layoff & recall vollzogen werden. Da das Kündigungsschutzgesetz nunmehr seit Oktober 1996[3] erst für Betriebe mit mehr als zehn Beschäftigten gilt, zudem betriebliche Kündigungen mit zunehmender Betriebsgröße die Mitbestimmung des Betriebsrates erfordern, sind externe Beschäftigungsanpassungen mit steigender Betriebsgröße nur eingeschränkt möglich. D.h. für kleine Unternehmen ist institutionell bedingt die projektbezogene Kontrahierung und Entlassung von Telearbeitern einfacher als für Großunternehmen. In der überdurchschnittlich häufigen Anwendung externer Beschäftigungsanpassungen durch kleine Unternehmen[4] spiegelt sich vor allem aber auch ein Mangel an internen Flexibilisierungsalternativen wider (DÖRSAM 1996, S. 36). Große Unternehmen sind i.d.R. eher in der Lage, auf interne Anpassungsmodi, wie z.B. innerbetriebliche Umsetzungsmöglichkeiten, auszuweichen. Erheblich erleichtert werden Formen der externen Beschäftigungsanpassung durch das im September 1996 verabschiedete Beschäftigungsförderungsgesetz. Durch die Vereinfachungen beim Abschluß befristeter Arbeitsverträge sollen, so die Intention des Gesetzgebers, Arbeitgeber dazu ermutigt werden, auch in wirtschaftlich unsicheren Zeiten zusätzliches Personal einzustellen.

Neben der Anpassung der Beschäftigtenzahl gewinnt mit den wachsenden Möglichkeiten telematikgestützter Kooperationsprozesse das Konzept des Outsourcing an Bedeutung. Beim Outsourcing werden bisher unternehmensintegrierte Funktionen in andere Unternehmen auf der Basis von Dienst- oder Werkverträgen ausgelagert. Die Anpassung an Auftragsschwankungen erfolgt also durch eine Verringerung der Leistungstiefe, so daß das Unternehmen sich auf seine Kernkompetenzen konzentrieren kann. Die zunehmende de-facto-Standardisierung der elektronischen Medien erleichtert einen an den Arbeitsanfall angepaßten Einsatz außerbetrieblicher Telearbeiter. In Phasen schwacher Auftragslage sind die betrieblichen Personalressourcen voll ausgelastet, während bei Kapazitätsengpässen Aufträge an Subunternehmer oder selbständige Telearbeiter vergeben werden.

---

[3] Durch die Änderung der Kleinbetriebsklausel des §23 Kündigungsschutzgesetz (KSchG) finden die Vorschriften des KschG nur Anwendung bei Betrieben mit mehr als 10 Beschäftigten, vorher galten die Vorschriften für Betriebe ab 6 Beschäftigten (vgl. auch o.V. 1997a, S. 2439 f.)
[4] Zwischen 1975 und 1990 waren nach Auswertungen von MAVROMARAS und RUDOLPH (1995, S. 171 ff.) etwa 12 % aller begonnenen Beschäftigungsverhältnisse Recalls, wobei mittelständische Unternehmen für fast drei Viertel der Rückrufe verantwortlich zeichneten.

2.2.3 Telekooperation und virtuelle Unternehmensstrukturen

Eng in Zusammenhang mit dem Konzept des Outsourcing steht der Gedanke der zwischenbetrieblichen Kooperation. In der Zusammenarbeit kleiner und mittlerer Unternehmen wird nicht nur ein wichtiges Mittel zur Steigerung der Leistungs- und Wettbewerbsfähigkeit gesehen, sondern auch ein "Instrument zur Sicherung und Fortentwicklung wettbewerblicher Marktstrukturen" (BMWI 1976, S. 5). Die Entwicklung in der Informations- und Kommunikationstechnologie eröffnet neue Möglichkeiten der Unternehmenskooperation, bei der die Standortgebundenheit und Räumlichkeit der Organisation an Bedeutung verliert (GRIESE 1992, S. 162-175).

Abbildung 1: Systematisierung von Arbeitsabläufen anhand der Dimensionen Raum und Zeit

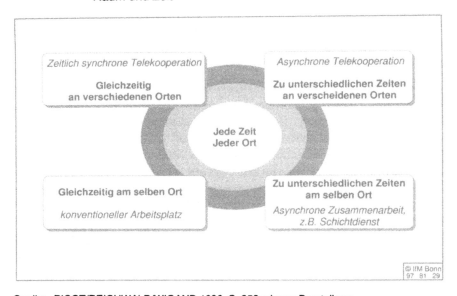

Quelle: PICOT/REICHWALD/WIGAND 1996, S. 358; eigene Darstellung

Unter Telekooperation als Verallgemeinerung des Begriffes Telearbeit wird die telematikgestützte Zusammenarbeit von Individuen und Institutionen verstanden (HOFMANN/KLÄGER 1996). Telekooperation beschreibt einen Arbeitsprozeß, bei dem mehrere Personen räumlich getrennt und ggf. auch zeitlich versetzt voneinander gemeinsam eine Aufgabe bearbeiten. Im Vordergrund steht dabei der Aspekt des Zusammenarbeitens auf Distanz. Durch neue Funktionen wie "Application Sharing" und Videokonferenztechnik kann die Interaktion der Beteiligten fast so integriert werden, als ob sie physisch am selben Ort anwesend wären.

Die Übergänge von Telearbeit über Telekooperation bis zu virtuellen Unternehmensstrukturen sind fließend (vgl. auch Kap. 2.2). So versteht man unter "virtuellen Unternehmen" die mediale Inszenierung von Arbeits- und Geschäftsbeziehungen auf der Basis intensiver Telekooperation. Die Arbeitsergebnisse eines virtuellen Unternehmens werden im digitalen Medium präsentiert, alle Beteiligten, d.h. Mitarbeiter, Kunden, Lieferanten und sonstige Partner, agieren im digitalen Netz. REISS (1996, S. 13) beschreibt virtuelle Organisationen als "netzförmige, informationstechnisch unterstützte Formen der zeitlich befristeten Kooperation zwischen mehreren rechtlich selbständigen Firmen und Personen zur Erfüllung konkreter Kundenaufträge". Dies erlaubt die flexible Kombination von Kernkompetenzen und verspricht im Vergleich zu herkömmlicher Telefon-, Papier- und Reisewirtschaft große Effizienzvorteile (HOFMANN/KLÄGER 1996).

Die projektbezogene und insofern zeitlich befristete Verknüpfung potentieller Partner für jede spezifische Aufgabenstellung führt dazu, daß die Organisation in Teilen oder als Ganzes flüchtig sein kann, sich also nach einer Problemlösung wieder auflöst (PICOT/REICHWALD/WIGAND 1996, S. 356). Andere Autoren sprechen auch vom "Chamäleoncharakter" virtueller Unternehmensstrukturen (HOFMANN/KLÄGER 1996). Virtuelle Organisationsformen sprengen klassische Unternehmensgrenzen in räumlicher, zeitlicher und rechtlicher Hinsicht. Im Extrem bilden sie einen Gegenpol zu Unternehmensformen mit eigentumsmäßig und vertragsmäßig klar definierten Grenzen, einer stabilen Standortbindung, einer dauerhaften Ressourcenzuordnung und geregelten Ablaufstrukturen (PICOT/REICHWALD/WIGAND 1996, S. 357).

3. Telearbeit in kleinen und mittleren Unternehmen

3.1 Anwendungsbereiche für Telearbeit

Unabhängig von den konkreten betrieblichen Voraussetzungen soll hier zunächst analysiert werden, welche Tätigkeiten prinzipiell für Telearbeit in Frage kommen. Die grundsätzliche Frage lautet daher: "Was bindet die Durchführung von Tätigkeiten an den Standort des Betriebes?" (WELSCH 1996, S. 16)

Prinzipiell eignen sich für Telearbeit alle informationsbezogenen Tätigkeiten, soweit sie elektronisch speicher- oder abrufbar sind (RIEKER 1995, S. 206). Wurden bisher im Zusammenhang mit Telearbeit in erster Linie Text- und Datenerfassungstätigkeiten assoziiert, so hat sich, bedingt durch die fortschreitende Entwicklung im Bereich der I&K-Techniken, das Spektrum der Tätigkeiten, die sich für Telearbeit eignen, erheblich erweitert.

In zunehmendem Maße bleibt Telearbeit nicht mehr auf Sachbearbeitungstätigkeiten wie Dokumentenerstellung, -bearbeitung und -verwaltung beschränkt. Vielmehr ist eine Entwicklung von einfachen Schreibarbeitstätigkeiten zu anspruchsvollen Managementaufgaben wie Konzepterstellung oder Vor- und Nachbereitung von Meetings bei der Anwendung von Telearbeit zu beobachten. Auch juristische Tätigkeiten, Redigieren, journalistisches Arbeiten oder Konstruktionsarbeiten eignen sich für Telearbeit.

Entscheidend ist dabei vor allem, daß Telearbeit nicht mehr ausschließlich in isolierter Form ausgeübt wird, sondern daß die variablen Einsatzmöglichkeiten es erlauben, auch nur einen Teil der Aufgaben dezentral zu erledigen. Bei alternierenden Formen der Telearbeit können die Arbeitszeiten und die Aufteilung in betriebliche und außerbetriebliche Tätigkeiten an die Erfordernisse der zu leistenden Aufgaben angepaßt werden.

Die für Telearbeit geeigneten Tätigkeiten lassen sich in zwei Bereiche gliedern:

Zum einen können durch die Einführung von Telearbeit traditionell im Betrieb angesiedelte Funktionsbereiche flexibler gestaltet werden. Dabei geht es weniger um die Schaffung neuer Arbeitsplätze, als vielmehr um einen Substitutionsprozeß, bei dem schon bestehende Arbeitsplätze in Telearbeitsplätze umgewandelt werden. In reinen Produktionsbetrieben sind es vor allem Tätigkeiten in Verwaltung und Vertrieb, die teilweise oder vollständig in Form von Telearbeit geleistet werden können.

Übersicht 2: Traditionelle Aufgaben, die sich für Telearbeit eignen:

Text- und Datenerfassung / Buchhaltung / Auftragsabwicklung / Abrechnungswesen / Kostenermittlung/betriebliche Kalkulation / Datenbankaktualisierung / Finanz- und Rechnungswesen / Bilanzierung / Telefonmarketing / Auftragsannahme / Kundenservice / Akquisition / Telefon-Hotline / Finanzberatung / Wirtschaftsprüfung / Betriebsprüfung / Analyse und Aufbereitung von Arbeitsergebnissen / Auswertung von Datenbeständen / Konzepterstellung / Vor- und Nachbereitung von Konferenzen und Besprechungen (Meetings)

© IfM Bonn

Zum anderen entstehen insbesondere im Dienstleistungssektor neue Berufsfelder, die originär mit I&K-Technologien in Zusammenhang stehen. Dazu gehören alle Aufgaben, die direkt mit der Entwicklung, Beratung, Installation und Wartung von Computertechnik zu tun haben, aber auch der gesamte Bereich mediengestützter Dienstleistungen.

Übersicht 3: Multimedia-Dienstleistungen, die sich für Telearbeit eignen

Programmieren / Software-Entwicklung / Anwendungsentwicklung / technischer Service / Soft- und Hardwareberatung und -Installation / Steuerung und Wartung von technischen Einrichtungen wie Rechenzentren / Konstruktion (CAD) / Werbung im Internet / Photobearbeitung / Texterstellung / Layouterstellung / Videobearbeitung / Soundgestaltung / Design / Internetrecherche / Übersetzen / Informations- und Auskunftsdienste

© IfM Bonn

Anders als bei den traditionellen Aufgabenfeldern sind hier positive Beschäftigungseffekte zu erwarten, da ein steigender Bedarf an Informations- und Telekommunikationstechnik(IT)-Fachkräften zu beobachten ist. Zusätzliche Telearbeitsplätze können dabei sowohl in neugegründeten Dienstleistungsunternehmen entstehen, als auch in bestehenden Unternehmen, die innovative Dienstleistungen im Informationssektor anbieten. Den veränderten Bedürfnissen des Arbeitsmarktes wurde auch von den Tarifpartnern und dem Bundesinstitut für Berufsbildung Rechnung getragen, indem sie 1997 vier neue Ausbildungsprofile im IT-Bereich[5] erarbeiteten.

Neueren Berechnungen des Instituts für Arbeitsmarkt und Berufsforschung (IAB) zufolge sind gegenwärtig rund 50 % aller Erwerbstätigen in Deutschland Berufen mit schwerpunktmäßig informationsbezogener Tätigkeit zuzuordnen (BMWI 1996, S. 17). Allein aufgrund der Tatsache, daß sich informationsbezogene Tätigkeiten grundsätzlich für Telearbeit eignen, lassen sich jedoch keine Prognosen über die arbeitsmarktpolitischen Effekte durch Telearbeit treffen

---

5 IT-Systemelektroniker/-innen, Fachinformatiker/-innen, IT-System-Kaufleute, Informatik-kaufleute (ROGGE-STRANG 1997)

(vgl. Kap. 7). Festzuhalten ist vielmehr, daß Telearbeit keine eigenständige Tätigkeit, Telearbeiter zu sein kein Beruf ist. Telearbeit ist eine besondere Art und Weise, einen erlernten Beruf räumlich getrennt vom Betrieb bei zeitlicher Flexibilität mit den Mitteln moderner I&K-Technik auszuüben (DOSTAL 1996b, S. 117).

3.2 Das Anforderungsprofil der Telearbeit

Unterschiedliche Tätigkeiten bedeuten auch bei Telearbeit sehr unterschiedliche Qualifikationen und Anforderungen. Ebenso erfordern die verschiedenen Organisations- und Vertragsformen der Telearbeit unterschiedliche Maßnahmen der Arbeitsgestaltung. Dennoch lassen sich wesentliche gemeinsame Grundzüge erkennen. Im folgenden sollen daher die entscheidenden betrieblich-organisatorischen Voraussetzungen für jede Art der Telearbeit aufgezeigt werden:

- **Ein hinreichendes Maß an Arbeitsteilung**

Telearbeit beruht auf dem Grundsatz, daß die Tätigkeiten, die konzentrierte Einzelarbeit mit oder ohne Computer oder Telefon erfordern, an einem beliebigen Arbeitsort stattfinden können. Entscheidend ist dabei, ob die dazwischen unverzichtbaren persönlichen (Face-to-Face-) Kontakte sich so planen und bündeln lassen, daß ausreichend lange Phasen ausschließlicher Einzelarbeit entstehen (GLASER 1996, S. 117).

- **Kontrolle nach Zielvorgaben, Management by Objectives**

Telearbeit erfordert ergebnisorientierte Führungsstrukturen, da sie traditionelle Anwesenheitskontrollen ausschließt. Bei der Beurteilung der Arbeitsleistung tritt daher das Arbeitsergebnis zu Lasten des Arbeitsprozesses in den Vordergrund. Dieses sog. Management-by-Objectives muß notwendigerweise mit Erfolgs- und Zielvereinbarungen einhergehen. Aufgrund der rechtlichen Unzulässigkeit anonymer elektronischer Leistungskontrollen und den Schwierigkeiten bei der Bewertung komplexer Tätigkeiten beschränkt sich die Leistungsbewertung bei Telearbeit auf Arbeitszeit- und Ergebnisberichte des Arbeitnehmers.[6] Wesentliche Voraussetzung für Telearbeit ist insofern eine Vertrauensbasis zwischen Unternehmensführung und Mitarbeiter.

- **Eignung der Mitarbeiter für Telearbeit**

Nicht jeder Mitarbeiter ist für Telearbeit geeignet. Neben dem vertrauten Umgang mit I&K-Techniken muß der Mitarbeiter über soziale Eigenschaften wie Eigeninitiative, Disziplin und Vertrauenswürdigkeit verfügen. Bewährte Mitarbeiter, die die Arbeitsabläufe und Usancen im Betrieb gut kennen, sind eher für Telearbeit geeignet als "Newcomer", da Akzeptanz und Vertrauen der Kollegen und Vorgesetzten schon vorhanden sind. Für Arbeitnehmer ist häufig der Wunsch, mehr Zeit mit der Familie zu verbringen, eine hohe Motivation für Telearbeit. Kinderbetreung "nebenher" ist jedoch unrealistisch, qualifiziertes Arbeiten "mit dem Baby auf dem Schoß" nicht möglich. Bei der Auswahl der geeigneten Mitarbeiter sollte daher die Frage der Kinderbetreuung vorab geklärt werden.

- **Kommunikationsinfrastruktur**

Technische Grundvoraussetzung für den Einsatz von Telearbeit ist eine gut entwickelte zeitgemäße I&K-Technik. Es ist sinnvoll, vor der Einführung von Telearbeit eine Bedarfsanalyse der Kommunikationsinfrastruktur zu erstellen. Die technischen Voraussetzungen für Telearbeit - PC oder Laptop, Modem, Übertragungssoftware und (Mobil-) Telefon - stellen heute grundsätzlich kein Problem mehr dar. Wesentlich ist jedoch, alle Beteiligten in geeigneter Weise so zu qualifizieren, daß die Geschäftsabläufe auch dezentral reibungslos funktionieren. GLASER (1996, S. 118) betont, daß es für das Unternehmen wesentlich kostspieliger ist, wenn die Telearbeiter monatelang mit unzureichend beherrschter Software arbeiten und die technischen Möglichkeiten der Telefonanlage oder Probleme der Hardware ("Toner auswechseln") nicht kennen, als Qualifizierungsmaßnahmen oder Übungszeiten zu finanzieren.

- **Arbeitsplatzbeschreibungen**

Um Telearbeit erfolgreich zu implementieren, müssen im Vorfeld Arbeitsplatzbeschreibungen erarbeitet werden, in denen die Verantwortlichkeiten und Zu-

---

[6] Gute Voraussetzungen für eine regelmäßige Kontrolle, die allen Beteiligten gerecht wird, bietet auch das Regulativ eines als Profit Center arbeitenden Teams (WELING 1995, S. 41).

ständigkeiten klar geregelt sind. Kleine und mittlere Unternehmen sind dabei häufig auf externe Beratung angewiesen, da sie i.d.R. nicht über Fachkräfte mit entsprechenden juristischen und technischen Detailkenntnissen verfügen. Inzwischen gibt es auch eine Reihe von Handlungsanleitungen, Handbüchern und Beratungsinstitutionen, die Hilfestellung bei der Einführung von Telearbeit bieten.[7]

Abgesehen von rechtlichen und formalen Anforderungen sollten alle wichtigen Entscheidungsträger und betroffenen Mitarbeiter frühzeitig in den Planungsprozeß miteinbezogen werden, um die Akzeptanz für Telearbeit zu erhöhen und die spezifischen Erfordernisse zu erkennen.

Eine Analyse des Anforderungsprofils der Telearbeit anhand charakteristischer Merkmale kleiner und mittlerer Unternehmen im Vergleich zu Großunternehmen zeigt, daß die Voraussetzungen für Telearbeit in mittelständischen Unternehmen nicht per se schlechter sind als in Großunternehmen. Die typischerweise mit kleinen und mittleren Unternehmen in Verbindung gebrachten Merkmale wie starke persönliche Bindungen, kurze Informationswege, ein geringer Formalisierungsgrad und hohe Flexibilität sind für Telearbeit vorteilhaft. Schlechtere Voraussetzungen haben kleine und mittlere Unternehmen hingegen in Bezug auf den Grad der Arbeitsteilung, der in Großunternehmen charakteristischerweise höher ist. Ob ein Unternehmen Telearbeit realisiert, hängt letztlich entscheidend von der betrieblichen Prioritätensetzung, den strategischen Zielen und dem Führungsstil der Geschäftsleitung ab. In den beiden folgenden Kapiteln sollen daher Anwendungsmotive und Hemmnisse unter unternehmensgrößenspezifischen Gesichtspunkten untersucht werden.

---

[7] So z.B. GODEHARDT/WORCH/FÖRSTER, "Teleworking. So verwirklichen Unternehmen das Büro der Zukunft", Verlag moderne industrie, Landsberg/Lech, 1997 (mit Musterverträgen), KORDEY/KORTE, "Telearbeit erfolgreich realisieren: Das umfassende, aktuelle Handbuch für Entscheidungsträger und Projektverantwortliche", Vieweg, 1996. Insbesondere hingewiesen sei hier auch auf das "Online-Forum-Telearbeit", ein auf zwei Jahre befristetes Beratungsprojekt der Deutschen Postgewerkschaft in Zusammenarbeit mit der HBV und der IG Medien, unterstützt durch das Bundesministerium für Bildung, Wissenschaft, Forschung und Technologie und der Deutschen Telekom AG. Interessenten werden telefonisch auch bei komplexeren Fragen zu Telearbeit beraten (0180 - 5 24 56 78).

Abbildung 2: Größenspezifische Vor- und Nachteile bei der Anwendung von Telearbeit

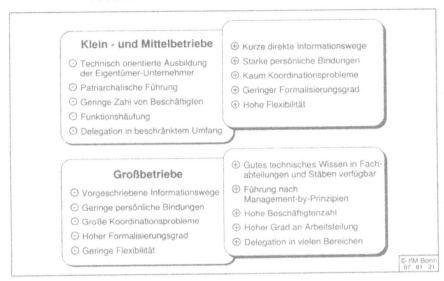

Quelle: PFOHL 1997, S. 19 ff., eigene Darstellung

3.3 Anwendungsmotive zur Nutzung von Telearbeit

Im Zuge eines fortschreitenden Strukturwandels hin zur Informations- und Dienstleistungsgesellschaft sind gerade kleine und mittlere Unternehmen einem immer höheren Konkurrenzdruck ausgesetzt. Dies erfordert eine ständige Anpassung an die Erfordernisse immer schneller und vielfältiger werdender ökonomischer Prozesse. Innovative Organisationsformen wie Telearbeit können dabei ein Mittel sein, flexibler und kostengünstiger zu agieren.

In arbeitsmarktrelevanten Größenordnungen wird Telearbeit in Deutschland bisher nur von großen Unternehmen geplant. Die Motive zur Einführung von Telearbeit sowie deren Vor- und Nachteile sind in zahlreichen Literaturbeiträgen und Studien ausführlich dokumentiert worden (u.a. GODEHARDT 1994, TH DARMSTADT 1995 sowie KORDEY/KORTE 1996b). Unternehmensgrößenspezifische Aspekte blieben im Rahmen der Diskussion um die Telearbeit jedoch bislang weitgehend unberücksichtigt. In vielen Literaturbeiträgen werden der Telearbeit pauschal bestimmte Vorteile zugeschrieben, die jedoch so nicht automatisch vorhanden sind oder zumindest nicht mit jeder Form der Telearbeit gleichermaßen einhergehen. Anwendungsmotive und Vorteile der

Telearbeit können daher nicht isoliert betrachtet werden. Erst aus dem Zusammenhang zwischen Organisationsform, Branche und Unternehmensgröße ergibt sich ein konkretes unternehmensbezogenes Nutzenprofil der Telearbeit. Typische Anwendungsmotive der Telearbeit sollen daher im folgenden unter unternehmensgrößenspezifischen Gesichtspunkten analysiert werden.

Die in der Literatur am häufigsten genannten Vorteile der Telearbeit lassen sich in drei Themenkomplexen zusammenfassen, auf die im folgenden näher eingegangen werden soll:

- Optimierung der Personalpolitik
- Kostenreduktion
- Steigerung der Flexibilität

3.2.1 Optimierung der Personalpolitik

Kleine und mittlere Unternehmen werden in besonderem Maße von dem Problem schwankender Auftragsvolumina getroffen (HAMEL 1997, S. 247). Insbesondere in Dienstleistungsunternehmen, bei denen keine Möglichkeit des Schwankungsausgleichs durch Produktion auf Lager gegeben ist, schlagen Auftragsschwankungen direkt auf die Beschäftigung durch. Flexibilität auch auf personalpolitischer Ebene wird daher zu einem strategischen Erfolgsfaktor für Mittel- und Kleinbetriebe. Telearbeit bietet aufgrund der vielfältigen Ausgestaltungsmöglichkeiten Ansätze, den größenbedingten Problemen kleiner und mittlerer Unternehmen im Personalbereich zu begegnen.

Durch die per definitionem vergleichsweise kleine Personalkapazität erhält der persönliche Beitrag des einzelnen Mitarbeiters mehr Gewicht und hat somit einen größeren Einfluß auf das Gesamtergebnis als in großen Unternehmen. Die starke Personenbezogenheit der Aufgaben führt dazu, daß das Fehlen eines Mitarbeiters größere Störungen im Betriebsablauf bewirken kann als in Großbetrieben. Kleinen und mittleren Unternehmen fällt es in der Regel auch schwerer als Großunternehmen, personelle Ausfälle durch Schwangerschaften oder Erziehungsurlaub zu kompensieren (ICKS 1997, S.31). Aufgrund der spezifischen Personalstruktur mittelständischer Unternehmen kommt daher der Personalerhaltung eine besonders hohe Bedeutung zu. Durch die Möglichkeit der Telearbeit können dem Unternehmen erfahrene Mitarbeiter erhalten bleiben, die sonst aus persönlichen Gründen wie z.B. Umzug oder Mutterschaft, die Berufstätigkeit aufgeben bzw. kündigen müßten (GODEHARDT 1994, S. 189).

Für Arbeitnehmer ist Telearbeit vor allem deshalb attraktiv, weil sich bei Telearbeit berufliche und private Interessen potentiell besser verknüpfen lassen als bei ständiger Präsenz am Firmenstandort. Viele Formen der Telearbeit bieten ein erhöhtes Maß an persönlicher Freiheit, da der Arbeitsrhythmus dem individuellen Tagesrhythmus angepaßt werden kann. Die Gestaltung der Arbeitsabläufe ist weitgehend frei, was konzentrierteres Arbeiten ermöglicht und so die Qualität der Arbeitsleistung verbessert, da die individuellen Leistungshochs effizienter genutzt werden können. Hinzu kommt die Zeitersparnis durch den Wegfall des Pendelverkehrs bei Telearbeit zu Hause oder durch kürzere Anfahrtswege bei Telearbeit in wohnortnahen Telezentren. Besonders für Frauen wird Telearbeit häufig als optimale Arbeitsform dargestellt, da sie eine bessere Vereinbarkeit von Familie und Beruf verspricht. Während des Erziehungsurlaubs bleibt die Arbeitnehmerin in den Arbeitsprozess eingebunden. Besonders in qualifizierten oder technologieorientierten Berufsfeldern führt ein Ausstieg aus dem Beruf für drei Jahre oder länger häufig dazu, daß die fachliche Weiterentwicklung kaum nachzuholen ist. Durch Telearbeit werden kostenintensive Wiedereingliederungsmaßnahmen nach dem Erziehungsurlaub überflüssig. Die Weiterbeschäftigung der Mitarbeiterin als Telearbeiterin stellt für das Unternehmen zudem eine Alternative zur aufwendigen Beschaffung und Einarbeitung einer Vertretung dar.

Aus Unternehmensperspektive sprechen neben dem Gesichtspunkt der Amortisation aufwendiger Humankapitalinvestitionen vor allem zwei weitere Aspekte dafür, auf gewandelte Mitarbeiteransprüche einzugehen:

(1) Angesichts der größenbedingten Schwierigkeiten, ihren Bedarf an qualifizierten Fachkräften zu decken, liegt es besonders im Interesse von kleinen und mittleren Unternehmen, die kostspielige Personalfluktuation möglichst gering zu halten.

(2) Mitarbeiter, denen erweiterte Freiräume in Bezug auf die Arbeitszeit und den Arbeitsort zugestanden werden, sind stärker motiviert und arbeiten produktiver und effizienter (GODEHARDT 1996, S. 18). Eine höhere Arbeitszufriedenheit steigert zudem die Bereitschaft, auf betriebliche Zeitengpässe Rücksicht zu nehmen (DÖRSAM 1996a, S. 34). Die bisherigen Erfahrungen mit Telearbeit haben gezeigt, daß der Krankenstand unter Telearbeitern deutlich geringer war, als unter den in der Firmenzentrale tätigen Mitarbeitern (BMWI/BMA 1996a, S. 35).

Bei der Rekrutierung neuer Mitarbeiter sind mittelständische Unternehmen normalerweise auf die Region angewiesen, in der sie agieren, was den Kreis potentieller Bewerber nachhaltig einschränkt (HAMEL 1997, S. 239). Zudem können kleine und mittlere Unternehmen in der Regel nur in sehr geringem Maße auf interne Rekrutierungen zurückgreifen und sind daher stärker als große Unternehmen auf das Angebot des externen Arbeitsmarktes angewiesen. Trotz des derzeitigen Überangebotes auf dem Arbeitsmarkt klagen mittelständische Unternehmen, keine geeigneten qualifizierten Fachkräfte zu finden (KAYSER et al. 1997, S. 114).[8] Da Mitarbeiter von kleinen und mittleren Unternehmen nur in sehr eingegrenztem Umfang Aufstiegsmöglichkeiten haben, häufig auch die monetären Leistungen insbesondere im Bereich der freiwilligen Sozialleistungen hinter denen in großen Unternehmen zurückstehen, müssen die Unternehmen zusätzliche Anreize schaffen, um als Arbeitgeber mit großen Unternehmen konkurrieren zu können. Ein Unternehmen, das seinen Mitarbeitern die Option der Telearbeit bietet, wird auch als potentieller Arbeitgeber attraktiver und gerade mittelständische Unternehmen können so ihre Position als Nachfrager qualifizierter Fachkräfte auf dem Arbeitsmarkt verbessern. Da die Leistungserbringung des Telearbeiters nicht an den Standort des Unternehmens gebunden ist, beschränken sich die Rekrutierungsmöglichkeiten auch nicht mehr nur auf die Region. Telearbeit bietet die Möglichkeit, auch standortferne Kompetenzträger auf Zeit oder langfristig in das Unternehmen zu integrieren.

3.2.2 Kostensenkungspotentiale

Die Einführung von Telearbeit wird, wie andere strategische Unternehmensentscheidungen, in hohem Maße von Wirtschaftlichkeitsüberlegungen bestimmt. Es ist zu vermuten, daß Telearbeit erst dann in breitem Rahmen realisiert werden wird, wenn die Kosten der dezentralen Arbeitsform gleich oder geringer sind als die Arbeitskosten bei konventionellen Büroarbeitsplätzen. Neben den personalpolitischen Vorteilen wird aber gerade das Kostensenkungspotential der Telearbeit von vielen Autoren als einer ihrer herausragenden Vorteile in den Vordergrund gestellt. Einsparungen können sich bei Raum-, Miet- und Arbeitsplatzkosten ergeben, ebenso im Bereich der Personalkosten und durch einen höheren Auslastungsgrad der betriebseigenen

---

[8] So nannte in dieser Studie des IfM jedes dritte Unternehmen den Mangel an qualifizierten Fachkräften einen einstellungshemmenden Faktor. Besonders betroffen waren davon Unternehmen mit 10 bis 19 Beschäftigten.

EDV. Diesen Einsparungen stehen jedoch zusätzliche Kosten für die Ausstattung des home-office bzw. des Satellitenbüros oder Miete für das Nachbarschaftsbüro entgegen. In das Kostenkalkül müssen auch die hinzukommenden Telekommunikationsgebühren miteinbezogen werden. Wie hoch das Nettoeinsparpotential durch die Einführung von Telearbeitsplätzen tatsächlich ist, läßt sich jedoch auch mit Hilfe von Kosten-Nutzen-Analysen für jedes einzelne Unternehmen nur bis zu einem gewissen Grade ermitteln. Insbesondere die Produktivitätszuwächse unterliegen dabei weitgehend subjektiven Schätzungen. Größen wie Mitarbeiterzufriedenheit sind nicht quantifizierbar. Bei einer umfassenden Wirtschaftlichkeitsanalyse müssen also neben monetär bewertbaren Kostenfaktoren auch Nutzenfaktoren qualitativer Natur mit berücksichtigt werden.

Die Höhe der Kostenreduzierung ist zudem abhängig von der Organisationsform der Telearbeit. Dies soll im folgenden anhand der einzelnen Kostenarten, bei denen es durch die Einführung von Telearbeit zu Veränderungen kommt, deutlich gemacht werden.

- **Raum-, Miet- und Arbeitsplatzkosten**

Durch die Einführung von Telearbeit lassen sich Mieten für Büroräume einsparen, die besonders in zentralen Lagen häufig sehr hoch sind. Expandierenden Unternehmen bietet sich durch Telearbeit eine Alternative zur Anmietung neuer Büroräume oder zum Neubau eigener Bürogebäude. Das Einsparpotential ist jedoch bei den einzelnen Arten der Telearbeit sehr verschieden. Während bei isolierter Telearbeit ganz auf ein Büro in der Firmenzentrale verzichtet werden kann, kommt es bei der alternierenden Telearbeit kaum zu Einsparungen von Büroraum, da die Mitarbeiter einen oder mehrere Tage in der Woche in der Firmenzentrale präsent sind. Eine deutliche Reduzierung der Kosten ist bei alternierenden und mobilen Formen der Telearbeit nur dann zu erwarten, wenn der Mitarbeiter seinen ursprünglichen Arbeitsplatz in der Firmenzentrale nicht weiterhin exklusiv für sich behält, sondern dieser mehreren Personen zur Verfügung steht. Durch dieses sogenannte Desk-Sharing kann auf der einen Seite der Auslastungsgrad der Büroräume erhöht werden, es erfordert andererseits aber auch einen höheren Organisationsaufwand, da abgesprochen werden muß, wann welcher Mitarbeiter in der Firmenzentrale arbeitet. Die angestrebte Zeitsouveränität der Mitarbeiter wird dadurch deutlich eingeschränkt. In Satelliten- und Nachbarschaftsbüros sind die Anforderungen an die Arbeitsplatzausstattung weitgehend mit denen in der Firmenzentrale vergleichbar, so daß keine Einsparungen zu erwarten sind. Die Nutzung von Satelliten- und Nachbarschaftsbüros kann sich jedoch dann als sinnvoll erweisen, wenn sich ihr Standort in regionalen Randlagen befindet, die ein weitaus geringeres Mietpreisniveau aufweisen als Ballungsgebiete.

Die Reduzierung von Büroraumkosten ist letzlich auch vom rechtlichen Status des Mitarbeiters abhängig. Ist der Telearbeiter Arbeitnehmer des Unternehmens, so sind die Kosten für die Ausstattung des Telearbeitsplatzes vom Arbeitgeber zu tragen (OTTEN 1996, S. 329). In der Regel beteiligt sich der Arbeitgeber auch an den laufenden Kosten, indem dem Arbeitnehmer eine monatliche pauschale Aufwandsentschädigung für Miete, Strom und sonstige Betriebskosten gezahlt wird. Wird Telearbeit dagegen als externe Dienstleistung von Selbständigen oder von anderen Unternehmen erbracht, so entfallen Raum-, Miet- und Arbeitsplatzkosten als einzelner Kostenfaktor für den Auftraggeber.

- **Personalkosten**

Der arbeitsrechtliche Status des Telearbeiters ist auch für das Personalkostensenkungspotential von entscheidender Bedeutung. Sofern der Mitarbeiter weiterhin in einem Arbeitsverhältnis steht, ändern sich die fixen Personalkosten nicht. Anders ist die Situation, wenn Telearbeit in Form von Heimarbeit, von freien Mitarbeitern oder von Selbständigen erbracht wird. Heimarbeiter haben zwar Anspruch auf Leistungen wie Feiertagsvergütungen und bezahlten Urlaub (gemäß §§ 1 und 2 Entgeltfortzahlungsgesetz sowie § 12 Ziff. 1 Bundesurlaubsgesetz), jedoch nicht auf Lohnfortzahlung im Krankheitsfall (FENSKI 1994, S. 101). Für Teleheimarbeiter ist aber vom Arbeitgeber nach § 10 Entgeltfortzahlungsgesetz ein Zuschlag zum Arbeitsentgelt zur Schaffung von Rücklagen zu zahlen. Sozialversicherungsrechtlich sind Heimarbeiter den Arbeitnehmern gleichgestellt (vgl. § 12 Abs. 2 Sozialgesetzbuch IV), so daß sich hier keine Einsparungen ergeben. Telearbeit von freien Mitarbeitern oder Selbständigen ist nicht sozialversicherungspflichtig, d.h. für den Arbeits- bzw. Auftraggeber sind diese Vertragsformen unter Kostengesichtspunkten am attraktivsten, da die Lohnnebenkosten entfallen. Die Modifizierungsmöglichkeiten bestehender Angestelltenverhältnisse sind jedoch durch das arbeitsrechtliche Regelwerk stark eingeschränkt (vgl. Kap. 4).[9]

---

[9] Vor diesem Hintergrund sind Argumente wie "Telearbeit (biete) Möglichkeiten, den Personalabbau sozialverträglich zu gestalten, beispielsweise durch Fördermaßnahmen

Da Telearbeit nicht an den Standort des Unternehmens gebunden ist, bieten sich jedoch Einsparungsmöglichkeiten, wenn das Unternehmen regional bedingte Unterschiede im Lohn- und Gehaltsniveau nutzen kann. Der Arbeitsmarkt in strukturschwachen Gebieten ist überwiegend durch ein niedrigeres Lohnniveau gekennzeichnet (GODEHARDT 1994, S. 166) und kann daher für ein Unternehmen zur überregionalen Personalrekrutierung auch finanziell interessant sein. Bei größeren Entfernungen zum Unternehmensstandort fällt dann jedoch die Möglichkeit der alternierenden Telearbeit fort.

Darüber hinaus führt die Vernetzung zu einer Internationalisierung von bedeutenden Teilen des Arbeitsmarktes. Informationsbezogene Dienstleistungen können z.B. auch in Länder mit hohem Ausbildungsstand und geringen Lohnkosten verlagert werden. Die Globalisierung des Arbeitsmarktes durch die Informationstechnologie führt dazu, daß auch geistige Wertschöpfung und Personalkosten nach internationalen Maßstäben beurteilt werden (WELING 1995, S. 41).

Einen wichtigen Anteil der Personalkosten machen neben der Grundvergütung der Arbeitnehmer zusätzliche Leistungen wie Überstunden-, Fahrt- und Nachtdienstzuschläge sowie Sonn- und Feiertagszulagen aus. Inwieweit es durch den Einsatz von Telearbeit zu Einsparungen von Zuschlägen kommt, hängt entscheidend von der gleichzeitigen Anwendung flexibler Arbeitszeitmodelle ab. Eine kostengünstigere Gestaltung der Arbeitszeitstruktur läßt sich beispielsweise durch eine verbesserte Anpassung des Arbeitseinsatzes an Produktionsschwankungen, durch Reduktion von Fehl- und Leerlaufzeiten oder die Umwandlung von Überstunden und Samstagsarbeit in Normalarbeitszeit erzielen, wie es im Rahmen von Jahresarbeitszeitmodellen zum Teil möglich ist (DÖRSAM 1996a, S. 41).

Sofern dem Telearbeiter eine hohe Zeitsouveränität zugestanden wird, ist es hinsichtlich der Entlohnung irrelevant, wann die Arbeit erbracht wird. Auch wenn der Mitarbeiter es vorzieht, abends, nachts oder am Wochenende zu arbeiten, hat dies keine finanziellen Konsequenzen für den Arbeitgeber. Werden die Arbeitszeiten dagegen vom Arbeitgeber genau vorgegeben, sind bei diesen betriebsbestimmten Abweichungen von der Normalarbeitszeit auch bei Telear-

---

beim Übergang in die Selbständigkeit als Telearbeiter", besonders kritisch zu beurteilen (FALCK 1997, S. 13). DOSTAL (1997) betont, daß die für die Unternehmen finanziell besonders attraktiven Gestaltungsformen mit freien Mitarbeitern i.d.R. rechtlich nicht stabil und deshalb nicht in großem Umfang realisierbar sind.

beit die gesetzlich bzw. tariflich oder einzelvertraglich festgelegten Zuschläge zu leisten (NEBENDAHL 1997, S. 3).[10]

Eine deutliche Reduzierung der Kosten ergibt sich für den Arbeitgeber in erster Linie durch Zeiteinsparungen und der damit verbundenen Effizienzsteigerung bei mobiler Telearbeit und bei Telearbeit im Bereitschaftsdienst. Mitarbeiter im technischen Kundendienst, im Service- oder Wartungsbereich, die viele direkte Kundenkontakte haben, können durch Telearbeit die Fahrzeiten stark reduzieren, wenn sie nicht in den Betrieb fahren müssen, um Arbeitsergebnisse abzuliefern oder neue Anweisungen entgegenzunehmen, sondern direkt von einem Kunden zum anderen oder nach Hause fahren. Soweit die Fahrzeiten der Arbeitszeit zugerechnet werden, ist Telearbeit daher für den Arbeitgeber kostengünstiger. Fahrgeld, Spesen und Schichtzulagen reduzieren sich auch bei Bereitschaftsdiensten, da die Mitarbeiter z.B. Störungen in Rechnersystemen von zu Hause aus per Fernwartung regulieren können und so die Dienstzeit verkürzt wird.

Bei einer Wirtschaftlichkeitsanalyse müssen im Bereich der Personalkosten zusätzliche Kosten für Mitarbeiterschulungen und ein zumindest in der Einführungsphase erhöhter Kontrollaufwand mitberücksichtigt werden. Nicht zuletzt stellt auch die Betreuung und Wartung der Hard-und Software an den dezentralen Arbeitsplätzen der Telearbeiter einen wesentlichen zusätzlichen Kostenfaktor dar.

- **Kosten der Technik**

Neben den Kosten für die Ausstattung des Telearbeitsplatzes mit Hard- und Software stellen die Telekommunikationsgebühren einen wichtigen Faktor der Wirtschaftlichkeitsbetrachtung dar. Seit Beginn des Jahres 1998 ist der Markt für Telekommunikationsdienste liberalisiert, so daß mit einer Senkung der derzeitigen Kosten zu rechnen ist. Die Entwicklung der Preis- und Angebotsstruktur von Telekommunikationsdiensten ist jedoch schwer zu prognostizieren. Eine ähnliche Entwicklung zeichnet sich im Hard- und Softwaresektor ab. Inso-

---

10 Ein gesetzlicher Anspruch besteht nur auf Nachtzulagen gemäß § 6 Satz 5 Arbeitszeitgesetz (ArbZG), Überstundenzuschläge sind gesetzlich nur für Azubis vorgeschrieben (§ 10 Satz 3 Berufsbildungsgesetz (BBiG)). Vgl. auch beispielhaft den Tarifvertrag der Deutschen Telekom AG und der Deutschen Postgewerkschaft, 1995, Abschnitt 5: "Zuschläge für Arbeitsleistungen zu ungünstigen Zeiten werden nur dann entsprechend den tarifvertraglichen Regelungen gezahlt, wenn die den Anspruch begründenden Zeiten betriebsbestimmt waren."

fern wird die Einrichtung eines Telearbeitsplatzes immer kostengünstiger bzw. können bei gleichen Kosten die Arbeitsplätze technisch aufwendiger ausgestattet werden (ZVEI/VDMA 1995, S. 45).

In zahlreichen Literaturbeiträgen und Handbüchern sind die Kosten für die technischen Komponenten eines Telearbeitsplatzes detailliert beschrieben (u.a. ZVEI/VDMA 1995, S. 39 ff., GODEHARDT 1994, S. 165 ff.), daher sollen im folgenden die Investitionskosten und laufenden Kosten eines Telearbeitsplatzes nur knapp skizziert werden. ZVEI/VDMA zufolge ist bei der Einrichtung eines Telearbeitsplatzes je nach Ausstattung mit Investitionskosten zwischen 6.000 DM und 25.000 DM und durchschnittlichen Telekommunikationskosten von 300 DM pro Monat zu rechnen (ZVEI/VDMA 1995, S. 25 ff.). Nach Angaben des Fraunhofer Instituts für Arbeitswirtschaft und Organisation liegen die durchschnittlichen Kosten für die Ausstattung eines Telearbeitsplatzes zwischen 10.000 und 20.000 DM. Für die Telekommunikationskosten seien monatlich im Durchschnitt zwischen 100 und 1.000 DM anzusetzen (KERN 1995, S. 18). Während die Allianz Lebensversicherung AG aufgrund ihrer Erfahrungen mit Telearbeit von monatlich 350 DM an zusätzlichen Kosten berichten (PÖLTZ 1996), entstehen nach den Erfahrungen der LVM-Versicherungen keine zusätzlichen Kosten durch die Einrichtung eines Telearbeitsplatzes (SCHMIDT 1996). Damit wird deutlich, daß die Kosten der Technik nur im dezidierten Einzelfall präzise errechnet werden können.

Die technische Ausgestaltung des Telearbeitsplatzes und somit auch die damit verbundenen Kosten werden weitgehend von der Art der ausgeübten Tätigkeit determiniert.

Die kostengünstigste Variante ist Telearbeit im off-line-Verfahren, bei der die Arbeitsergebnisse auf externen Datenträgern gespeichert und per Post versandt oder über eine nur für den Zeitraum der Datenübertragung bestehende elektronische Verbindung an den Empfänger übertragen werden. Um eine ständige Kommunikationsmöglichkeit mit dem Telearbeiter zu haben, ist eine on-line-Verbindung notwendig, bei der die Übertragungskosten die laufenden Kosten eines Telearbeitsplatzes maßgeblich bestimmen. Mobile Telearbeitsanwendungen sind technisch verhältnismäßig aufwendig und in der Regel teurer als stationäre Telearbeitsplätze.

Abbildung 3: Die derzeit am meisten verwendete Technik an Telearbeitsplätzen

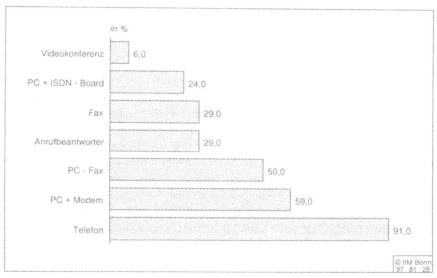

Quelle: KERN 1995, S. 18

3.2.3 Steigerung der Flexibilität

Telearbeit gewinnt aber auch dort an Bedeutung, wo zunehmend unternehmensstrategische Ziele für das Erreichen von Wettbewerbsvorteilen eine Rolle spielen. Zu diesen unternehmensstrategischen Zielen zählen größere Markt- und Kundennähe, Verbesserung von Service und Wartungsleistungen sowie Steigerung der Produktionsflexibilität und der Innovationsfähigkeit (SCHULZ/ STAIGER 1993, S. 103), die im internationalen Wettbewerb, bei kürzeren Produktlebenszyklen und der Individualisierung der Produkte immer bedeutender werden.

Das Konzept der Telearbeit steht dabei im Kontext unterschiedlicher Multimediaanwendungen, die von I&K-gestützter Zusammenarbeit einzelner Abteilungen im Betrieb bis hin zu Unternehmenskooperationen reichen. Viele der in der Literatur genannten marktstrategischen Vorteile durch Telearbeit sind weniger auf die Organisationsform Telearbeit zurückzuführen, als vielmehr auf die fortschreitenden technischen Möglichkeiten im Bereich der Telekommunikation im allgemeinen. Das heißt, die häufig angeführten Vorteile multimedialer Anwendungen bei Telearbeit können auch im Rahmen einer herkömmlichen Tätigkeit in der Unternehmenszentrale genutzt werden. So kann ein Unternehmen z.B. seine Präsenz als Anbieter durch einen Internetauftritt überregional ausweiten, der Mitarbeiter, der die Angebote aktualisiert, arbeitet jedoch weiterhin in der Betriebszentrale. Am Beispiel des Simultaneous Engineering wird deutlich, daß die Grenzen zwischen der Nutzung moderner I&K-Techniken im Rahmen herkömmlicher Arbeit und Telearbeit fließend sind: Wettbewerbsvorteile durch eine Beschleunigung der Produktionsprozesse lassen sich auch dann erzielen, wenn Ingenieure des gleichen Unternehmens an verschiedenen Betriebsstandorten an einer CAD-Anwendung parallel arbeiten, aber die Arbeitszeiten und die Präsenz am jeweiligen Betriebsstandort weiterhin traditionell organisiert sind. Eine analytische Trennung zwischen Wettbewerbsvorteilen durch I&K-Techniken im allgemeinen und durch Telearbeit im besonderen ist daher faktisch nicht möglich. Wesentlich ist, daß die Entwicklung der Informationstechnik die Entkopplung der Arbeit von räumlichen und zeitlichen Restriktionen ermöglicht und somit zusätzliche Freiheitsgrade in der Organisation von Arbeitsabläufen bietet. Telearbeit kann zu neuen Arbeitszeitstrukturen führen, da besondere Arbeitszeitanforderungen sich besser organisieren lassen. Auch wenn nicht jede Form der Telearbeit hinsichtlich der Flexibilität, Reaktionsfähigkeit und Kundennähe Vorteile im Vergleich mit einer Tätigkeit in der Firmenzentrale bietet, eröffnen die neuen I&K-Techniken vielfältige Möglichkeiten, flexible Arbeitszeitmodelle in die Praxis umzusetzen, die die Wettbewerbsfähigkeit des Unternehmens verbessern helfen.

Dienstleistungsorientierte Unternehmen können z.B. durch Telearbeit ihr Dienstleistungsangebot und ihre Servicequalität deutlich verbessern, da durch Telearbeit eine Ausweitung der Geschäftszeiten über die Regelarbeitszeit hinaus, beispielsweise für Serviceleistungen wie Telefonauskünfte (Hotline) oder Bestellannahmen, möglich wird. Größere Kundennähe läßt sich z.B. durch einen 24-Stunden-Service erreichen. Dies erfordert jedoch eine permanente Erreichbarkeit des Mitarbeiters in einem festgelegten Zeitraum und bietet dem Telearbeiter daher nicht die volle Zeitsouveränität, die in der Literatur häufig als einer der herausragenden Vorteile der Telearbeit genannt wird.

Auch im Außendienst können mobile I&K-Techniken den Service verbessern, da der Mitarbeiter direkt bei den Kunden auf Daten der Betriebszentrale zurückgreifen kann, um so beispielsweise Änderungen eines Angebotes, die sich aus dem Kundengespräch ergeben, sofort zu überarbeiten und weiterzugeben. Größere Effizienz, die sich aufgrund der Zeitersparnis durch den Wegfall von Fahrzeiten bei Servicemitarbeitern und Bereitschaftsdiensten ergibt, reduziert nicht nur die Personalkosten, wie beschrieben, sondern erhöht auch die Reaktionsfähigkeit und trägt so zu mehr Kundenzufriedenheit bei.

Isolierte Telearbeit, zu regulären Arbeitszeiten ausgeübt, ist unter Wettbewerbsaspekten nicht vorteilhafter als eine Tätigkeit in der Firmenzentrale. Die Vorteile von Telearbeit zu Hause liegen in erster Linie darin, daß der Mitarbeiter nach seinem persönlichen Rhythmus, ungestörter und konzentrierter und somit effizienter als in der Firmenzentrale arbeiten kann. Erfahrungen mit Telearbeit zeigen, daß die Produktivität der Mitarbeiter um bis zu 20 % steigt (ZVEI/VDMA 1995, S. 26). Die Beschleunigung von Abstimmungsprozessen mit Kunden und Zulieferern durch I&K-Anwendungen ist bei Telearbeit zu Hause jedoch, abgesehen von etablierten Techniken wie Telefon und Fax, davon abhängig, ob die Gegenseite über die gleiche Technik verfügt. Videokonferenzen, die Demonstration von Ergebnissen oder simultanes Arbeiten (Application Sharing), die gerade über weite Entfernungen Vorteile bieten, sind erst dann möglich, wenn alle Beteiligten kompatible Technologien anwenden.

Die Nachfrage nach Telearbeit ist daher vor allem im EDV-Bereich besonders groß. Auch im Außendienst werden mobile I&K-Techniken in zunehmendem Maße angewandt. Journalisten, Graphik-Designer oder Layouter nutzen die Übertragungstechnologien seit geraumer Zeit ganz selbverständlich, ohne sich jedoch explizit als Telearbeiter zu bezeichnen. Tätigkeiten, die mit Schicht- oder Bereitschaftsdiensten verbunden sind, wie Reparaturservice oder Maschinenüberwachung können, soweit eine Fernwartung technisch möglich ist, durch Telearbeit sehr viel effizienter gestaltet werden. Bei Telearbeit in den Bereichen Verwaltung, Sachbearbeitung oder bei Schreibarbeiten stehen nicht so sehr wettbewerbsstrategische, als vielmehr personalpolitische und finanzielle Anwendungsmotive im Vordergrund.

Abschließend ist festzuhalten, daß Telearbeit keinen strategischen Wert an sich hat, sondern vielmehr ein Mittel zur Realisierung strategischer Ziele wie größerer Kundennähe, Reagibilität und Flexibilität darstellt.

Abbildung 4: Anwendungsmotive

3.4 Unternehmensgrößenspezifische Hemmnisse

Derzeit wird Telearbeit vorwiegend in großen Unternehmen geplant, kleine und mittlere Unternehmen zeigen noch eher geringeres Interesse an den neuen Arbeitsformen und Formen vernetzter Leistungserstellung. Analog zur Analyse der Anwendungsmotive soll daher hier im folgenden untersucht werden, ob größenbedingte Hemmnisse bei der Einführung von Telearbeit zu erkennen sind.

Vorreiter in der Anwendung von Telearbeit ist die EDV- und Softwareindustrie. Vielfach handelt es sich dabei um Tochterunternehmen amerikanischer Konzerne, die bereits über entsprechende Erfahrungen mit Telearbeit verfügen. Daneben wird Telearbeit bisher vor allem im Banken- und Versicherungssektor und im Bereich unternehmensbezogener Dienstleistungen angewandt. Dies ist zum einen auf die Vertrautheit der Angestellten mit Informationstechnologien zurückzuführen, hängt auf der anderen Seite aber auch mit der häufig dezentralen Organisationsstruktur der Unternehmen zusammen, bei denen Niederlassungen und Außendienstmitarbeiter bereits über Telekommunikation mit der Zentrale verbunden sind (KORDEY 1997, S. 12).

Untersuchungsergebnisse der TELDET-Studie (EMPIRICA 1994, Bericht 2, S. 17) belegen zudem, daß es ein deutliches unternehmensgrößenabhängiges Gefälle bezüglich des Interesses an Telearbeit gibt. Mit zunehmender Unternehmensgröße steigt in Deutschland, ebenso wie in den vier weiteren untersuchten Ländern Frankreich, England, Italien und Spanien, das Interesse der Entscheidungsträger an Telearbeit. KORDEY (1997) führt dies vor allem darauf zurück, daß mit steigender Mitarbeiterzahl eines Unternehmens auch die Zahl der unterschiedlichen ausgeübten Tätigkeiten, die sich für Telearbeit eignen, ansteigt. Zudem sind Großunternehmen häufig technisch besser ausgestattet als kleine und mittlere Unternehmen.

Die Umsetzungsbarrieren für Telearbeit sind in den Bereichen am höchsten einzuschätzen, die zwar auf der einen Seite Vorteile für den Mitarbeiter oder die Volkswirtschaft als ganzes[11] versprechen, die aber auf der anderen Seite keine konkret rechen- oder bewertbaren Wirtschaftlichkeitsvorteile für die Unternehmen vorweisen können (REICHWALD 1997, S. 203). Wesentlich unproblematischer ist die Verbreitung von Telearbeitsanwendungen in den Feldern, wo sie unmittelbar wettbewerbsstrategische Ziele des Unternehmens stützen, die Kundennähe stärken, Flexibilität fördern und die Einbindung und Erreichbarkeit von Geschäfts- und Kooperationspartnern verbessern (REICHWALD 1997, S. 203). Dies gilt insbesondere für mobile Telearbeit, die "vor Ort" am Standort des Kunden oder Zulieferers oder auf Baustellen geleistet wird. Hier erfolgt die Verbreitung ohne großes Aufsehen und wird vielfach nur als zusätzliche Anwendung moderner technischer Hilfsmittel wahrgenommen, die Arbeitsprozesse beschleunigt, ohne explizit Telearbeit genannt zu werden, zumal insbesondere im Außendienst keine größe Änderung der Organisationsstruktur notwendig ist.

3.4.1 Organisatorische Hemmnisse

Die mit Abstand größten Hemmschwellen bei der Einführung von Telearbeit liegen gegenwärtig im organisatorischen Bereich. Zwar zeigen Unternehmen in Deutschland großes Interesse an Telearbeit, dennoch bestehen vielfach Unsicherheiten, wie bei der Implementierung von Telearbeit methodisch vorzugehen ist. Die Diskrepanz zwischen hohem Interesse und verhältnismäßig gerin-

---

[11] In diesem Zusammenhang werden häufig Vorteile wie Entwicklungschancen für ländliche und strukturschwache Räume, weniger Berufsverkehr, geringere Umweltbelastung oder Beschäftigungsmöglichkeiten für Behinderte genannt.

ger Verbreitung der Telearbeit ist dabei auch auf überholte Vorstellungen der Entscheidungsträger zurückzuführen, die mit Telearbeit häufig nur einfache Daten- und Textverarbeitungstätigkeiten in Verbindung bringen, die bereits mit dem Technikangebot der achtziger Jahre durchführbar waren (KORDEY 1996, S. 7). Dies belegt u.a. eine Studie der Wirtschaftswoche aus dem Jahre 1996: Ein Grund für die ablehnende Haltung gegenüber der Telearbeit war für 60 % der befragten Unternehmen die Unvereinbarkeit mit den Tätigkeitsfeldern in den Betrieben. Die befragten Unternehmen stuften dabei in erster Linie Tätigkeiten wie Daten- und Texterfassung (fast 50 % der Unternehmen), sowie Buchhaltung und Auftragsbearbeitung (mehr als 30 %) als telearbeitsgeeignet ein. Managementaufgaben sind dagegen aus Sicht der Unternehmen kaum für Telearbeit geeignet (GROOTHUIS 1996, S. 105).

Die ablehnende Haltung vieler Führungskräfte ist vor allem aber auch auf die mangelnde Bereitschaft, die direkte Anwesenheitskontrolle der Mitarbeiter durch eine Vorgabe von Zielen zu ersetzen, zurückzuführen. Der Verlust von Führungskompetenz, die Angst an Einfluß zu verlieren, spielen eine entscheidende Rolle für die Skepsis, mit der Telearbeit betrachtet wird.

Das Management von Telearbeit wirft größere Probleme auf als das Management von Mitarbeitern an betrieblichen Arbeitsplätzen. Die Arbeit im Betrieb läßt sich in der Regel nicht eins zu eins auf die Arbeit am Telearbeitsplatz übersetzen, so daß Arbeitsabläufe überprüft und neu strukturiert werden müssen (WETJEN 1997, S. 8). Gerade in kleinen und mittleren Unternehmen fehlt jedoch häufig die Kompetenz, neue Organisationsstrukturen, insbesondere in Verbindung mit flexiblen Arbeitszeitstrukturen, in die Praxis umzusetzen. Für Fragen des Personalmanagements sind meist allein die Eigentümerunternehmer zuständig. Oftmals verfügen jedoch die Eigentümerunternehmer eher über eine technisch oder kaufmännisch orientierte Ausbildung und sind daher in Fragen des Personalmanagements weniger versiert (vgl. HAMEL 1997, S. 231). Häufig steht zudem das operative Tagesgeschäft im Vordergrund, so daß keine Zeit für die Planung und Umsetzung neuer Organisationsformen oder komplexer Reegineerinmaßnahmen bleibt, die einen eher langfristigen Planungshorizont erfordern.

Nicht zuletzt kann die zögerliche Haltung der Geschäftsführung in kleinen und mittleren Unternehmen gegenüber organisatorischen Neuerungen auch als "Generationenproblem" charakterisiert werden (ERLER et al. 1994, S. 11). Gerade ältere Geschäftsführer sind häufig nicht vertraut im Umgang mit Computertechnik, während deren Anwendung für die jüngere Generation eine Selbstverständlichkeit ist. In kleinen und mittleren Unternehmen ist der Anteil älterer Geschäftsführer (über 65 Jahre) überdurchschnittlich hoch, was eine verbreitete Skepsis gegenüber informationstechnischen und organisatorischen Neuerungen vermuten läßt.[12] Gleichzeitig vollzieht sich jedoch auch ein Generationenwechsel in mittelständischen Unternehmen, so daß eine steigende Akeptanz gegenüber Telekommunikationstechnik zu erwarten ist.[13]

Die angeführten Gründe für die zögernde Haltung gegenüber neuen Organisationsformen werden durch eine Studie von DREHER et. al. (1995) gestützt, die auf der Basis von 28 Fallstudien und 140 Telefoninterviews die Voraussetzungen für die Umsetzung neuer Produktions- und Organisationskonzepte analysiert. Als größte Barrieren bei der Umsetzung von Restrukturierungsmaßnahmen spielen demnach vor allem unternehmensinterne Faktoren eine Rolle:

- Die Komplexität der Aufgabe, der damit verbundene Umstellungsaufwand sowie Wissensdefizite beeinflussen die Prioritätensetzung und die Einschätzung des Kosten-Nutzen-Verhältnisses.

- Fehlender Veränderungswille und mangelndes Problembewußtsein im mittleren und oberen Management führen zu Zurückhaltung (DREHER et al. 1995, S. 98).

Dennoch ist die Skepsis gegenüber Telearbeit nicht allein darauf zurückzuführen, daß Unternehmen keine wirtschaftliche Notwendigkeit zum organisatorischen Wandel sehen. Sie kann angesichts der größenspezifischen Besonderheiten kleiner und mittlerer Unternehmen durchaus berechtigt sein. Während z.B. in Großunternehmen die Tendenz zu ausgeprägtem Spezialistentum vorherrscht, verfügen die Mitarbeiter kleiner und mittlerer Unternehmen eher über ein breit gefächertes Wissen (DASCHMANN 1994). Dies ergibt sich auch aus dem geringen Grad an Arbeitsteilung, der im Unterschied zu der komplexen Organisationsstruktur in großen Unternehmen häufig keine exakte interindividuelle Funktionsteilung zuläßt. Für Telearbeit ist jedoch gerade eine klare Aufgabenabgrenzung eine wichtige Voraussetzung (vgl. Kap. 3.2). Darüber hinaus

---

[12] Nach einer Studie von FREUND, KAYSER und SCHRÖER (1995, S. 59) sind fast 145.000 der 2,3 Mio. Selbständigen im Altbundesgebiet älter als 65 Jahre, mehr als 17 % von diesen sogar älter als 70 Jahre.

[13] Hochrechnungen des Instituts für Mittelstandsforschung Bonn zufolge (FREUND/KAYSER/SCHRÖER 1995, S. 59) sind bis zum Jahr 2000 etwa 299.000 Übergaben mittelständischer Familienunternehmen zu erwarten, 136.000 aus Altersgründen.

stellt die Einführung von Telearbeit auch ein unternehmerisches Risiko dar, da Telearbeit zumindest in kleinen und mittleren Unternehmen immer noch eine verhältnismäßig unerprobte Arbeitsform ist.

3.4.2 Technische Hemmnisse

Trotz der raschen Entwicklung im Telekommunikationssektor ist neben organisatorischen Hemmnissen auch die technische Realisierung immer noch mit Unsicherheiten verbunden. Insbesondere Aspekte der Bedienungsfreundlichkeit, die Komplexität der technischen Lösungen und die Komplexität der Gebührenstrukturen stellen Hemmfaktoren dar.

- **Bedienungsfreundlichkeit**

Die technischen Voraussetzungen zur Einführung von Telearbeit sind grundsätzlich gegeben. Die Akzeptanz und Verbreitung von Multimediatechniken hängt jedoch in hohem Maße von ihrer Bedienungsfreundlichkeit auch für EDV-Laien ab. Häufig sind es Kleinigkeiten, die den Alltag des Telearbeiters erschweren: gelockerte Modemstecker, unerklärliche Programmabstürze oder eine gebrochene Feder am Drucker. Bei einer Tätigkeit in der Firmenzentrale lassen sich kleinere technische Probleme durch einen für die EDV zuständigen Mitarbeiter oder Kollegen verhältnismäßig schnell lösen, an einem Telearbeitsplatz ist dies mit wesentlich mehr Aufwand verbunden. Darüber hinaus verfügt nur eine Minderheit mittelständischer Unternehmen über eigene EDV-Abteilungen oder EDV-Spezialisten. Dementsprechend müßte ein externes Serviceunternehmen mit der Betreuung und Wartung der I&K-Infrastruktur beauftragt werden, was zusätzliche Kosten verursacht.

Voraussetzung für die Ausweitung von Telearbeit ist also eine wesentliche Vereinfachung der Handhabung der Arbeitsmittel ("Fernseh-Niveau"), eine Anleitung durch das Endgerät oder Rechnersystem selbst (technische Benutzerführung), sowie Strukturen zur Unterstützung des Nutzers (wie telefonische Anwenderunterstützung bei Rückfragen) (ZVEI/VDMA 1995, S. 50).

- **Komplexität der technischen Lösungen**

Externer Beratung bedürfen mittelständische Unternehmen i.d.R. auch bei der Wahl der geeigneten Hard- und Software und Übertragungstechnologie, die erforderlich ist, dem Unternehmen eine hohe Sicherheit und Zuverlässigkeit der Systeme zu gewährleisten. Da aufgrund der geringen Personalkapazitäten jedem einzelnen Mitarbeiter in kleinen und mittleren Unternehmen ein höheres

Gewicht zukommt als in Großunternehmen, können Leerzeiten wegen Geräte- oder Systemausfällen nur schlecht kompensiert werden und stellen somit ein erhebliches Risiko für mittelständische Unternehmen dar. Beabsichtigte oder unbeabsichtigte Eingriffe in die Kommunikation oder der Verlust von Daten können den wirtschaftlichen Erfolg besonders bei kleinen und mittleren Unternehmen nachhaltig gefährden. Gerade mittelständische Unternehmen sehen sich mit dem Problem konfrontiert, daß die Kosten und der Zeitaufwand für Sicherheitslösungen über ein ökonomisch vertretbares Maß hinaus steigen können (HILLEBRANDT et al. 1997, S. 5).

- **Komplexität der Gebührenstrukturen**

Um Anreize zur Einrichtung von Telearbeitsplätzen für kleine und mittlere Unternehmen zu schaffen, müssen die Angebote kundengerecht und transparent sein. Derzeit sind jedoch insbesondere die Gebührenstrukturen sehr komplex und für den Kunden nicht ohne weiteres überschaubar. Die laufenden Kosten für einen Telearbeitsplatz sind sowohl durch den Standort bzw. die Entfernung zur Firmenzentrale, als auch durch die gewählte Übertragungstechnologie und die Art der Tätigkeit und der damit verbundenen Kommunikationshäufigkeit determiniert. Die Übertragungskosten werden in Abhängigkeit von der gewählten Technik nach Datenmenge, Zeiteinheiten, Entfernung und/oder Übertragungsgeschwindigkeit errechnet.

Übersicht 4: Übertragungskosten

Übertragungsmodus	Berechnungsgrundlage
Datex-J (Btx)	Zeittakt
Internet	Datenmenge + Übertragungsgeschwindigkeit
Datex-P	Datenmenge
ISDN	Zeit + Entfernung (entsprechend herkömmlicher Telefonverbindungen)
Direktverbindungen	Übertragungsgeschwindigkeit + Entfernung
Internationale Mietleitungen	Übertragungsgeschwindigkeit + Entfernung + analog/digital + Mietdauer

Quelle: ZVEI/VDMA 1995, S. 43 ff.; eigene Zusammenstellung

Insgesamt steht der Entwicklungsstand der technischen Medien in krassem Mißverhältnis zu Erkenntnisstand und Wissen über Einführungs- und Nutzenprobleme (BRÖDNER/PAUL/FOKS 1996, S. 16). Dies verdeutlicht u.a. eine Repräsentativbefragung des Managements von 747 bundesdeutschen Unternehmen durch das Fraunhofer Institut für Arbeitswirtschaft und Organisation (FRAUNHOFER IAO 1997, S. 17). Bei knapp der Hälfte der befragten Unternehmen liegt Informationsbedarf hinsichtlich Telearbeit vor. Relevant sind dabei vor allem Basisinformationen, aber auch bei rechtlichen Aspekten und Fragen der organisatorischen Ausgestaltung bestehen erhebliche Wissensdefizite.

Tabelle 1: Vorhandener Informationsbedarf - in %

	Managementbefragung (n=325)
Basisinformationen	65,8
rechtliche Aspekte	51,4
organisatorische Umsetzungen	48,6
Datenschutz/Datensicherheit	41,8
technische Möglichkeiten	37,2
soziale Ausgestaltung	35,7
Sicherheit und Gesundheitsschutz	19,4

Quelle: FRAUNHOFER IAO 1997, S. 17

Abschließend ist festzuhalten, daß sich zwar eine Reihe von unternehmensgrößenspezifischen Faktoren identifizieren lassen, die die Einführung von Telearbeit in mittelständischen Unternehmen erschweren (vgl. Übersicht 5). Die Mehrzahl der angesprochenen Hemmnisse ist jedoch auf Informations- und Wissensdefizite zurückzuführen. Tabelle 1 zeigt, daß insbesondere auch hinsichtlich der rechtlichen Rahmenbedingungen der Telearbeit ein hoher Informationsbedarf besteht. Im folgenden Kapitel soll daher ein Einblick in die rechtliche Problematik der Telearbeit gegeben werden.

Übersicht 5: Hemmnisse

- Kein eindeutiges Kosten-Nutzen-Verhältnis
- Keine rechenbaren Wirtschaftlichkeitsvorteile
- Unsicherheiten, wie Telearbeit zu organisieren ist
- Überholte Vorstellungen der Entscheidungsträger von telearbeitsgeeigneten Aufgaben
- Mangelnde Bereitschaft, auf Anwesenheitskontrolle zu verzichten/Angst vor Kontrollverlust
- Zeitlicher und finanzieller Umstrukturierungsaufwand
- Überlastung durch das operative Tagesgeschäft
- Generationenproblem, Skepsis gegenüber organisatorischen Neuerungen
- Geringer Grad an Arbeitsteilung
- Mangelnde Bedienungsfreundlichkeit der Geräte
- Mehraufwand für Betreuung und Wartung der Telearbeitsplätze (durch externe Serviceunternehmen)
- Komplexität der technischen Lösungen
- Risiko von Systemausfällen, Datenverlusten
- Sicherheitslösungen verursachen Mehrkosten
- Komplexität der Gebührenstrukturen
- Personenbezogene Daten nicht geeignet
- Rechtliche Unsicherheiten

© IfM Bonn 1998

Quelle: Eigene Zusammenstellung

4. Rechtliche Rahmenbedingungen

4.1 Arbeitsrecht

Mit der Einführung von Telearbeit werden wesentliche Elemente des Arbeitsrechts und des Arbeitsschutzrechts maßgeblich berührt. Spezielle rechtliche Regelungen zur Telearbeit bzw. ein Telearbeitsgesetz existieren bisher nicht. Auch eine umfassende Legaldefinition des Begriffs Telearbeit ist insofern nicht gegeben, als für die juristische Bewertung der einzelnen Organisationsformen der Telearbeit die jeweilige rechtliche Qualifikation des konkreten Beschäftigungsverhältnisses ausschlaggebend ist (WEDDE 1994, S. 51).

Eine Untersuchung der rechtlichen Rahmenbedingungen orientiert sich daher primär an der organisatorischen Ausgestaltung der Telearbeit. Andere gesetzliche Regelungen, die indirekt auf die Verbreitung von Telearbeit Einfluß nehmen wie z.B. steuerrechtliche Aspekte oder Telekommunikationsgesetze sind in diesem Zusammenhang von sekundärer Bedeutung.

4.1.1 Abgrenzung der Vertragsformen der Telearbeit

Telearbeit ist denkbar in Form von abhängiger Beschäftigung, Heimarbeit oder als selbständige bzw. freiberufliche Tätigkeit (BMA 1995, S. 2). Aus der Zuordnung des konkreten Beschäftigungsverhältnisses zu einem bestimmten arbeitsrechtlichen Status ergeben sich zwingend Rechtsfolgen, die die individuellen Rechte und die Anwendbarkeit kollektivrechtlicher Normen regeln. Arbeitsrechtlich sind die denkbaren Vertragsformen der Telearbeit in sehr unterschiedlichem Maße geschützt (WEDDE 1994, S. 52).

Während die Einordnung von Telearbeit auf der Rechtsgrundlage des Heimarbeitsgesetzes (HAG) an bestimmte enge Voraussetzungen geknüpft ist, quantitativ aber eher eine untergeordnete Rolle spielt, gestaltet sich die Abgrenzung abhängiger und selbständiger Tätigkeit oft schwierig. Entscheidend für die Abgrenzung ist die Definition des Arbeitnehmerbegriffs. Eine gesetzliche Definition des Arbeitnehmerbegriffs existiert bis heute nicht.[14] Nach herrschender Auffassung ist Arbeitnehmer, "wer aufgrund eines privatrechtlichen Vertrages oder eines gleichgestellten Rechtsverhältnisses einem anderen in persönlicher

---

14 Die Arbeitnehmereigenschaft wird vielmehr bei der Anwendung arbeitsrechtlicher Normen vorausgesetzt, daher in praxi durch Rechtssprechung implementiert (MÜCKENBERGER 1991, S. 214).

Abhängigkeit zur Leistung von Arbeit verpflichtet ist." (HUECK/NIPPERDEY 1963, S. 34). Unter "persönlicher Abhängigkeit" wird nach Rechtsprechung des Bundesarbeitsgerichts (BAG) und des Bundessozialgerichts (BSG) zum einen die Weisungsgebundenheit in örtlicher, zeitlicher und inhaltlicher bzw. fachlicher Hinsicht verstanden, zum anderen muß eine Eingliederung in die Organisation des Auftraggebers bestehen, die sich in einem Angewiesensein auf das Personal und die Arbeitsmittel des Auftraggebers äußert (DIETRICH 1996, S. 3).

Übersicht 6: Zentrale Kriterien zur Definition des Arbeitnehmerbegriffs (sog. BAG-Modell)

Persönliche Abhängigkeit (= Weisungsgebundenheit)
• örtliche Weisungsbindung
• zeitliche Weisungsbindung
• inhaltliche bzw. fachliche Weisungsbindung
Eingliederung in die Organisation des Auftraggebers
• Zusammenarbeit mit Mitarbeitern des Auftraggebers (= persönliche Eingliederung)
• Arbeit mit Arbeitsmitteln des Auftraggebers (= materielle Eingliederung)

Quelle: DIETRICH 1996, S. 2

Wesentlich in diesem Zusammenhang ist, daß für die Abgrenzung keines der Einzelmerkmale unverzichtbar vorliegen muß (BAG AP Nr. 34 zu § 611 BGB Abhängigkeit, Bl. 102). Das Bundesarbeitsgericht und das Bundessozialgericht betonen vielmehr in ständiger Rechtssprechung, daß die Abgrenzung eine Sache des Einzelfalles unter Gesamtwürdigung aller Umstände sei, daher auch die Merkmale für eine abhängige Beschäftigung im jeweiligen Einzelfall von den Gerichten unterschiedlich gewichtet würden. Dies spielt im Hinblick auf Telearbeit insofern eine entscheidende Rolle, als sich die Anwendung der Abgrenzungskriterien auf einzelne Formen der Telearbeit aufgrund der spezifischen Besonderheiten als sehr kompliziert erweist: So verlieren z.B. örtliche und zeitliche Weisungsgebundenheit als maßgebliche Indizien für eine persönliche Abhängigkeit bei Telearbeit an Bedeutung.

Um von örtlicher Weisungsgebundenheit sprechen zu können, muß der Arbeitgeber Einflußmöglichkeiten auf die Gestaltung des Arbeitsplatzes nehmen können. Die Übernahme der Betriebskosten, so WORCH (1994, S. 210), reiche nicht aus, um von einer fremdbestimmten Arbeitsstätte ausgehen zu können. Insbesondere bei mobilen Formen der Telearbeit ist eine örtliche Weisungsgebundenheit nur dann zu identifizieren, wenn der Arbeitgeber z.b. die genaue Reihenfolge der Kundenbesuche vorgibt.

Auch eine zeitliche Weisungsgebundenheit scheint bei vielen Formen der Telearbeit, für die gerade ein hohes Maß an Zeitsouveränität charakteristisch ist, nicht gegeben. Dennoch können die zur Fertigstellung gesetzten Termine so knapp bemessen sein, daß faktisch keine zeitlichen Dispositionsmöglichkeiten für den Telearbeiter bleiben, so z.b. wenn die Arbeitsaufträge täglich erledigt werden müssen (COLLARDIN 1995, S. 27).

Für das Vorliegen einer inhaltlichen bzw. fachlichen Weisungsgebundenheit spricht, daß Arbeitgeber genaue inhaltliche Vorgaben machen und die Arbeitsziele so bestimmen können, daß kein Raum für Eigeninitiativen und persönliche Gestaltungen bleibt. Von einer fehlenden direkten Einflußnahme könnte dann auszugehen sein, wenn ein fertiges Produkt bei weitgehender Gestaltungsfreiheit abzuliefern ist, wie es bei vielen Formen projektbezogener Telearbeit der Fall ist (WEDDE 1997, S. 16 ff.).

Ein Indiz für die Eingliederung des Telearbeiters in die Organisation des Auftraggebers kann die Nutzung der Geräte und technischen Strukturen des Arbeitgebers, wie z.B. einer bestimmten Software, sein. Telearbeiter, die über eine online-Verbindung arbeiten, sind regelmäßig in die Arbeitsorganisation des Arbeitgebers eingebunden (KILIAN/BORSUM/HOFFMEISTER 1986, S. 363). Auch bei alternierenden Formen der Telearbeit ist wegen des engen Kontaktes zur Firmenzentrale von einer arbeitsorganisatorischen Einbindung in einen fremden Produktionsplan auszugehen. Je höher jedoch der Grad der Freiheit und Selbstbestimmung der zu leistenden Arbeit ist, desto schwieriger ist es, eine Eingliederung des Telearbeiters in die Organisation des Auftraggebers zu identifizieren.

Es wird deutlich, daß die Kriterien, die für die Identifizierung einer persönlichen Abhängigkeit des Telearbeiters herangezogen werden, nicht auf alle Formen der Telearbeit gleichermaßen anwendbar sind.

Derzeit ist Telearbeit auf der Grundlage eines Arbeitsvertrages der Regelfall. Die rechtliche Einordnung des konkreten Beschäftigungsverhältnisses erfolgt jedoch unter Zuhilfenahme interpretationsfähiger Merkmale, die im Einzelfall einen weitgehenden Entscheidungsspielraum offenlassen. In jüngster Zeit werden auch alternative Abgrenzungskriterien, bei denen als Leitgedanke z.B.

das Unternehmerrisiko im Vordergrund steht, nachhaltig diskutiert (DIETRICH 1996, S. 3). Es bleibt daher abzuwarten, inwieweit ein Wandel bestehender Rechtsauffassungen in Zukunft zu einem vermehrten Abweichen vom Regelfall Arbeitsverhältnis bei Telearbeit führt (WEDDE 1994, S. 101).

4.1.1.1 Der Telearbeiter als Arbeitnehmer

Generell gilt, daß ein Telearbeiter, sofern seine Tätigkeit im Rahmen eines Arbeitsverhältnisses stattfindet, vollen arbeitsrechtlichen Schutz genießt (WORCH 1994, S. 239). Im Hinblick auf die Besonderheiten der Telearbeit können sich jedoch in der Praxis Schwierigkeiten bei der Durchsetzung der Rechtspositionen des Telearbeitnehmers ergeben.

Abbildung 5: Wesentliche individualrechtliche Fragestellungen der Telearbeit

4.1.1.1.1 Individualarbeitsrecht

- **Leistungskontrolle**

Telearbeit stellt neue Anforderungen an die Bewertung von Arbeitsleistung. Wie die Leistung des Telearbeiters zu messen ist, aber auch wie die geleistete Arbeitszeit zu erfassen ist, stellt weniger ein juristisches, als vielmehr ein personalpolitisches Problem dar (ZVEI/VDMA 1995, S. 50). Eine reine Zeiterfassung durch maschinelle Aufzeichnung ist zwar technisch möglich, erscheint aber insbesondere bei qualifizierten Tätigkeiten wenig geeignet, da beispielsweise Phasen der Konzeption oder Lektüre von Fachliteratur nicht erfaßt werden (BAHL-BENKER et al. 1993, S. 50). Weder die Zeit, in der der Computer eingeschaltet ist, noch die echte Rechenzeit sind ein Äquivalent der tatsächlich geleisteten Arbeitszeit. Die einzig praktikable Lösung ist nach herrschender Auffassung eine ziel- und ergebnisorientierte Leistungskontrolle (Management by Objectives), die sich an der Erreichung vorher definierter Termin- und Zielvorgaben orientiert (GODEHARDT 1994, S. 67 sowie ZVEI/VDMA 1995, S. 30).

WEDDE (1994, S. 45) weist darauf hin, daß bei einer ergebnisorientierten Leistungskontrolle in erhöhtem Maße die Gefahr der Selbstausbeutung besteht, da der Telearbeiter, um den gesetzten Anforderungen gerecht zu werden, möglicherweise Arbeitszeitschutzvorschriften mißachtet.

- **Arbeitszeitschutz**

Kernstück des gesetzlichen Arbeitszeitschutzes ist das 1994 verabschiedete Arbeitszeitgesetz (ArbZG), das im wesentlichen die Höchstdauer der zulässigen Arbeitszeit regelt (WORCH 1994, S. 235). Das ArbZG gilt für Telearbeiter als Arbeitnehmer uneingeschränkt. Normadressat der Vorschriften des ArbZG ist der Arbeitgeber, er trägt somit die straf- und bußgeldrechtliche Verantwortung für die Einhaltung der Vorschriften des ArbZG (BMA 1995, S. 6).

Hinsichtlich der Gewährleistung des Arbeitszeitschutzes können sich insofern Probleme ergeben, als die zur Einhaltung des Arbeitszeitschutzes erfolgenden elektronisch gestützten Kontrollmaßnahmen eine mißbräuchliche Auswertung durch den Arbeitgeber möglich machen (WEDDE 1994, S. 129). Dienen die zur Arbeitszeitkontrolle gespeicherten Daten dem Arbeitgeber als anonyme Leistungskontrolle, so stellt dies einen Eingriff in die Persönlichkeitsrechte des betroffenen Telearbeiters dar. Die 1996 in Kraft getretene Bildschirmarbeitsverordnung verbietet daher die Anwendung anonymer Leistungskontrollen (Nr. 22 Anhang BildscharbV). Ein erhebliches Mißbrauchsrisiko bergen elektronische Arbeitszeitkontrollen auch in Bezug auf Programmanipulationen. Um Eingriffe in die Persönlichkeitsrechte des Telearbeiters zu vermeiden, werden daher häufig manuelle Zeiterfassungsmethoden wie Selbstaufschreibung oder Arbeitstagebuch angewandt. Entsprechende Regelungen basieren auf Vertrauen und nur durch Stichproben kann sichergestellt werden, ob die Vorschriften des ArbZG eingehalten werden. Nach § 17 Abs. 5 ArbZG sind Beauftragte der Aufsichtsbehörden berechtigt, die Arbeitsstätte während der Betriebs- und Arbeitszeiten zu besichtigen (BMA 1995, S. 6).

- **Unfall- und Gesundheitsschutz**

Schwierigkeiten bei der Kontrolle der Umsetzung der geltenden Schutzvorschriften ergeben sich nicht nur hinsichtlich des Arbeitszeitschutzes, sondern gleichermaßen auch bei Regelungen des Unfall- und Gesundheitsschutzes. Grundlage für die Regulierung des Arbeitsschutzes ist das 1996 in Kraft getretene Arbeitsschutzgesetz (ArbschG). Von besonderer Relevanz für Telearbeit ist die aufgrund des neuen ArbSchG ebenfalls 1996 erlassene Bildschirmarbeitsverordnung (BildscharbV), die die an Bildschirmarbeitsplätze zu stellenden Anforderungen regelt. Verantwortlich für die Erfüllung der erforderlichen Maßnahmen des Arbeitsschutzes ist der Arbeitgeber (§ 3 Abs. 1 ArbSchG). Gemäß § 80 Abs. 1 Satz 1 Betriebsverfassungsgesetz (BertrVerfG) hat außerdem der Betriebsrat die Einhaltung der arbeitsschutzrechtlichen Vorschriften zu überwachen. Schließlich obliegt es auch staatlichen Aufsichtsorganen, arbeitsschutzbezogene Kontrollen vorzunehmen. Wesentlich ist in diesem Zusammenhang die Einordnung des Telearbeitsplatzes als "Teil des Betriebes", die im Rahmen des Gleichbehandlungsgrundsatzes dazu führt, daß für Telearbeitsplätze der gleiche Standart wie für betriebliche Arbeitsplätze gilt (WEDDE 1994, S. 122). Findet Telearbeit in der Wohnung des Arbeitnehmers statt, so entsteht ein Spannungsverhältnis zwischen arbeits- und arbeitsschutzrechtlichen Zugangsrechten einerseits und andererseits der grundgesetzlich geschützten Privatsphäre des Arbeitnehmers (BMA 1995, S. 5). Einem allgemeinen Zugangsrecht zu den Telearbeitsplätzen steht die durch Art. 13 Abs. 1 GG garantierte Unverletzlichkeit der Wohnung entgegen (WEDDE 1994, S. 120).

Der Umfang eines sich aus den Aufsichts- und Kontrollpflichten ergebenden Zugangsrechts zur Privatwohnung des Telearbeiters wird in der Literatur kontrovers diskutiert. So geht z.B. die Projektgruppe Telearbeit der ZVEI-VDMA-Plattform (ZVEI/VDMA 1995, S. 30) davon aus, daß der Arbeitgeber nur für den Betrieb im engeren Sinne Betriebsschutz gewährleisten kann, nicht aber für den Telearbeitsplatz. Die Projektgruppe empfiehlt daher eine analoge Anwendung des § 16 HAG, der vorsieht, daß die zur Durchführung des Gefahrenschutzes zu treffenden Maßnahmen derjenige zu treffen hat, der die Räume und Betriebseinrichtungen unterhält (ZVEI/VDMA 1995, S. 30). WEDDE (1994, S. 122) setzt dem entgegen, daß die Aufnahme einer Tätigkeit an einem betrieblichen Telearbeitsplatz in der eigenen Wohnung schon eine Einwilligung in arbeitsschutzbezogene Kontrollen beinhalte. Das Zugangsrecht sei dann jedoch zeitlich auf die vereinbarte oder übliche Arbeitszeit des Telearbeiters beschränkt.

Für die Unternehmen ergeben sich durch die Gesetzesnovelle weitreichende Verpflichtungen. So müssen alle Betriebe mit mehr als zehn Beschäftigten eine Gefährdungsbeurteilung dokumentieren. Die Vielfalt und Komplexität der Gefährdungsbeurteilung stellt insbesondere für kleine und mittlere Unternehmen eine Belastung dar, die ohne die sachkundige Hilfe Dritter kaum zu bewältigen ist (SCHNEIDER 1997, S. 38).

- **Haftungsrisiken**

Weitere Fragen werfen telearbeitsspezifische Besonderheiten in Bezug auf den Komplex der Haftungsrisiken auf. Ein unmittelbares Schadensrisiko besteht für die arbeitgebereigenen Geräte, die sich im Besitz des Telearbeiters befinden. Hinsichtlich der möglichen Haftungsfolgen weitaus problematischer ist das Schadensrisiko aber in Bezug auf die verwendete Software und die gespeicherten Informationen. Der Verlust umfangreicher Kundendateien oder wichtiger betriebsinterner Informationen bedeutet i.d.R. einen kaum abschätzbaren Schaden. Nicht nur der Telearbeiter selbst, sondern auch Familienangehörige oder Besucher können Schäden an Hard- und Software verursachen. Anders als bei Arbeitsplätzen im Betrieb ist zudem die Gefahr, daß sich Unbefugte Zutritt zum Arbeitsplatz des Telearbeiters verschaffen, erheblich. Insbesondere bei Arbeiten mit einem Laptop im Zug oder Hotel besteht kein ausreichender Schutz vor unbefugtem Zugriff. Nachdem die Rechtsprechung nunmehr seit 1993 von einer allgemeinen Haftungsbeschränkung im Arbeitsverhältnis, die bisher nur bei gefahrengeneigter Tätigkeit Anwendung fand, ausgeht, gilt diese Haftungserleichterung auch für den Telearbeiter. Im einzelnen bedeutet dies, daß der Telearbeiter nur für Schäden haftet, die er vorsätzlich oder grob fahrlässig verursacht hat. Bei mittlerer Fahrlässigkeit erfolgt eine Schadensteilung, leichteste Fahrlässigkeit verbleibt hingegen im Risikobereich des Arbeitgebers (WEDDE 1997, S. 80). Die Auffassungen, inwieweit eine analoge Anwendung der Haftungserleichterung auch für Dritte zu begründen ist, gehen weit auseinander.

- **Aufwandserstattung**

Bei der Einführung von Telearbeit müssen zudem Fragen der Aufwandserstattung geklärt werden. Grundsätzlich muß der Arbeitgeber Aufwendungen, die im Zusammenhang mit den Pflichten des Arbeitnehmers aus dem Arbeitsvertrag anfallen, gemäß § 670 BGB tragen. D.h. im einzelnen, daß der Arbeitgeber die notwendige Hard- und Software zur Verfügung zu stellen hat, und daß für den Arbeitnehmer Anspruch auf Aufwandsersatz für die durch die Telearbeit verursachten Kosten, insbesondere der Telekommunikationskosten, besteht. Der konkrete Umfang der Kostenerstattung ist jedoch strittig. Während ZVEI/VDMA (1995, S. 33) einen Rechtsanspruch auf Mietersatz für das Zurverfügungstellen der Wohnung ablehnen, geht die IG-Metall (BAHL-BENKER et al. 1993, S. 49) davon aus, daß sowohl Kosten für Energie und Telefon, als auch für eine anteilige Miete vom Arbeitgeber zu tragen sind.

4.1.1.1.2 Kollektives Arbeitsrecht

Das kollektive Arbeitsrecht in Deutschland wird sowohl durch das Tarifvertragssystem, als auch die gesetzlich verankerte Mitbestimmung in den Unternehmen und Betrieben geregelt (HOYNINGEN-HUENE V./ MEIER-KRENZ 1988, S. 301). Die betriebliche Mitbestimmung für die in der Privatwirtschaft tätigen Arbeitnehmer regelt das Betriebsverfassungsgesetz (BetrVG). Zentrales Organ der betrieblichen Mitbestimmung ist gemäß § 1 BetrVG der Betriebsrat. Entscheidend für die Anwendbarkeit des Betriebsverfassungsgesetzes bei Telearbeit ist die Frage, ob Telearbeitsplätze trotz der räumlichen Entfernung "Teil des Betriebes" des Arbeitgebers sind, da das BetrVg in erster Linie auf den Betrieb und nicht auf den einzelnen Arbeitsplatz abstellt (WEDDE 1994, S. 249).

Der betriebsverfassungsrechtliche Betriebsbegriff ist jedoch nicht nur räumlich, sondern auch funktional zu verstehen (BMA 1995, S. 7). Der von der Rechtsprechung entwickelte Betriebsbegriff verlangt das Vorliegen einer "organisatorischen Einheit zur Erreichung eines arbeitstechnischen Zwecks" (BAG AP Nrn. 2,4 und 6 zu § 4 BetrVG 72; BAG AP Nr. 1 zu § 81 BetrVG 72; BAG AP Nr. 9 zu § 111 BetrVG 72). Während die Zuordnung zum Betrieb bei online-Telearbeit durch die technische Einbindung in die Organisation des Arbeitgebers eindeutig ist, können sich in Grenzfällen Schwierigkeiten bei der Qualifikation von off-line-Telearbeitsplätzen ergeben. Auf eine Betriebszugehörigkeit des Telearbeiters kann im Einzelfall nur aus der inhaltlichen Ausgestaltung der Arbeit geschlossen werden.

Im Regelfall gehören Telearbeiter, soweit sie als Arbeitnehmer im Sinne des § 5 Abs. 1 BetrVG als angestellt einzustufen sind, zur Belegschaft eines Betriebes und sind insofern für die Organe der Betriebsverfassung wahlberechtigt und wählbar. Telearbeitsplätze fallen daher auch in den Zuständigkeitsbereich des jeweiligen Betriebsrats. In der Planungsphase kommen dem Betriebsrat im wesentlichen aus den §§ 80, 90 und 92 BetrVG folgende Unterrichtungsrechte zu.[15] Wird ein bestehendes Arbeitsverhältnis in ein Telearbeitsverhältnis umgewandelt, entspricht dies einer Versetzung i.S.d. § 99 BetrVG und unterliegt daher der Mitbestimmung des Betriebsrates (HOCK 1997, S. 226). Keinerlei Besonderheiten bestehen dagegen, wenn ein neuer Mitarbeiter als Telearbeiter eingestellt wird. Soll Telearbeit in großem Rahmen eingeführt werden, so kann dies mit einer Betriebsänderung im Sinne des § 111 BetrVg verbunden sein, wenn ein "erheblicher Teil" der Belegschaft betroffen ist. Tabelle 2 gibt die Rechtsprechung des Bundesarbeitsgerichts (BAG) dazu wieder.

Tabelle 2: Erheblicher Teil der Belegschaft

In Betrieben	Anzahl der betroffenen Arbeitnehmer
mit 21 bis zu 50 Arbeitnehmern	mindestens 6 Arbeitnehmer
mit 60 bis 499 Arbeitnehmern	10 % oder mehr als 25 Arbeitnehmer
mit 500 bis 599 Arbeitnehmern	mindestens 30 Arbeitnehmer
ab 600 Arbeitnehmern	mindestens 5 % der regelmäßig Beschäftigten

Quelle: HOCK 1997, S. 226

Auch wenn der Betriebsrat keine rechtlichen Handlungsmöglichkeiten hat, die Einführung von Telearbeit generell zu verhindern, verfügt er gemäß §§ 80, 90, 92, 99, 102, 111 BetrVG sowie zum Teil gemäß § 87 BetrVG über umfangreiche Mitbestimmungsrechte (BMA 1995, S. 7). Allerdings ist die praktische Umsetzung der bestehenden rechtlichen Möglichkeiten mit Schwierigkeiten verbunden. Insbesondere die Überwachung der Einhaltung von Arbeitsschutzvorschriften, die der Betriebsrat gemäß § 80 Abs. 1 Satz1 BetrVG vorzunehmen hat, gestaltet sich bei Telearbeitsplätzen, wie in Abschnitt 4.1.1.1.1. schon

---

15 Der Betriebsrat ist durch den Arbeitgeber rechtzeitig und umfassend zu unterrichten, damit er seine gesetzlichen Aufgaben gemäß § 80 BetrVG wahrnehmen kann. § 90 BetrVg schreibt vor, daß der Betriebsrat über die Planung von technischen Anlagen , zu denen auch EDV-Anlagen in Verbindung mit Datensichtgeräten zählen, (Ziffer 2), von Arbeitsverfahren und Arbeitsabläufen (Ziffer 3) und über die Planung von Arbeitsplätzen (Ziffer 4) unterrichtet werden muß. Darüber hinaus steht dem Betriebsrat gemäß § 92 BetrVG ein Recht auf Unterrichtung in Fragen der Personalplanung zu (GODEHARDT/WORCH/FÖRSTER 1997, S. 137 ff.).

ausgeführt wurde, schwierig. In der Praxis hat es sich daher als vorteilhaft erwiesen, im Hinblick auf die telearbeitsspezifischen Besonderheiten die betrieblich relevanten Bereiche mittels einer Betriebsvereinbarung zu regeln. Vorbildcharakter für nachfolgende Betriebsvereinbarungen anderer Firmen hatte die 1991 abgeschlossene Betriebsvereinbarung über "außerbetriebliche Arbeitsstätten" der IBM Deutschland GmbH. Gegenstand dieser Betriebsvereinbarung sind die Rahmen- und Vergütungsbedingungen für eine außerbetriebliche Arbeitsstätte in der Wohnung des Arbeitnehmers.

Tarifverträge zur Telearbeit gibt es bisher nur in Form von Firmentarifverträgen, die die speziellen organisatorischen Rahmenbedingungen der Telearbeit regeln. Firmentarifverträge erlauben im Vergleich zu Flächentarifverträgen differenziertere, unternehmensnähere Abschlüsse. Als Beispiele für Firmentarifverträge sind u.a. die Tarifverträge zwischen der Deutschen Postgewerkschaft und der Deutschen Telekom AG sowie der DeTeMobil zu nennen, außerdem der Manteltarifvertrag der Gewerkschaft Handel, Banken und Versicherungen und der Genossenschafts Rechenzentrale Norddeutschland GmbH (GRZ).

An dieser Stelle sei auch darauf hingewiesen, daß das Betriebsverfassungsgesetz gemäß des Territorialprinzips nur für Inlandsbetriebe gilt. Bei grenzüberschreitender Telearbeit ist die Anwendung kollektivrechtlicher Regelungen daher nicht möglich, auch wenn der Telearbeiter ausschließlich für einen Betrieb im Inland tätig ist. Diese telearbeitsspezifische Problematik wird jedoch durchaus kontrovers diskutiert (WEDDE 1997, S. 219).

4.1.1.2 Der Telearbeiter als Heimarbeiter

Aufgrund der typischen Merkmale vieler Formen der Telearbeit, wie dem Arbeiten zu Hause, der freien Zeiteinteilung und der eigenständigen Gestaltung des Arbeitsablaufes wird häufig gefolgert, daß es sich bei Telearbeit um Heimarbeit im Sinne des HAG handelt. Insbesondere auch die ungenaue Verwendung des Terminus Teleheimarbeit für isolierte Telearbeit führt zu diesem Fehlschluß. Telearbeit auf der Grundlage des HAG kommt jedoch verhältnismäßig selten zur Anwendung, da an das Vorliegen von Heimarbeit bestimmte bindende Kriterien geknüpft sind. So kann der Beschäftigte z.B. gemäß § 2 Abs. 1 Satz1 HAG Familienangehörige zur Arbeitserbringung hinzuziehen. Verlangt der Arbeitgeber die persönliche Erledigung der Aufgaben, so ist das HAG als Rechtsgrundlage nicht geeignet. Heimarbeiter gehören zur Gruppe der arbeitnehmerähnlichen Personen (§ 12a Tarifvertragsgesetz (TVG)).[16] Der Begriff "arbeitnehmerähnliche Person" umfaßt die Beschäftigten, die mangels persönlicher Abhängigkeit keine Arbeitnehmer, mangels wirtschaftlicher Selbständigkeit aber auch keine echten Unternehmer sind. Im Unterschied zum abhängig Beschäftigten ist der Heimarbeiter nicht in die Betriebsorganisation des Auftraggebers eingebunden und unterliegt somit nicht der direkten Weisungsbefugnis des Auftraggebers. Auf Telearbeit bezogen heißt das, daß online-Tätigkeiten grundsätzlich nicht mit einem Heimarbeitsverhältnis vereinbar sind (WEDDE 1994, S. 78, sowie WORCH 1995, S. 219). Im Unterschied zum echten Unternehmer trägt der Heimarbeiter kein kaufmännisches Risiko und arbeitet nicht für den Absatzmarkt.

In der Regel sind Heimarbeiter allein oder hauptsächlich für einen Auftraggeber tätig und somit wirtschaftlich von diesem abhängig. Aufgrund ihrer wirtschaftlichen Abhängigkeit sind Heimarbeiter in einem dem Arbeitnehmer vergleichbaren Maße sozial schutzbedürftig (vgl. Kap. 4.2). Während sie im Kollektivarbeitsrecht den Arbeitnehmern weitgehend gleichgestellt sind, genießen sie jedoch durch das HAG und einige analog anzuwendende Arbeitsgesetze nur einen sozialen Mindestschutz (KILIAN/BORSUM/HOFFMEISTER 1986, S. 320).

Die Übergänge zwischen den einzelnen Vertragsformen sind fließend. Wie bei der Feststellung der Arbeitnehmereigenschaft kann auch hier nur im Einzelfall entschieden werden, ob die Voraussetzungen des HAG erfüllt sind.

4.1.1.3 Der Telearbeiter als Selbständiger

Der selbständige Telearbeiter ist persönlich und wirtschaftlich unabhängig. Der Begriff des Selbständigen, so wie er in § 84 Abs. 1 Satz2 Handelsgesetzbuch (HGB) für den Handelsvertreter definiert ist, bildet den Gegensatz zum Begriff des Arbeitnehmers und ist insofern durch die Negation der Merkmale eines Arbeitnehmers gekennzeichnet. (KILIAN/BORSUM/HOFFMEISTER 1986, S. 172). Selbständig ist, wer seine Tätigkeit im wesentlichen frei gestalten und

---

[16] Hierzu zählen u.a. auch die nach §1 Abs. 2 HAG die den Heimarbeitern Gleichgestellten und unter bestimmten Voraussetzungen auch freie Mitarbeiter. Freie Mitarbeiter können entweder wirtschaftlich abhängig, oder aber wirtschaftlich unabhängig sein und sind dann wie Selbständige zu behandeln (DRÜKE/PFARR 1989, S. 36). Um den Rahmen der vorliegenden Untersuchung nicht zu sprengen, wird auf die Erörterung der arbeitsrechtlichen Details dieser Rechtsformen, die bei Telearbeit eine quantitativ eher untergeordnete Rolle spielen, verzichtet.

die Arbeitszeit selbst bestimmen kann. Er ist daher weisungsunabhängig, kann Aufträge ablehnen und trägt das Risiko des Mißerfolgs ebenso wie die Chance des Gewinns. Der selbständige Telearbeiter wird auf der Basis eines Dienst- oder Werkvertrages tätig, in der Regel für mehrere Auftraggeber. Die Rechtsbeziehungen zwischen dem Auftraggeber und dem selbständigen Telearbeiter bestimmen sich also durch den privatrechtlichen Vertrag, bei dem die Vorschriften des BGB zur Anwendung kommen. Da der Selbständige das Berufs- und Existenzrisiko selbst trägt, ist er nicht dem Schutz des Arbeitsrechts unterstellt. Persönliche Risiken wie Krankheit oder Unfall muß er selbst abdecken. Selbständige Telearbeit gewinnt besonders im Zuge vermehrten projektbezogenen Arbeitens an Bedeutung. Gerade für kleine und mittlere Unternehmen ergeben sich durch befristete Kooperation neue Chancen, die Beweglichkeit und Reaktionsfähigkeit am Markt zu verbessern. Für die Laufzeit eines Projektes oder Kundenauftrages entstehen so Unternehmens- und Produktionsverbünde, gebildet aus kleinen Unternehmen, freien Mitarbeitern, Kunden und Lieferanten, die sich optimal auf Kundenanforderungen einstellen können.

4.1.1.4 Die Frage der sogenannten Scheinselbständigkeit

Im Zusammenhang mit Telearbeit wird immer wieder auf die Problematik einer Scheinselbständigkeit hingewiesen. Als Scheinselbständiger wird ein Erwerbstätiger bezeichnet, der aufgrund formaler Kriterien wie ein Selbständiger behandelt wird, obwohl er nach arbeits- und sozialrechtlichen Kriterien als abhängig Beschäftigter einzustufen ist (DIETRICH 1996, S. 4). Gerade in Zeiten hoher Arbeitslosigkeit, so wird von Gewerkschaftsseite befürchtet, könnte Telearbeit im Rahmen von Flexibilisierungs- und Rationalisierungsmaßnahmen dazu dienen, vermehrt Vertragsgestaltungen außerhalb des Arbeitsverhältnisses durchzusetzen, um normative Zwänge und hohe Lohnnebenkosten zu umgehen. Zwar besteht im Rahmen der geltenden Privatautonomie Vertragsfreiheit hinsichtlich der Gestaltungsmöglichkeiten der Telearbeit und somit auch eine Freiheit der Vertragsformwahl, diese wird jedoch durch Arbeitsschutzgesetze auf der Grundlage des in Art. 20 GG verankerten Sozialstaatsprinzips wesentlich eingeschränkt. Über die rechtliche Einordnung eines Beschäftigungsverhältnisses entscheidet allein der Geschäftsinhalt, d.h. die tatsächliche Ausgestaltung und Durchführung des Vertragsverhältnisses (BAG vom 15. 3. 1978 zu § 611 BGB Abhängigkeit), nicht jedoch die vertraglich gewählte Bezeichnung (WEDDE 1994, S. 99). Während über den Sachverhalt, den der Begriff "Scheinselbständigkeit" beschreibt, weitgehend Einigkeit besteht (DIETRICH 1996, S. 5), weichen jedoch die Ansichten, wann im Einzelfall ein Erwerbsverhältnis als scheinselbständig zu gelten hat, erheblich voneinander ab. In Grenzfällen kann der betroffene Telearbeiter durch eine Statusklage, bei der über das Bestehen oder Nichtbestehen eines Arbeitsverhältnisses zu entscheiden ist, die zutreffende Einordnung in die angemessene Vertragsform auch rückwirkend durchsetzen (WEDDE 1994, S. 100).

Übersicht 7: Arbeitsrechtliche Aspekte der telearbeitsrelevanten Vertragsformen

		Arbeitnehmerähnliche Personen			Freie Mitarbeiter und Selbständige
		Schutzbereich des HAG		Arbeitnehmerähnlicher freier Mitarbeiter	
	Arbeitnehmer	Heimarbeiter	Gleichgestellter		
Persönliche Abhängigkeit	maßgebliches Kriterium für die Arbeitnehmereigenschaft	keine persönliche Abhängigkeit, Gestaltungsfreiheit bezüglich Ort, Zeit und Gestaltung der Arbeit			
Wirtschaftliche Abhängigkeit	häufig gegeben, aber nicht erforderlich	gesetzlich unterstellt	Maßstab für die Schutzbedürftigkeit als Voraussetzung für die Gleichstellung	erforderlich Voraussetzung en des § 12a TVG aber auch darunter	nein
Vertrag	nur Arbeitsvertrag als Unterform des Dienstvertrages möglich	Werkvertrag, Dienstvertrag möglich			
Teilnahme am Absatzmarkt	nein	nein			ja
Mitarbeiter	keine	allein oder mit Familienangehörigen	bis zu zwei	keine	ja
Auftraggeber	in der Regel einer	nur Gewerbetreibende möglich	neben Gewerbetreibenden auch Nichtgewerbebetrieb	Keine Einschränkung der Anzahl und hinsichtlich gewerblich und nichtgewerblich	

© IfM Bonn 1998

Quelle: COLLARDIN 1995, S.24; WORCH 1994, S. 226; eigene Darstellung

4.2 Sozialrecht

Anders als das Arbeitsrecht stellt das Sozialrecht auf den Begriff Beschäftigter ab. Die maßgebenden Kriterien zur Definition des Beschäftigungsverhältnisses, an das die Sozialversicherungspflicht anknüpft, decken sich jedoch weitgehend mit den Kriterien zur Definition des Arbeitsverhältnisses im Arbeitsrecht.

Die wichtigsten Zweige der Sozialversicherung sind die Kranken-, Renten-, Unfall-, und die Arbeitslosenversicherung (KILIAN/BORSUM/HOFFMEISTER 1986, S. 338). Der Leistungsumfang der sozialen Absicherung orientiert sich am Leitbild des Normalarbeitsverhältnisses. Normalarbeitsverhältnisse sind auf Dauer, Kontinuität und Vollzeit angelegt (KELLER/SEIFERT 1995, S. 231). Im Zuge der Forderungen nach mehr Flexibilität und Deregulierung des Arbeitsmarktes, die die Standortbedingungen verbessern und damit die internationale Wettbewerbsfähigkeit sichern sollen, gewinnen atypische, d.h. vom Normalarbeitsverhältnis abweichende Beschäftigungsformen an Bedeutung. Die wichtigsten Varianten atypischer Beschäftigung sind Teilzeitarbeit, geringfügige Beschäftigung, Zeitarbeit und befristete Beschäftigung.

Entscheidende Kriterien der sozialversicherungsrechtlichen Absicherung sind der Umfang der Wochenarbeitszeit, die Kontinuität der Beschäftigung und der rechtliche Status des Erwerbstätigen. Je stärker atypische und flexible Arbeits- und Beschäftigungsformen von der Norm des Normalarbeitsverhältnisses abweichen, desto mehr wirkt sich dies negativ auf den sozialversicherungsrechtlichen Schutz des Beschäftigten aus (LANDENBERGER 1995, S. 163).

Bei Telearbeit handelt es sich nicht per se um eine atypische Beschäftigungsform. Tendenziell stellt Telearbeit aber einen Arbeitsmodus dar, der ein Abweichen vom Normalarbeitsverhältnis begünstigt. Im Unterschied zum Arbeitsrecht ist es für das Sozialrecht unerheblich, ob der Telearbeiter Arbeitnehmer oder Heimarbeiter ist, beide gelten als Beschäftigte und sind somit sozialversicherungspflichtig. Selbständige Telearbeiter, zu denen auch die wirtschaftlich abhängigen, arbeitnehmerähnlichen freien Mitarbeiter zählen, genießen keinen sozialen Schutz. Sie können sich jedoch freiwillig in der Kranken-, Renten- und Unfallversicherung versichern lassen, lediglich eine Absicherung gegen das Risiko der Arbeitslosigkeit ist für sie ausgeschlossen. Dem Nachteil der individuellen Risikoübernahme über private Versicherungsformen stehen dabei die Vorteile der Selbstbestimmung und die Option der Gewinnerzielung gegenüber.

DOSTAL (1996) geht davon aus, daß die Öffnung der Arbeitsstrukturen zu neuen Beschäftigungsformen führt, die eher netzwerkorientiert sind und bei denen Leistungen auftragsbezogen in erster Linie von Selbständigen erbracht werden. Er sieht in Telearbeit eine Erwerbsvariante, die das überkommene

Erwerbssystem in Frage stellt. Auch nach Ansicht des DGB (SCHROETER 1996) verstärkt Telearbeit die tendenzielle Auflösung des Normalarbeitsverhältnisses und begünstigt den Trend zu verschiedenen Formen der Selbständigkeit.

4.3 Telearbeit und Datenschutz

Bei Telearbeitsplätzen muß in gleicher Weise wie bei Arbeitsplätzen im Betrieb den Belangen des Bundesdatenschutzgesetzes (BDSG) Rechnung getragen werden. Die Datenschutzvorschriften stellen dabei nicht auf den Status einer Person ab, sondern greifen immer dann, wenn personenbezogene Daten in Dateien verarbeitet werden (§ 1 Abs. 2 und § 2 Abs. 1 BDSG). Insofern ist die Differenzierung der einzelnen Vertragsformen der Telearbeit für die Anwendung von Datenschutzvorschriften irrelevant. Die Verarbeitung personenbezogener Daten ist nur dann zulässig, wenn dies eine gesetzliche Ermächtigung erlaubt oder eine Einwilligung der Betroffenen vorliegt (§ 4 Abs. 2 BDSG). Bei Telearbeit kann die Verarbeitung personenbezogener Daten in zweifacher Weise eine Rolle spielen: Erstens können personenbezogene Daten Dritter Gegenstand der Telearbeit sein, so z.B., wenn der Telearbeiter Kundendateien bearbeitet. Zweitens unterliegt auch die Speicherung personenbezogener Daten des betroffenen Telearbeiters selbst den Datenschutzvorschriften. In beiden Fällen ist der Auftraggeber dafür verantwortlich, die technischen und organisatorischen Voraussetzungen, die die Umsetzung der Datenschutzgesetze gewährleisten, zu schaffen. Die Verantwortlichkeit wird durch das Gesetz insoweit begrenzt, als der "Aufwand in einem angemessenem Verhältnis zu dem angestrebten Schutzzweck" stehen muß (§ 9 BDSG). Die notwendige Bewertung habe allerdings, so das Bundesverfassungsgericht in einem Urteil (BVerfGE 27, 352, o.V. 1997b), anhand objektiver Kriterien zu erfolgen. Kosten zählen dabei nicht als objektives Kriterium. Konkret bedeutet dies, daß bei Telearbeit auch dann die datenschutzrechtlichen Vorgaben erfüllt sein müssen, wenn dies erhebliche Zusatzkosten erfordert, so insbesondere, wenn Arbeitsergebnisse von einem Laptop per Mobilfunk an den Auftraggeber gesendet werden, oder wenn der Telearbeiter über das Internet auf betriebliche Datenbestände zurückgreift. Da es in der Praxis für den Auftraggeber mit großen Schwierigkeiten verbunden ist, außerhalb einer konventionellen Betriebsstätte einen gesetzeskonformen Zustand sicherzustellen, sollte bei Telearbeit auf die Verarbeitung von Daten mit hoher Sensitivität verzichtet werden. WEDDE (1994, S. 178) weist darauf hin, daß Datenschutzauflagen die Verbreitung von Telearbeit möglicherweise behindern, zum einen, weil die Umsetzung datenschutzrechtlicher Vorschriften die betriebswirtschaftlichen Vorteile der Telearbeit erheblich mindern, aber auch, weil die Komplexität der Datenschutzaspekte dazu führt, daß Unternehmen von der Einführung von Telearbeit absehen.

4.4 Gesetzgeberischer Handlungsbedarf

Inwieweit eine stärkere Verbreitung der Telearbeit einen gesetzgeberischen Handlungsbedarf begründet, wird von verschiedenen Seiten unterschiedlich beurteilt.

Der Petersberg-Kreis (BMA 1995, S. 2) hält derzeit ein Telearbeitsgesetz nicht für erforderlich. Dennoch betont die Unterarbeitsgruppe "Arbeitsrecht" des Petersberg-Kreises die Notwendigkeit einer intensiven rechtlichen Auseinandersetzung mit dem Thema Telearbeit. Ein Gutachten, das im Auftrag des Bundesministeriums für Arbeit und Sozialordnung die arbeitsrechtlichen und arbeitsschutzrechtlichen Diskussionspunkte untersucht, kommt gleichermaßen zu dem Schluß, daß die Schaffung eines gesonderten Telearbeitsgesetzes nicht sinnvoll wäre (WEDDE 1997, S. 249). Empfohlen wird ein Artikelgesetz, in dem arbeitsrechtliche Problemfelder allgemeiner Natur und telearbeitsspezifische Rechtspositionen gesetzlich verankert werden. Neben einer Reihe individualrechtlicher Regelungen zur Telearbeit werden insbesondere Legaldefinitionen des Arbeitnehmerbegriffs und des Betriebsbegriffs gefordert. Sowohl der DGB, als auch die IG-Metall halten ein Telearbeitsgesetz in Form eines Artikelgesetzes, das in das bestehende Arbeitsrecht ergänzende Bestimmungen wie z.B. Mindestbedingungen für Telearbeit aufnimmt, für notwendig (BAHL-BENKER et al. 1993, S. 41).

WORCH (1994, S. 279) hält Befürchtungen, daß Telearbeit zu einem erheblichen Verlust an arbeitsrechtlichem und sozialen Schutz führen würde, für nicht gerechtfertigt. Eventuell vorhandener Regelungsbedarf, so z.B. beim Heimarbeitsgesetz, ist ihres Erachtens nicht im Zusammenhang mit telearbeitsspezifischen Problemen zu sehen. Auch ZVEI/VDMA (1995, S. 50) halten die derzeitigen gesetzlichen Bestimmungen für ausreichend, da aus arbeitsrechtlichen und organisatorischen Gesichtspunkten auch in Zukunft bei Telearbeit die echten Arbeitsverhältnisse überwiegen werden.

Die Europäische Kommission sieht in der Heterogenität und Unübersichtlichkeit der rechtlichen Bestimmungen in den einzelnen Mitgliedstaaten der EU ein Hemmnis für die weitere Verbreitung von Telearbeit und fordert daher einen einheitlichen europäischen Rechtsrahmen für Telearbeit. Gleichzeitig soll damit verhindert werden, daß grenzüberschreitende Telearbeit sich auf nur wenige Regionen, deren Gesetze besonders vorteilhaft für flexible Arbeitsformen sind, beschränkt. Ebenso müsse die angestrebte Flexibilisierung des Faktors Arbeit mit einer Änderung der sozialen Sicherungssysteme einhergehen, so die Europäische Kommission (EUROPÄISCHE KOMMISSION 1996a, S. 40).

Die derzeit bestehenden Renten- und Sozialversicherungssysteme setzen lebenslange Vollzeiterwerbstätigkeit im Rahmen eines Arbeitsverhältnisses als dominante Arbeitsform voraus. Eine Zunahme selbständiger Telearbeit, verschiedener Formen der Teilzeitarbeit und insbesondere projektbezogene zeitlich befristete Kontrahierung von Telearbeitern stellt diese Systeme in Frage. Vor diesem Hintergrund fordert DOSTAL (1996b) eine neue Diskussion über die zentralen Linien des Arbeits- und Tarifrechts. Seiner Ansicht nach konnte sich Telearbeit bis heute kaum durchsetzen, da sie im Rahmen traditioneller Arbeit nur schwer organisiert werden kann.

Zusammenfassend ist festzustellen, daß es einen Interessenkonflikt gibt zwischen dem Anliegen, die Sicherung von Sozialstandards umfassend zu regeln, und dem Bestreben, die arbeitsmarktpolitischen Vorteile einer größeren Flexibilisierung des Arbeitsmarktes voll auszuschöpfen und damit auch die Verlagerung von Arbeitsplätzen in Länder mit geringerer Regelungsdichte zu verhindern.

5. Staatliche Förderung der Telearbeit

Die Verbreitungschancen innovativer Arbeitsformen in kleinen und mittleren Unternehmen hängen in hohem Maße davon ab, inwieweit innerhalb der eigenen Referenzgruppe Mittelstand bereits positive Erfahrungen vorliegen. Erfahrungen mit Telearbeit in Großunternehmen und aus dem Ausland und Anhaltswerte über die Kosten-Nutzen-Relation lassen sich nicht ohne weiteres auf die Situation mittelständischer Unternehmen übertragen. Tendenziell orientieren sich mittelständische Unternehmen eher an bewährten Beispielen, die dann an die betriebsindividuellen Bedürfnisse angepaßt werden. Auch die grundsätzliche Bereitschaft mittelständischer Unternehmen, sich mit Fragen der Arbeitsgestaltung auseinanderzusetzen, entwickelt sich nach der Logik des Schneeballprinzips: Positive Erfahrungen einzelner mittelständischer Unternehmen mit Telearbeit fördern das Interesse seitens breiterer Mittelstandskreise. Es ist jedoch kaum damit zu rechnen, daß sich in naher Zukunft eine hinreichend große Zahl von mittelständischen Anwendern und mithin Multiplikatoren ohne Anstoß von außen finden wird. Vor diesem Hintergrund, sowie angesichts der Gefahr, daß der deutsche Mittelstand den Anschluß im internationalen und zunehmend virtuellen Wettbewerb verliert, erscheint eine Förderung der Demonstration und Erprobung von Telearbeit in mittelständischen Unternehmen sinnvoll (DÖRSAM 1996b).

5.1 EU-Förderprogramme

Die Europäische Kommission hat schon Ende der achtziger Jahre im Rahmen des Kommunikationstechnologie-Forschungsprogramms RACE (Research and Development in Advanced Communication in Europe) erste Maßnahmen zur Förderung von Telearbeit initiiert.[17] In den Vordergrund rückte Telearbeit aber insbesondere durch zwei Veröffentlichungen:

---

17 Dazu zählen eine Reihe von Projekten (z.B. MITRE und PATRA), bei denen in erster Linie die Erforschung grundlegender Konzepte im Bereich der Telekommunikation im Vordergrund standen. Das 1992 gegründete EC Telework Forum, eine europäische Arbeitsgruppe zu Telearbeit, diente als Diskussionsplattform zu Fragen der Telearbeit. Darüber hinaus wurden 1993 von der Europäischen Kommission (DG XIII) insgesamt 33 Telearbeitsprojekte im Rahmen von "Telework Stimulation Actions" initiiert. Sechs dieser Projekte richteten sich an die Zielgruppe KMU (EBNET, EVONET, RECITE, RITE, SBN und TESSE), insgesamt wurden 300 KMU direkt unterstützt (EUROPÄISCHE KOMMISSION 1996a, S. 46).

- Im Weißbuch für Wachstum, Wettbewerbsfähigkeit und Beschäftigung wird an zentraler Stelle auf die Möglichkeiten der Telearbeit hingewiesen (EUROPÄISCHE KOMMISSION 1993, S. 29).

- Im sog. Bangemann-Report ist Telearbeit eines von zehn Anwendungsfeldern, denen auf dem Weg in die Informationsgesellschaft besondere Bedeutung zukommt (EUROPÄISCHE KOMMISSION 1994).[18]

Die Telearbeitsförderung der EU läßt sich in drei Bereiche gliedern: Erstens werden Telearbeitsprojekte im Rahmen der europäischen Strukturpolitik unterstützt, zweitens umfaßt das 4. Forschungsrahmenprogramm eine Vielzahl von Fördermaßnahmen, zusätzlich wird Telearbeit auch durch eine Reihe von Einzelmaßnahmen der Europäischen Kommission bzw. der jeweiligen Generaldirektionen gefördert.

- **Telearbeitsförderung im Rahmen der Strukturpolitik**

Strukturpolitische Fördermaßnahmen im Zusammenhang mit Telearbeit werden sowohl mit Mitteln des Europäischen Sozialfonds (ESF) als auch mit Mitteln des Europäischen Fonds für regionale Entwicklung (EFRE) finanziert. Ziel der Förderung ist eine ökonomische und soziale Annäherung der Mitgliedstaaten und die Überwindung nationaler und regionaler Disparitäten. Die Vergabe der Mittel richtet sich nach bestimmten Zielkategorien. Im Rahmen der für 1994 bis 1999 vorgesehenen sog. Gemeinschaftlichen Förderkonzepte (GFK) und der einheitlichen Programmdokumente werden Telearbeitsprojekte in Regionen mit Entwicklungsrückstand (sog. Ziel-1-Regionen, in Deutschland die neuen Bundesländer), aber auch in Regionen mit rückläufiger industrieller Entwicklung (Ziel-2-Regionen, z.B. in Rheinland-Pfalz) und zur Strukturanpassung des ländlichen Raums (Ziel-5b-Regionen, u.a. in Bayern) gefördert.

Ein weiteres strukturpolitisches Instrument sind die Gemeinschaftsinitiativen. Die Gemeinschaftsinitiativen haben im Rahmen der EU-Strukturpolitik die Funktion, die anderen strukturpolitischen Maßnahmen zu ergänzen, indem sie Problembereiche, die von besonderem gemeinschaftlichem Interesse sind, aufgreifen (FABIAN 1996, S. 29). Das Konzept für die Gemeinschaftsinitiativen für den Zeitraum 1994-1999 umfaßt 15 Initiativen, auf die 9 % der gesamten

---

18 Die Mehrzahl der Maßnahmen der Bundesregierung zur Gestaltung des Wandels zur Informationsgesellschaft hat enge Berührungspunkte zu dem im Bangemann-Report enthaltenen Aktionsplan der Europäischen Union (BMWI 1996, S. 12).

Strukturfondsmittel entfallen.[19] Telearbeitsprojekte finden sich vor allem in den Gemeinschaftsinitiativen ADAPT (Adaption of the Workforce to Industrial Change, 16 Telearbeitsprojekte) und LEADER II (Liaisons entre actions de dévelopment de l'économie rurale, 3 Telearbeitsprojekte).[20]

Darüber hinaus stehen für den Zeitraum 1995-1999 1 % der Mittel der Strukturfonds[21] für innovative Maßnahmen auf der Grundlage des Art. 10 der EFRE-Verordnung zur Verfügung, mit denen u.a. fünf Telearbeitsprojekte unterstützt werden. Im Zusammenhang mit der Förderung von Telearbeit in Deutschland ist hier insbesondere die Initiative RISI (Regional Information Society Initiatives) zu nennen. So war das Land Sachsen eine der sechs europäischen Regionen, die an der RISI-Initiative IRIS I (Inter-Regional Information Society Initiative) teilgenommen haben. In der zweiten Phase der IRIS-Initiative werden Fördermaßnahmen in 23 europäischen Regionen, u.a. in Schleswig-Holstein, Brandenburg und Bremen, unterstützt.

- **Telearbeitsförderung im Rahmen des 4. Rahmenprogramms für Forschung und Entwicklung (RTD)**

Das 4. Rahmenprogramm für Forschung und Entwicklung (1994-1998) umfaßt drei spezifische Programme, in deren Rahmen Telearbeit gefördert wird:[22]

– ESPRIT (European Strategic Programme for Research and Development in Information Technology),
– ACTS (Advanced Communications Technologies and Services), und
– TAP (Telematics Application Programme).

Im Rahmen des ESPRIT-Programms wird Telearbeit nur indirekt bzw. als Bestandteil von Veränderungsprozessen gefördert, so z.B. im Zusammenhang

---

[19] Für die Gemeinschaftsinitiativen stehen aus den Strukturfonds 14.051 Mill. ECU zur Verfügung (in Preisen von 1994), davon 2.206 Mill. ECU für Deutschland (EUROPÄISCHE KOMMISSION 1996c).
[20] Die Gemeinschaftsinitiativen ADAPT und LEADER II (ko-)finanziert die EU insgesamt mit jeweils rund 1.400 Mill. ECU. Die Mittelzuweisungen für Deutschland betragen für ADAPT 228,8 Mill. ECU, für LEADER 174 Mill. ECU (FABIAN 1996, S. 15).
[21] Das entspricht einem Gesamtbudget von 400 Mill. ECU (EUROPÄISCHE KOMMISSION 1997a, S. 30).
[22] Für das vierte Rahmenprogramm stehen insgesamt 13,1 Mrd. ECU zur Verfügung, davon entfallen auf ESPRIT 2.057 Mill. ECU, auf TAP 899 Mill. ECU und auf ACTS 671 Mill. ECU. Insgesamt kann in den drei Programmen mit einem Mittelrückfluß nach Deutschland von rund 330 Mill. DM pro Jahr gerechnet werden (BMBF 1997a, S. 114).

mit TBP-Projekten (Technologies for Business Processes). Unterstützt wird insbesondere die Entwicklung von Software, die flexible Arbeitsformen und Reengineeringmaßnahmen ermöglicht.

Bei ACTS, dem Nachfolgeprogramm von RACE, liegt der Schwerpunkt auf Anwendungen und Demonstrationsversuchen neuer Informationstechnologien. Von den derzeit insgesamt 158 Projekten des ACTS-Programms wurden die 22 Telearbeitsprojekte in einem sog. "Telework Concertation Chain" (GAT, Generic Access to Applications - Teleworking and Telecooperation) zusammengefaßt, um so Synergieeffekte zwischen den unabhängig voneinander finanzierten und durchgeführten Projekten zu erzielen (EUROPÄISCHE KOMMISSION 1997b, S. 58). Die beiden neuesten Initiativen zur Unterstützung von Telearbeit im Rahmen des ACTS-Programms sind DIPLOMAT und ETD.

> DIPLOMAT (European Charter for Teleworking) bietet eine Plattform für Telearbeit, in die bis zu 2.000 Organisationen (Ministerien, Forschungsinstitute, Gewerkschaften, Arbeitgeberverbände u.a.) einbezogen werden sollen, um Richtlinien zu Telearbeit zu diskutieren und auszuarbeiten. Die Konsensfindung stützt sich dabei auch auf halbjährliche Datenerhebungen zu Telearbeit.

> Die ETD-Initiative (European Telework Development) unterstützt die Verbreitung von Telearbeit durch verschiedene elektronische und nichtelektronische Serviceleistungen, so z.B. durch ein mehrsprachiges Telearbeitshandbuch und insbesondere durch den European Telework Online Service (ETO), einem Informationsservice im Internet (http://www.eto.org.uk).

Wie in ACTS spielen auch im TAP-Programm Anwendungen und mögliche kommerzielle Nutzung neuer Entwicklungen eine zentrale Rolle. TAP ist in neun Sektoren gegliedert, Telearbeitsprojekte finden sich dabei insbesondere in den Sektoren "Telematics for Urban and Rural Areas (TURA)", "Telematics Engineering" und dem Sektor "Disabled and Elderly", aber auch in den Sektoren "Education" und "Health". Das TAP-Programm umfaßt insgesamt zehn Telearbeitsprojekte.

- **Einzelmaßnahmen der Europäischen Kommission bzw. der einzelnen Generaldirektionen**

Parallel zu der Förderung im Rahmen der Strukturpolitik und des 4. Forschungsrahmenprogramms haben verschiedene Generaldirektionen Initiativen gestartet, in deren Kontext auch Telearbeit gefördert wird. Dazu zählen insbesondere die Programme TEN, ISPO und ISIS.

Ziel des TEN-Programms (Trans European Networks) ist es, Investitionen in Anwendungen im Bereich verschiedener Netztechniken wie z.B. ISDN, Breitband oder Mobilfunk zu stimulieren. In mehreren Projekten werden daher die Rahmenbedingungen vernetzten Arbeitens untersucht und in Pilotanwendungen getestet.

Im Rahmen des ISIS-Programms (Information Society Initiatives in Standardization) werden Standardisierungsprojekte kofinanziert. In Zusammenarbeit mit Standardisierungsorganisationen sollen dabei auch Standards für Telearbeitsanwendungen entwickelt werden.

Auf der Grundlage des 1994 veröffentlichten Aktionsplans "Europe's Way to the Information Society" dient ISPO (Information Society Project Office) dazu, öffentliche und private Akteure mit Informationen und Kontakten zu unterstützen. ISPO ist somit Informationspool und Koordinierungsstelle der Europäischen Kommission für die Belange der Informationsgesellschaft.

Zusätzlich zu den Förderprogrammen veranstaltete die Europäische Kommission zahlreiche Symposien und Konferenzen zu Telearbeit, so z.B. die Europäischen Telearbeitswochen 1995 und 1996 mit europaweiten Aktivitäten.

Zwar genießt die Förderung von Telearbeit und I&K-Anwendungen im Rahmen der EU-Politik einen besonderen Stellenwert, sie ist jedoch auch durch einen hohen Grad an Intransparenz gekennzeichnet. Vorrangiges Ziel der hier skizzierten Maßnahmen ist die Förderung von Telearbeit, die sich jedoch nicht auf mittelständische Unternehmen beschränkt. Der Anteil an Fördermitteln, der von den Maßnahmen zur Förderung von Telearbeit kleinen und mittleren Unternehmen zugute kommt, läßt sich nicht ermitteln. Vom Volumen her sind die Mittel aus den Strukturfonds, die für kleine und mittlere Unternehmen vorgesehen sind, am größten. Bei der Vielzahl der operationellen Programme lassen sich die auf mittelständische Unternehmen entfallenden Beträge jedoch nur schätzen. Hinzu kommt, daß es im Regionalfonds keine verordnungsrechtlich festgelegte Definition der kleinen und mittleren Unternehmen gibt. FRIEDMANN (1998, S. 48), Präsident des Europäischen Rechnungshofes, hält Zweifel an der Effizienz der Mittelstandspolitik der EU für angebracht: Dies ergebe sich schon daraus, daß die Kommission, außer bei der Gemeinschaftsinitiative KMU, nicht einmal den Umfang der für die kleinen und mittleren Unternehmen bereitgestellten Mittel kenne. Die vorgesehenen Maßnahmen sind sehr zersplittert und überschneiden sich zeitlich und inhaltlich. Mittelständische Unternehmen müßten daher in der Regel auf ihre Kosten Berater einschalten, um überhaupt an die vorgesehenen Hilfen heranzukommen.

Abbildung 6: Förderung der Telearbeit durch die Europäische Union

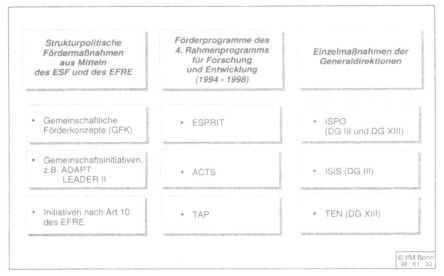

Quelle: Eigene Darstellung

5.2 Fördermaßnahmen des Bundes

Auf Bundesebene wird Telearbeit im Rahmen der "Initiative Telearbeit der Bundesregierung" gefördert, die Teil des Aktionsplans "Info 2000: Deutschland auf dem Weg in die Informationsgesellschaft" der "Initiative Informationsgesellschaft Deutschland" ist. Der Plan wurde im Februar 1996 vom Kabinett verabschiedet. Ziel der Initiative ist es, innerhalb von zwei Jahren die Rahmenbedingungen für die Einführung von Telearbeit in Deutschland zu verbessern und für eine breite Öffentlichkeit transparent zu machen (BMWI/BMA 1996b, S. 17).

Im Rahmen der derzeit laufenden, zeitlich befristeten Fördermaßnahme "Telearbeit im Mittelstand" fördert das Bundesministerium für Bildung, Wissenschaft, Forschung und Technologie zusammen mit der Deutschen Telekom AG mittelständische Unternehmen der gewerblichen Wirtschaft, sofern sie in einer Größenordnung von 5 % der vorhandenen Beschäftigten Telearbeitsplätze neu einrichten. Adressat der Fördermaßnahme waren kleine und mittlere Unternehmen mit maximal 500 Beschäftigten und einem Jahresumsatz von höchstens 100 Mill. DM, die ihren Geschäftsbetrieb in der Bundesrepublik Deutschland haben.[23] Die Arbeitszeit außerhalb der Betriebsstätte mußte mindestens 40 % der Gesamtarbeitszeit betragen und es mußte ein reguläres Arbeitsverhältnis vereinbart werden (BMBF 1997b). In einem zweistufigen Förderprozeß wurden zunächst im Rahmen eines Wettbewerbes die Erstellung von maßgeschneiderten Konzepten mit maximal 10.000 DM gefördert. Die Konzepte konnten auch von externen Beratern erstellt werden. In der einjährigen Erprobungsphase wird die Umsetzung des Konzeptes mit maximal 40.000 DM gefördert, so z.B. die Qualifikation der Mitarbeiter für Telearbeit. Insgesamt hat das Projekt ein Fördervolumen von 20 Mill. DM, jeweils zur Hälfte getragen vom Bundesministerium für Bildung, Wissenschaft, Forschung und Technologie und der Deutschen Telekom AG.

Übersicht 8: Maßnahmen des Bundes zur Förderung von Telearbeit

- Fördermaßnahme "Telearbeit im Mittelstand"
- Förderung von Telearbeitsplätzen im Rahmen der GA "Verbesserung der regionalen Wirtschaftsstruktur"
- Förderinitiative Telekooperation
   - Telekooperation POLIKOM (Politeam, Poliflow, Poliwork, Polivest)
   - Telekooperation und Mehrwertdienste (TeleBau, MARTIN, LINGO, FOKUS, TeleScript)
   - TEDIS (Telearbeit für Behinderte)
- F&E-Programm Produktion 2000
- Innovationen für die Wissensgesellschaft - Förderprogramm Informationstechnik
   - Innovationsschwerpunkt SERVICE

© IfM Bonn

Quelle: Eigene Zusammenstellung

---

[23] Förderanträge mußten bis zum 16. Mai 1997 gestellt werden (BMBF 1997b, S. 7).

Trotz der verhältnismäßig strengen Förderkriterien lag die Zahl der Antragstragsteller bei 1.300. Die 420 ausgewählten Unternehmen haben sich verpflichtet, an einer Begleitforschung teilzunehmen. Die Evaluierung der Fördermaßnahme erfolgt durch die TA Telearbeit GmbH. Insgesamt entstehen durch die Maßnahme ca. 1.750 neue Telearbeitsplätze (BMBF1997a, S. 45).

Seit 1997 ist die Förderung von Telearbeitsplätzen auch im Rahmen der Gemeinschaftsaufgabe "Verbesserung der regionalen Wirtschaftsstruktur" möglich.

Die Förderinitiative "Telekooperation" des Bundesministeriums für Bildung, Wissenschaft, Forschung und Technologie fördert in zwei thematisch unterschiedlich akzentuierten Fördermaßnahmen F&E-Projekte: In den Förderschwerpunkt "POLIKOM" sind vier Pilotprojekte in öffentlichen Verwaltungen einbezogen, in denen synchrone und asynchrone Telekooperation erprobt wird. Im Rahmen der Fördermaßnahme "Telekooperation und Mehrwertdienste" wurden mit einem Gesamtvolumen von 7 Mill. DM (DLR 1996) fünf Projekte durchgeführt: "TeleBau" unterstützte die mobile Telekooperation in der Bauwirtschaft, indem Baustellenleitern oder Architekten mit einem mobilen Arbeits- und Kommunikationsplatz ausgestattet wurden. "MARTIN" ist ein Auskunftssystem für technologieorientierte KMU. "LINGO" vermittelt Dolmetscher und Übersetzer über ein netzwerkbasiertes Fremdsprachen- und Dienstleistungssystem an Kunden, unabhängig vom Standort. Fokus ist ein Informationssystem über Forschungs- und Serviceleistungen in den neuen Bundesländern. "TeleScript", das "Dezentrale Schreibbüro", verbindet elektronisch Unternehmen und Institutionen mit dezentralen Dienstleistern. Darüber hinaus werden mit dem Projekt "TEDIS" Telearbeitsplätze für Schwerbehinderte gefördert.

Weitere Maßnahmen zur Förderung von Telearbeit sind das Programm "Produktion 2000", das Anwendungslösungen und Dienstleistungen im Bereich des Maschinenbaus wie z.B. Telewartung, Ferndiagnose und Fernreparatur beeinhaltet, und das Förderprogramm "Informationstechnik". Ziele der Förderung des Programms Informationstechnik sind u.a. die Entwicklung und Erprobung von wissensintensiven Teledienstleistungen und Formen der Telearbeit und Telekooperation (Innovationsschwerpunkt SERVICE). In weiteren Innovationsschwerpunkten wird Telearbeit mittelbar unterstützt, so z.B. durch die Entwicklung und Erprobung mobiler Multimedia-Kommunikationssysteme (Innovationsschwerpunkt MOBIKOM) und die Weiterentwicklung von Visualisierungssystemen (Innovationsschwerpunkt VISION). Für Forschung und Entwicklung im Bereich innovativer Dienstleistungen durch Multimedia, zu denen auch Telekooperation und Telearbeit zählen, werden für das Jahr 1998 insgesamt 100 Mill. DM zur Verfügung gestellt (BMBF 1997a, S. 88).

Gesetzgeberische Maßnahmen, die zur Förderung von Telearbeit mittelbar beitragen, sind vor allem das am 1. August 1996 in Kraft getretene Telekommunikationsgesetz (TKG) und das seit dem 1. August 1997 geltende Informations- und Kommunikationsdienste-Gesetz (IuKDG). Insbesondere die Liberalisierung der Telekommunikationsmärkte auf der Grundlage des TKG und die damit verbundene zu erwartende Senkung der Gebühren stellt eine wichtige Voraussetzung für die Wirtschaftlichkeit von Telearbeit dar. Die unübersichtlichen Tarifstrukturen verhindern jedoch bisher, daß auch mittelständische Unternehmen kostengünstigere Angebote in Anspruch nehmen. Eine vom Berliner Forsa-Institut bei 400 mittelständischen Unternehmen und Freiberuflern durchgeführte Untersuchung ergab, daß derzeit nur jeder achte Mittelständler einen Wechsel von der Telekom zu anderen privaten Telekommunikationsanbietern plant oder bereits vollzogen hat (MERTENS 1998).

Verschiedene Ministerien haben Informationsmaterial zum Thema veröffentlicht,[24] um Informationsdefizite abzubauen und die Akzeptanz gegenüber Telearbeit zu erhöhen.[25] Darüber hinaus hat die Bundesregierung eine Reihe von Gremien ins Leben gerufen, in denen die Rahmenbedingungen des Strukturwandels diskutiert und Handlungsempfehlungen für flankierende Maßnahmen des Staates zur Stärkung des marktwirtschaftlichen Ordnungsrahmens und Fortentwicklung der rechtlichen Rahmenbedingungen auch im Zusammenhang mit Telearbeit erarbeitet werden.[26]

---

[24] u.a. "Telearbeit - Chancen für neue Arbeitsformen, mehr Beschäftigung, flexible Arbeitszeiten" (BMWI/BMA 1996), "Entwicklung der Telearbeit - Arbeitsrechtliche Rahmenbedingungen", (BMA 1997), "Elektronischer Leitfaden zur Telearbeit" (www.iid.de/telearbeit/leitfaden), (BMBF 1997).

[25] Auch mit einer Reihe von internen Telearbeitsprojekten in der Bundesverwaltung und den nachgeordneten Behörden der Bundesressorts sollte, insbesondere im Zusammenhang mit dem Umzug des Bundestages und Teilen der Bundesregierung nach Berlin, ein Beitrag für mehr Effizienz und Flexibilität in der öffentlichen Verwaltung geleistet werden.

[26] u.a. das Forum Info 2000, Arbeitsgruppe 1 "Arbeiten in der Informationsgesellschaft, den Rat für Forschung, Technologie und Innovation beim Bundeskanzler (kurz Technologierat) sowie den Petersberg-Kreis, Plattform "Anwendungen" (ZVEI/VDMA), Arbeitsgruppe "Arbeitsrecht" (BMWi, BMPT), Arbeitskreis "Beschäftigungspotentiale Neue Medien"

5.3 Fördermaßnahmen der Länder

Trotz einer fast einhelligen Befürwortung der Telearbeit bei den Landesregierungen gestaltet sich eine Bestandsaufnahme der Fördermaßnahmen der einzelnen Bundesländer aus zwei Gründen schwierig:

- die begriffliche Abgrenzung zwischen Telearbeit, Teledienstleistungen, Telematik, Multimedia und I&K-Anwendungen wird nicht einheitlich gehandhabt, so daß in einigen Fällen nicht deutlich wird, ob im Rahmen einer Fördermaßnahme Telearbeit im Sinne der Definition dieser Studie (vgl. Kap. 2) gefördert wird.

- Daten zum Fördervolumen oder zur Anzahl der Telearbeitsplätze stehen häufig nicht zur Verfügung, da vielfach Initiativen zu Telearbeit gerade erst gestartet worden sind oder sich noch in der Planungsphase befinden.

Dennoch lassen sich in Bezug auf die Förderung von Telearbeit zwei Tendenzen unterscheiden: In einer Reihe von Bundesländern findet eine gezielte Förderung von Telearbeit in Verbindung mit Programmen, die sich explizit auf Telearbeit beziehen statt, so u.a. in Nordrhein-Westfalen und Bayern. In den übrigen Bundesländern wird eine Förderung von Telearbeit nicht grundsätzlich abgelehnt, vielmehr wird im Rahmen umfassenderer Förderprogramme, wie z.B. der Förderung der Anwendung von I&K-Technologien, im Einzelfall entschieden, welche Anwendungen für förderungswürdig gehalten werden.

Unterschiede in der Förderpraxis sind vor allem auch auf strukturelle Verschiedenheiten der Bundesländer zurückzuführen. Telearbeit wird zum einen im Rahmen der Wirtschaftsförderung strukturschwacher Räume unterstützt (so z.B. in Bayern), oder vorrangig im Zusammenhang mit Beschäftigungsförderung (vgl. u.a. Berlin, Hamburg). Parteipolitisch bedingte Unterschiede in der Förderung von Telearbeit lassen sich nicht erkennen. Da ein großer Teil der Telearbeitsprojekte von den Ländern kofinanzierte EU-Projekte sind, spielt auch die Abgrenzung der Zielregionen der EU-Förderung eine größere Rolle.

5.3.1 Baden-Württemberg

Das Land Baden-Württemberg und die Deutsche Telekom AG haben im Rahmen der Landesinitiative "Baden-Württemberg media" die Durchführung von vierzehn Gemeinschaftsprojekten vereinbart. Telearbeit wird dabei in zwei Pilotprojekten, den Tele-Servicecentern Sternenfels und Pfullendorf, mit einem Gesamtvolumen von 2 Mill. DM gefördert, jeweils zur Hälfte vom Land und der

Telekom AG getragen. Darüber hinaus sollen Informationsveranstaltungen die Akzeptanz gegenüber der Telearbeit erhöhen. Hier sei z.B. die Tagung "Telearbeit - eine Chance für mittelständische Unternehmen" genannt, die im Februar 1997 in Stuttgart stattfand (LANDESGEWERBEAMT BADEN-WÜRTTEMBERG 1997 / MFG 1997).

5.3.2 Bayern

In Bayern ist, ähnlich wie in Nordrhein-Westfalen, die Förderung von Telearbeit Teil eines umfassenden Gesamtkonzeptes "Bayern online - Datenhochgeschwindigkeitsnetz und neue Kommunikationstechnologien für Bayern". In neun Themenarbeitskreisen werden Pilotprojekte konzipiert, wobei die Anwendung von Telearbeit durch den Themenarbeitskreis "Telearbeit und virtuelle Unternehmen" unterstützt wird. Vorrangige Ziele der Förderung sind die Entlastung von Ballungsgebieten und die Stärkung strukturschwacher Räume.

In quantitativ relevanten Größenordnungen sind Telearbeitsplätze in Bayern bisher vorwiegend in großen Unternehmen geschaffen worden, so u.a. bei der Quelle AG (350), bei Siemens (600 mobile Arbeitsplätze) und bei BMW im Rahmen des Landesprojektes "Telearbeit in einem Ballungsraum" (310). Darüber hinaus steht in Bayern vor allem die Einrichtung von Telezentren im Vordergrund. In mehreren Modellvorhaben sind Teleservicehäuser entstanden, so z.B. das Tele-Zentrum Retzstadt e.V. mit 6 Telearbeitsplätzen, TeleService Fränkische Schweiz in Waischenfeld, ebenfalls mit 6 Telearbeitsplätzen und das Telekommunikationszentrum Oberfranken e.V. in Bayreuth mit 4 Telearbeitsplätzen sowie die Telezentren Deggendorf, Bernried, Hengersberg und Stephansposching und das Teledienstleistungszentrum Gunzenhausen. TeleService Kronach befindet sich in der Gründungsphase.

Mit dem Förderkonzept "Bayern online II" wird die Telekommunikationsinitiative der Bayerischen Staatsregierung fortgesetzt. Telearbeit wird dabei im Rahmen des "Operationellen Programms zur integrierten Nutzung der Telematik im ländlichen Raum Bayerns" gefördert. Insgesamt sind für das gesamte operationelle Programm 15 Mill. DM bayerischer Zuschüsse vorgesehen. Diese werden durch Komplementärmittel der EU verdoppelt und sollen durch Bundesmittel ergänzt werden, sodaß sich zusammen mit den Beiträgen der Projektteilnehmer ein Gesamtvolumen von 80 Mill. DM ergibt. Die Förderung kann in den von der EU als sog. Ziel-5b-Gebiet festgelegten Regionen Bayerns erfolgen, die mehr als 50 % der Fläche Bayerns einschließen. Dort sollen sich jeweils 4-5 Landkreise zu insgesamt zehn "lernenden Regionen" zusammenschließen, so daß etwa 40 lokale Informationssysteme entstehen, die von je drei Mitarbeitern betrieben werden. Die Qualifizierung dieser Mitarbeiter erfolgt über das Arbeitsförderungsgesetz (AFG). Durch Verknüpfung der Telezentren über das Bayernnetz sollen so virtuelle Unternehmen eingerichtet werden, die von einem zentralen Kompetenzzentrum koordiniert werden. Es ist vorgesehen, daß jede Pilotregion (bzw. "lernende Region") mindestens 60 Telearbeitsplätze einrichtet, sodaß insgesamt 600 neue Telearbeitsplätze geschaffen werden (BAYERISCHE STAATSREGIERUNG 1996 / BAYERISCHE STAATSREGIERUNG 1997).

5.3.3 Berlin

Die ressortübergreifende Landesinitiative "Der Berliner Weg in die Informationsgesellschaft", die im Sommer 1997 gestartet wurde, ist eine gemeinsame politische Plattform, um die bisher schon bestehenden Initiativen, Arbeitskreise und Fachgruppen miteinander zu vernetzen, die Aktivitäten weiterzuentwickeln und Synergien zu erschließen. In einer Bestandsaufnahme, erstellt im Juni 1997, sind insgesamt 77 Projekte in Berlin im Bereich Telekommunikation, Informationstechnik und Multimedia dokumentiert. Einen direkten Bezug zu Telearbeit haben davon die fünf folgenden Projekte:

An dem Projekt "SME und micro-business Adaption via European Superhighway Technologie", finanziert mit Mitteln des EU-Programms ADAPT, sind 25 Unternehmen beteiligt. Die Strukturanpassung kleiner und mittlerer Unternehmen soll u.a. durch die Einrichtung einer Beratungsstelle zur Telearbeit und durch die Simulation von Betriebsabläufen in einem Telebüro unterstützt werden.

Ein weiteres ADAPT-Projekt ist "Telelernen- und arbeiten für Qualitätsmanagement", an dem 30 Unternehmen beteiligt sind. Im Rahmen des Projektes können Mitarbeiter über interaktiven Fernunterricht zu innerbetrieblichen Sachverständigen für Total Quality Management weitergebildet werden. Darüber hinaus soll die Einführung von Netzwerktechnologie für Telearbeit und Telelearning als Managementinstrument unterstützt werden.

Das Projekt "Qualifizierung für benachteiligte Jugendliche im Bereich Multimedia", gefördert durch das Modellprogramm Schule, das Arbeitsamt, die Jugendhilfe und mit Mitteln des Europäischen Sozialfonds (ESF) dient als Qualifizierungsmaßnahme für alle multimedialen Anwendungsbereiche, u.a. auch für die Arbeit an Telearbeitsplätzen.

Bei dem ADAPT-Projekt "Förderung der Schaffung von Telearbeitsplätzen für Frauen. Ein Internationaler Vergleich.", sollen in Zusammenarbeit mit Verbänden und Gewerkschaften die Rahmenbedingungen und Potentiale für Telearbeitsplätze für Frauen ermittelt werden.

Eine Gemeinschaftsinitiative der Deutschen Telekom und des Landes Berlin, das Projekt "Media Polis", soll zur Etablierung anwendungsbezogener Services beitragen. Vorhaben sind u.a. Telearbeit und Telekooperation.

Außerdem können Multimediavorhaben im Rahmen des Förderprogramms "Innovative Medientechnologien in Berlin" mit Mitteln des Europäischen Fonds für regionale Entwicklung (EFRE) unterstützt werden. Das Programm läuft bis 1999. Gefördert werden im wesentlichen mittelständische Unternehmen. Im Rahmen des Landesprogrammes "Informations- und Kommunikationstechnologie" wurden bisher 100 Projekte, darunter 75 % in kleinen und mittleren Unternehmen, gefördert. Schwerpunkte der Förderung sind F&E und Pilotanwendungen, u.a. im Bereich Telematik (SENATSVERWALTUNG FÜR WIRTSCHAFT UND BETRIEBE 1997).

5.3.4 Brandenburg

In Brandenburg sind durch die Verbindung von Investitionsfördermaßnahmen des Wirtschaftsministeriums, Fördermaßnahmen des Arbeitsministeriums und des Landesarbeitsamtes Berlin-Brandenburg im Bereich Medienwirtschaft und Telekommunikation ca. 1.000 neue Arbeitsplätze entstanden. Förderschwerpunkte sind neben der Ansiedlung von Teledienstleistungsarbeitsplätzen bei Telekommunikationsunternehmen (e-plus Mobilfunk, Mannesmann Mobilfunk, Viag Interkom und Telekom AG) die Einrichtung von Call-Centern und die Schaffung von regionalen Tele-Dienstleistungszentren. So wurden z.B. mit Unterstützung aus Mitteln der Gemeinschaftsaufgabe "Verbesserung der regionalen Wirtschaftsstruktur" die Ansiedlung eines Telearbeitszentrums in Wittenberge und eines Dienstleistungszentrums für Telemedien in der Stadt Brandenburg unterstützt. Für die Expo 2000 entsteht in der Stadt Forst ein dezentrales Projekt mit unterschiedlichen I&K-Anwendungen, darunter auch Telearbeit. Brandenburg ist zudem eine der drei neuen deutschen Regionen, die nach dem IRIS-Modell der Europäischen Kommission seit Januar 1997 eine Landesinitiative zur Informationsgesellschaft gestartet haben. Im Rahmen der "Brandenburgischen Informations Strategie (BIS) 2006" sollen vor allem durch Qualifizierungsmaßnahmen neue Arbeitsplätze "im Netz" geschaffen werden. Das Ministerium für Arbeit, Soziales, Gesundheit und Frauen fördert mit ESF-

und ADAPT-Mitteln (EU) elf kleinere regionale Teledienstleistungszentren mit zusammen 150 Arbeitnehmern, in denen die Rahmenbedingungen für Telearbeit erprobt werden (WIRTSCHAFTSMINISTERIUM BRANDENBURG 1997).

5.3.5 Bremen

Zur Stimulierung der Anwendungsentwicklung und Erprobung neuer Telekooperationsmöglichkeiten wurde 1995 die Telekooperationsinitiative Bremen TKI, eine ressortübergreifende Aktions- und Koordinationsgruppe, ins Leben gerufen mit dem Ziel, Erfahrungen mit Anwendungen der Breitbandkommunikation zu gewinnen. Im Rahmen eines Förderprogrammes werden daher Entwicklungs- und Qualifizierungsprojekte in kleinen und mittleren Unternehmen bis zum Jahr 2001 mit Landesmitteln gefördert. So sind z.B. im Rahmen des Projektes "Transferprozesse für KMU in Bremerhaven" Schulungen für kleine und mittelständische Unternehmen im Umgang mit modernen Kommunikationsmedien vorgesehen. Pilotprojekte zur Anwendung von Informations- und Kommunikationstechnologien in mittelständischen Unternehmen können auch mit Mitteln des bremischen I&K-Programms unterstützt werden. Im Rahmen der EU-Initiative RISI werden zur Zeit 22 europäische Regionen bei der Einführung der Informationsgesellschaft unterstützt, unter ihnen auch die Region Bremen mit dem Vorhaben "BRISE". Aufgabe des Projektes BRISE ist es, ein integriertes Gesamtkonzept für den Weg Bremens in die Informationsgesellschaft zu entwickeln. Die EU hat für BRISE 500.000 DM bereitgestellt, weitere 500.000 DM trägt das Land Bremen (LINDNER et al. 1997).

5.3.6 Hamburg

Der Hamburger Senat sieht im Rahmen der Landesinitiative "Multimedia-City Hamburg" die Finanzierung von Maßnahmen zur Förderung von Telekommunikation und Multimedia in Höhe von 5,3 Mill. DM für die Haushaltsjahre 1997 und 1998 vor. Schwerpunktbereiche der Förderung sind unternehmensübergreifende Kooperationen, Standortmarketing, Infrastruktur maßnahmen sowie insbesondere die Investitionsförderung für kleine und mittlere Multimediafirmen (BÜRGERSCHAFT DER FREIEN UND HANSESTADT HAMBURG 1997).

In einem ADAPT-Projekt zur Einführung von Telearbeit werden darüber hinaus acht Hamburger Firmen zwei Jahre lang bei der Entwicklung von Telearbeitsplätzen begleitet. An den Kosten des Projekts beteiligen sich das Senatsamt für die Gleichstellung mit 243.000 DM, die EU mit 196.000 DM und die Unternehmen selbst mit insgesamt 28.000 DM (o.V. 1998).

5.3.7 Hessen

In Hessen ist Ende 1997 eine auf drei Jahre angelegte Rahmenkonzeption gestartet worden, die die Förderung von modellhaften Anwendungen im Bereich Telekooperation, Telearbeit und Teleteaching zum Ziel hat. Die Initiative "Hessen Teleworking", Teil des Gesamtkonzeptes "Hessen media", wendet sich dabei insbesondere an kleine und mittlere Unternehmen. Neben kostenloser Beratung der Unternehmen und Betreuung der laufenden Projekte umfaßt die Förderung, anders als in den meisten anderen Bundesländern, auch eine Anschubfinanzierung für Investitionen in Hard- und Software, der laufenden Kosten und ggf. auch der Personalkosten. Die Initiative wird aus Landesmitteln und Mitteln eines Sponsors finanziert.

Die hessische Landesregierung setzt damit die Förderpolitik der letzten Jahre fort, durch deren Unterstützung u.a. ein Telehaus-Modellprojekt, das "Gelbe Haus Schotten" im Vogelsbergkreis und als lokale Initiative das "Telehaus Wetter" entstanden sind (HESSISCHES MINISTERIUM FÜR WIRTSCHAFT, VERKEHR UND LANDESENTWICKLUNG 1997).

5.3.8 Mecklenburg-Vorpommern

Von 1991 bis 1997 wurden im Rahmen des Technologie- und Innovationsförderprogramms (TIF) des Landes Mecklenburg-Vorpommern insgesamt 178 Projekte im I&K-Bereich mit etwa 20 Mill. DM gefördert. Die Förderung von Telearbeit war dabei vor allem in Form von Beratungsleistungen der vier durch das Wirtschaftsministerium geförderten In-Kom-Zentren an den Technologiezentren des Landes möglich. Momentan wird unter Federführung des Wirtschaftsministeriums eine Multimedia-Landeskonzeption mit Maßnahmenkatalog erarbeitet, so daß nach der Ressortabstimmung ein für die nächsten Jahre richtungsweisendes Konzept für Mecklenburg-Vorpommern mit einzelnen Projekten auch zu Telearbeit vorliegen wird (WIRTSCHAFTSMINISTERIUM MECKLENBURG-VORPOMMERN 1997).

5.3.9 Niedersachsen

Die Landesregierung Niedersachsens hat 1995 die "Niedersächsische Initiative für die Informations- und Kommunikationswirtschaft" ins Leben gerufen. In sechs Projektgruppen wurden Anwendungsprojekte konzipiert, für die Projektgruppe Telearbeit z.B. die Einrichtung von Telearbeitsplätzen, ein Nachbarschaftsbüro und mobile Büros für Außendienstmitarbeiter. Es stellte sich jedoch heraus, daß seitens der Vertreter der Wirtschaft nicht ausreichend Interesse an der Umsetzung, die mit einer finanziellen Beteiligung verbunden gewesen wäre, vorhanden war, sodaß die Projektgruppe Telearbeit aufgelöst wurde (NIEDERSÄCHSISCHES MINISTERIUM FÜR WIRTSCHAFT, TECHNOLOGIE UND VERKEHR 1996).

5.3.10 Nordrhein-Westfalen

Die Initiative "media NRW" des Landes Nordrhein-Westfalen wurde im März 1995 vom Ministerium für Wirtschaft und Mittelstand, Technologie und Verkehr des Landes Nordrhein-Westfalen gegründet, um den Einsatz von Multimediatechniken und -anwendungen in Nordrhein-Westfalen zu fördern. Schwerpunkte der Landesinitiative sind neben einer Reihe von Großprojekten und Public-Private-Partnerships sieben sog. "Task-Forces" und die Förderung von Einzelprojekten in kleinen und mittleren Unternehmen. Seit der Gründung sind über 40 Projektvorhaben initiiert worden. Hauptaufgabe der Task Force "Telearbeit/Telekooperation" ist die systematische Erfassung verschiedener Formen der Telearbeit und Telekooperation sowie die Abstimmung von Projekten. Ein konkretes Ergebnis der Task Force ist die Gründung der TA Telearbeit GmbH, die umfassende Beratungsdienstleistungen im Bereich von Telearbeit, Telekooperation, Teleteaching und Telekommunikationsanwendungen anbietet und eine große Zahl von Projekten leitet und wissenschaftlich begleitet. Zu nennen ist dabei vor allem der Feldversuch "Das virtuelle Büro - Telearbeit in NRW", bei dem in den nächsten Jahren 500 bis 1.000 Telearbeitsplätze vor allem in mittelständischen Unternehmen und Dienstleistungsunternehmen realisiert werden sollen. Mehr als 20 Unternehmen sind bisher an dem Feldversuch beteiligt. In Branchenteilprojekten werden dabei übertragbare Telearbeitskonzepte für bestimmte Zielgruppen oder Branchen, so z.B. Frauen, Behinderte, DV-Branche, öffentliche Verwaltung oder Medienbranche entwickelt. In Regionalteilprojekten entstehen spezielle Konzepte für eine Region (z.B. Münsterland, Kreis Heinsberg), bei denen insbesondere die Einrichtung von Telecentern und Teleservice-Centern im Vordergrund steht. Begleitend zu diesem Feldversuch wird ein Qualifizierungsprogramm zur Unterstützung und Konzeption der organisatorischen Einbindung von Telearbeitsplätzen in Firmen, Verbänden und Organisationen umgesetzt. Im Rahmen der Qualifizierungsmaßnahme werden die für Telemedienmanagement, Telearbeitsorganisation und Medienkompetenz notwendigen Ausbildungsinhalte entwickelt. Darüber hinaus betreibt die TA Telearbeit GmbH zwei eigene Telecenter in Bochum und Geilenkirchen, weitere sind in Planung. In dem ACTS-Projekt ETD der Europäischen Kommission (vgl. Kap. 5.1) ist die TA Telearbeit GmbH als National Coordinator Germany eingesetzt.

Zusammen mit den Firmen IBM, Siemens und der Deutschen Telekom finanziert das Land Nordrhein-Westfalen das Projekt Telekoop-Zentrum in Köln, das speziell kleine und mittlere Unternehmen bei der Auswahl und Einführung von Telearbeits- und Telekooperationssystemen unterstützen soll. Neben der Bereitstellung von Informationen über Mehrwertdienste und Telekooperationslösungen umfaßt das Dienstleistungsangebot des Telekoop-Zentrums auch die Demonstration verschiedener Anwendungen in einem Democenter sowie insbesondere eine an den spezifischen Anforderungen und Bedürfnissen mittelständischer Unternehmen orientierte Beratung.

Weitere Projekte der Task Force Telearbeit/Telekooperation sind "Telearbeit für Behinderte" und eine große Zahl von Informationsveranstaltungen zur Telearbeit. In über 25 Kongressen, 10 Workshops und über 40 Presseveröffentlichungen sowie einer Reihe von Studien wurden die Aktivitäten der Task Force einer breiten Öffentlichkeit zugänglich gemacht (MINISTERIUM FÜR WIRTSCHAFT UND MITTELSTAND, TECHNOLOGIE UND VERKEHR DES LANDES NORDRHEIN-WESTFALEN 1997).

5.3.11 Rheinland-Pfalz

Die rheinland-pfälzische Landesregierung unterstützt die Verbreitung von Telearbeit durch das Projekt "Telearbeit in Rheinland-Pfalz - Maßnahmen zur Förderung der Akeptanz und Anwendung von Telearbeit". Die Initiative zielt in erster Linie darauf, Information über Chancen und Risiken bereitzustellen sowie Hilfestellungen bei der Einführung von Telearbeit zu geben. Aus Landesmitteln standen 1997 für das Projekt 250.000 DM zur Verfügung. Koordiniert wird die Informations- und Motivationskampagne von der Technologie Transfer Trier GmbH. Neben einer Reihe von Workshops, Seminaren, einem Diplomandenkolloquium und einem Telearbeitsforum fand im Oktober 1997 die "Rheinland-Pfälzische Woche der Telearbeit" mit Informationsveranstaltungen und Anwendungsdemonstrationen an verschiedenen Orten in Rheinland-Pfalz statt. Zusätzlich bietet die Technologie Transfer Trier GmbH einer Reihe von Unternehmen sog. Incentive-Pakete an, im Rahmen derer die Unternehmen bei der Einführung von Telearbeit beraten werden. Die Beratung reicht von Informationsveranstaltungen direkt im Betrieb bis hin zur technischen Realisierung.

Im Auftrag des Ministeriums für Wirtschaft, Verkehr, Landwirtschaft und Weinbau wurde 1997 eine Bestandsaufnahme "Telearbeitsprojekte in Rheinland-Pfalz" durchgeführt. Demnach gibt es derzeit in Rheinland-Pfalz 39 Telearbeitsprojekte, darunter vier Telezentren und dreizehn Unternehmen, die Telearbeit anwenden. Genannt sei hier u.a. die Telesys Gesellschaft für innovative Telearbeitsformen mbH. Dieses Teleservicezentrum bietet seit 1997 bundesweit seine Dienstleistungen an. Bei der GaW Hahn Campus GmbH wurden, gefördert vom Arbeitsamt Bad Kreuznach, 22 Telearbeiter ausgebildet.

Fördermöglichkeiten für Telearbeit gibt es darüber hinaus im Rahmen von EU-Projekten. So wird derzeit ein Pilotprojekt in der Region Trier, das Teleservice-Centre Speicher, in dem auch Behindertenarbeitsplätze entstehen sollen, aus Mitteln der EU-Gemeinschaftsinitiative LEADER II (ESF) und Komplementärmitteln des Landes unterstützt. In Kaiserslautern-Siegelbach, das in einer sog. Ziel-2-Region liegt, soll mit Mitteln aus dem Europäischen Fonds für regionale Entwicklung (EFRE) das Teleservice-Centre Westpfalz, eine Agentur, die Teledienstleistungen vermittelt, entstehen. Auch das EU-Verbindungsbüro, eine von der EU und dem rheinland-pfälzischen Wirtschaftsministerium getragene Beratungsinstitution, soll den Einsatz innovativer Technologien unterstützen, wie z.B. Telearbeit und Telekooperation in kleinen und mittleren Unternehmen. Im Rahmen des Projektes "TeleTEAM - Telekooperation, neue Formen kooperativen Arbeitens" wurden u.a. mittelständische Unternehmen bei der organisatorischen Einbettung von Telearbeit im Unternehmen beraten (MINISTERIUM FÜR WIRTSCHAFT, VERKEHR, LANDWIRTSCHAFT UND WEINBAU DES LANDES RHEINLAND-PFALZ 1997).

5.3.12 Saarland

Das Saarland fördert im Rahmen der "Landesinitiative Telekommunikation Saar" Infrastrukturmaßnahmen und Pilotprojekte im Bereich Informations- und Kommunikationstechnologie. Die Fördermaßnahme richtet sich vorzugsweise an kleine und mittlere Unternehmen mit bis zu 500 Mitarbeitern, die zu höchstens 25 % im Besitz eines oder mehrerer Unternehmen sind, die dieser Definition nicht entsprechen. Derzeit gibt es im Saarland ein Telearbeitsprojekt, an dem eine Versicherung, ein Softwareunternehmen und verschiedene Ministerien beteiligt sind und das aus Landesmitteln mit insgesamt 500.000 DM bezuschußt wird. Das Projekt wird vom Siemens Telekooperationszentrum, einer Tochter der Siemens AG begleitet. Während der dreijährigen Laufzeit sollen ca. 25 Telearbeitsplätze eingerichtet werden (MINISTERIUM FÜR WIRTSCHAFT UND FINANZEN DES SAARLANDES 1996).

5.3.13 Sachsen

Der Freistaat Sachsen ist eine der sechs europäischen Regionen, die an der ersten Phase der EU-Initiative IRIS (Interregional Information Society Initiative) teilgenommen haben. Im Rahmen der Initiative wurde 1995 von der Sächsischen Informationsinitiative (SII), dem sächsischen Part der IRIS-Initiative, ein Aktionsprogramm "Sachsens Weg in die Informationsgesellschaft" ausgearbeitet und über 20 Pilotprojekte initiiert bzw. begleitet, darunter der "Teleport in Leipzig-Schkeuditz", das "Virtuelle Technologiezentrum Sachsen", das Projekt "Telematik im ländlichen Raum (TIRA)" und die "Sächsische Tele-Schule Leipzig".

Weitere Anwendungsbeispiele für Telearbeit in Sachsen sind das Telearbeitszentrum "Campus Espenhain" und das Pilotprojekt "TeleScript - Dezentrales Schreibbüro" in Dresden, einem Telearbeitsversuch für Ferndiktate, an dem sich mehrere sächsische Ministerien beteiligen. Das Staatsministerium für Wirtschaft und Arbeit schuf 1996 die Sächsische Entwicklungsgesellschaft für Telematik mbH (SET) in Leipzig, eine Tochtergesellschaft der Wirtschaftsförderung Sachsen GmbH. Die SET vermittelt Telematik-Projekte an die entsprechenden Förderprogramme, entsendet Berater zur technischen und organisatorischen Unterstützung von Unternehmen und organisiert Seminare, Konferenzen und Workshops. Insgesamt betreut die SET über 25 Initiativen. Seit April 1997 ist die Sächsische Informations-Initiative (SII) als Projektgruppe in die SET eingegliedert (SÄCHSISCHE ENTWICKLUNGSGESELLSCHAFT FÜR TELEMATIK 1997).

IRIS I ist offiziell am 31. März 1997 beendet worden, Sachsen führt die Initiative jedoch weiter. Die Ressortabstimmung über den konkreten Maßnahmenkatalog ist noch nicht abgeschlossen, so daß zur Zeit keine Angaben über die dafür bereitzustellenden Haushaltsmittel gemacht werden können (SÄCHSISCHES STAATSMINISTERIUM FÜR WIRTSCHAFT UND ARBEIT 1997).

5.3.14 Sachsen-Anhalt

Die Landesregierung Sachsen-Anhalt hat 1995 die "Landesinitiative Telematik" ins Leben gerufen, im Rahmen derer die Entwicklung der sachsen-anhaltischen Medien-, Informations- und Telekommunikationsindustrie unterstützt wird. Auf Ebene der Landesregierung wurde ein interministerieller Arbeitskreis "Telematik" eingerichtet, der zukünftig ressortübergreifende Telematik-Projekte begleiten soll. Darüber hinaus plant die Landesregierung die Einrichtung eines Landesbüros zur Koordinierung der Telematik-Initiative, das u.a. auch Workshops zu Telearbeit durchführen soll. Vorgesehen ist außerdem der Einsatz sog. Telematik-Assistenten, die kleine und mittlere Unternehmen beraten und den Prozeß der Einführung von Telematik-Anwendungen für einen bestimmten Zeitraum begleiten.

Grundsätzlich ist die Förderung von Telearbeit im Rahmen verschiedener schon bestehender Fördermaßnahmen möglich. So können seit 1997 Investitionen, die der Schaffung von Telearbeitsplätzen dienen, mit Mitteln der Gemeinschaftsaufgabe "Verbesserung der regionalen Wirtschaftsstruktur" gefördert werden. Qualifizierungsmaßnahmen für Telearbeiter können aus Mitteln des Europäischen Sozialfonds (EFS) im Rahmen der Maßnahmen "Qualifizierung von Beschäftigten", "Qualifizierung von Existenzgründern" und der Gemeinschaftsinitiative "Beschäftigung" unterstützt werden. Aus dem ESF stehen für das Programm ADAPT bis 1999, im Rahmen dessen auch Modellvorhaben zur Erprobung von Telearbeit und Telekooperation unterstützt werden können, für das Land Sachsen-Anhalt 1,9 Mill. DM zur Verfügung. Der Europäische Fonds für regionale Entwicklung (EFRE) beteiligt sich im Rahmen des Schwerpunkts 3 "Forschung und Entwicklung" auch an der Finanzierung von Vorhaben im Bereich Telearbeit (LANDTAG VON SACHSEN-ANHALT 1997). Für die Gemeinschaftsinitiative "KMU" ist zur "Förderung von Anwendungsvorhaben zur Entwicklung innovativer telematikgestützter Kooperationsformen und Vernetzungsmodellen für KMU" ein Volumen von 3,2 Mill. DM vorgesehen (MINISTERIUM FÜR WIRTSCHAFT UND TECHNOLOGIE SACHSEN-ANHALT 1996).

5.3.15 Schleswig-Holstein

In Schleswig-Holstein wird Telearbeit vorrangig im Rahmen eines Beratungsprogrammes gefördert. Die Abwicklung erfolgt über die Technologie-Transfer-Zentrale Schleswig-Holstein, die das Landesprojekt "Telearbeit in Schleswig-Holstein" koordiniert und die Projektteilnehmer während der Laufzeit des Projektes in organisatorischen, technischen und arbeitsrechtlichen Fragen kostenlos berät. Für die Haushaltsjahre 1996-1998 sind insgesamt 450.000 DM an Landesmitteln für das Projekt bereitgestellt worden. Das seit Anfang 1996 laufende Pilotprojekt richtet sich vorwiegend an die gewerbliche Wirtschaft. Derzeit nehmen 25 Unternehmen und Institutionen an dem Projekt teil. Ziel des Projektes ist, neben der Erprobung verschiedener Varianten der Telearbeit, rund 100 neue Arbeitsplätze in Schleswig-Holstein zu schaffen (MINISTERIUM FÜR WIRTSCHAFT, TECHNOLOGIE UND VERKEHR DES LANDES SCHLESWIG-HOLSTEIN 1997).

5.3.16 Thüringen

In Thüringen stehen nach Angaben des Ministeriums für Wirtschaft und Infrastruktur pro Jahr ca. 5 Mill. DM für Fördermaßnahmen im Bereich der Anwendung von innovativen Informations- und Kommunikationstechnologien zur Verfügung. Prinzipiell können auch Telearbeitsprojekte im Rahmen dieses Förderprogramms unterstützt werden, derzeit sind jedoch keine statistischen Angaben möglich, ob oder in welchem Umfang von dieser Option Gebrauch gemacht wird (BMBF 1997c, S. 158).

6. Empirische Befunde zur Telearbeit

6.1 Auswertung aktueller Studien zur Telearbeit

Trotz der Fülle an Veröffentlichungen zum Thema Telearbeit sind empirische Erkenntnisse über Telearbeit spärlich und heterogen. Während sich hinsichtlich einzelner Aspekte der Telearbeit übereinstimmende Tendenzen erkennen lassen, gehen die Schätzungen zur derzeitigen Zahl der Telearbeiter in Deutschland und vor allem hinsichtlich des Arbeitsplatzpotentials der Telearbeit weit auseinander.

Eine besondere Schwierigkeit bei der vergleichenden Analyse und Bewertung empirischer Daten ergibt sich aus dem geringen Verbreitungsgrad der Telearbeit. Der Anteil der Unternehmen, die Telearbeit praktizieren, liegt nach aktuellen Erhebungen zwischen 5 % und 33 %, in Abhängigkeit von der den Befragungen zugrundeliegenden Definition von Telearbeit.[27] Die sich daraus ergebende Datenbasis, anhand derer Aussagen über Erfahrungen mit Telearbeit und zum Verbreitungs- und Beschäftigungspotential von Telearbeit getroffen werden können, ist klein. Tabelle 3 gibt einen Überblick über die Anzahl von Unternehmen mit Telearbeit, auf die sich die bekanntesten empirischen Untersuchen stützen.

Tabelle 3: Anzahl der Unternehmen mit Telearbeit als Datenbasis verschiedener Untersuchungen

Studie	Anzahl der Unternehmen mit Telearbeit
Empirica	24
ExperTeam	22
Fraunhofer IAO	75
Kienbaum	24
Roland Berger	183
TA Telearbeit GmbH	60
TH Darmstadt	29
Uni Witten/Herdecke	45

Quelle: Eigene Zusammenstellung

---

[27] Eine Ausnahme bildet die Roland-Berger-Studie, die jedoch eine extrem weite Definition verwendet (vgl. Kap. 6.3).

Bei einer weiteren Differenzierung nach Unternehmensgrößenklassen wäre allerdings die Anzahl der kleinen und mittleren Unternehmen mit Telearbeit so gering, daß sich keine repräsentativen Aussagen über die Erfahrungen mit Telearbeit in mittelständischen Unternehmen treffen ließen.

Anhand einer synoptischen Darstellung aktueller empirischer Befunde zu Telearbeit lassen sich hingegen übereinstimmende Kernbefunde erkennen, gleichzeitig wird deutlich, in welchen Bereichen zum derzeitigen Zeitpunkt noch große Differenzen bestehen, die sich nur zum Teil auf die unterschiedliche Verteilung und Größe der Stichproben zurückführen lassen.

Neben den genannten Erhebungen werden im folgenden auch aktuelle Studien zu Telearbeit ausgewertet, in denen nur bestimmte Teilaspekte untersucht wurden, die jedoch für ein umfassendes Gesamtbild von Interesse sind.

6.1.1 Erhebungen

(1) Empirica (1994)

Im Rahmen des von der EG-Kommission geförderten Projektes TELDET[28] führte die Empirica Gesellschaft für Kommunikations- und Technologieforschung mbH 1994 zwei Befragungen zu Telearbeit in den fünf größten europäischen Ländern[29] durch.

In einer ersten Befragung wurden insgesamt 5.347 Privatpersonen ab 15 Jahren interviewt (in Deutschland ab 14 Jahren), davon 1.347 in Deutschland und jeweils 1.000 in den übrigen Ländern. Gefragt wurde nach dem Kenntnisstand bezüglich Telearbeit und nach dem Interesse an Telearbeit, insbesondere nach den Präferenzen für die einzelnen Organisationsformen. Antwortalternativen waren dabei Teleheimarbeit, alternierende Telearbeit und Arbeit in Telearbeitszentren. 30 Personen gaben an, Telearbeiter zu sein.

In einer weiteren Erhebung befragte Empirica 2.507 Entscheidungsträger aus verschiedenen Branchen, jeweils etwa 500 in jedem der Länder. Insgesamt erklärten 24 der Befragten in Deutschland, daß in ihrem Verantwortungsbereich bereits Telearbeit durchgeführt würde. Untersucht wurden neben dem Anteil bereits praktizierter Telearbeit das Interesse an Telearbeit und an ein-

---

28 "Telework Development and Trends. A Compilation of Information on Telework - Case Studies and Trend Analysis"
29 Deutschland, Frankreich, Großbritannien, Italien, Spanien.

zelnen Organisationsformen, welche Tätigkeitsfelder für geeignet gehalten wurden sowie Hinderungsgründe für die Einführung von Telearbeit. Die Ergebnisse sind differenziert aufbereitet, und zwar nach Branche, Unternehmensgröße, Ortsgröße und Position des Entscheidungsträgers (vgl. Kap. 6.2).

Wesentliche Ergebnisse der Studie bestehen zum einen in den Hochrechnungen zur derzeitigen Zahl der Telearbeiter in den untersuchten europäischen Ländern und zum anderen in einer Schätzung des Telearbeitspotentials, ermittelt aufgrund des nachgewiesenen Interesses der Befragten. Demnach gab es 1994 ca. 1,25 Mill. Telearbeiter in der gesamten EU, davon rund 150.000 in Deutschland. Die Erwartung der EU-Kommission, daß bis zum Jahr 2000 in der EU 10 Mill. Telearbeiter tätig sein werden (in Deutschland entsprechend 2,5 Mill.), wird von den Autoren aufgrund ihrer Potentialabschätzung geteilt (EMPIRICA 1994).

(2) ExperTeam Telecom (Godehardt 1994)

Die ExperTeam Telecom führte 1994 im Auftrag der ISDN-Forschungskommission des Landes Nordrhein-Westfalen im Rahmen einer Befragung von Unternehmen, die Telearbeit bereits einsetzen, 22 Anwenderanalysen durch (vgl. Kap. 6.2).

Darüber hinaus wurden zur Abschätzung des Potentials an Telearbeitsplätzen 412 Telefoninterviews mit mittelständischen Unternehmen in Nordrhein-Westfalen mit 10 bis 500 Mitarbeitern aus acht Branchen, die einen hohen Anteil an Bürotätigkeiten aufweisen, durchgeführt. Laut Volkszählung von 1987 gibt es in Nordrhein-Westfalen 99.903 Unternehmen mit 10 bis 500 Mitarbeitern, 31.000 davon sind den acht ausgewählten Branchen zuzurechnen. Demnach ist in 31,3 % der Unternehmen ein Telearbeitspotential vorhanden. Nach Angaben der befragten Unternehmen sind 29 % der Mitarbeiter mit Verwaltungsaufgaben beschäftigt, so daß sich bei einer Gesamtzahl von ca. 1,1 Mill. Beschäftigten in den Erhebungsbranchen bezogen auf 31 % der Unternehmen eine Anzahl von rund 96.000 Arbeitsplätzen (9 %) in Nordrhein-Westfalen ergibt, die sich grundsätzlich für Telearbeit eignen (GODEHARDT 1994).

(3) Fraunhofer Institut Arbeitswirtschaft und Organisation (Fraunhofer IAO 1997)

Im Auftrag des Bundesministeriums für Arbeit und Sozialordnung befragte das Fraunhofer Institut Arbeitswirtschaft und Organisation 1997 3.493 Unternehmen und Behörden zum Thema Telearbeit. Von der nach Wirtschaftszweigen disproportional geschichteten Stichprobe[30] wurden 747 Antworten des Managements der ausgewählten Betriebe und in einer zweiten Befragung 302 Antworten von Betriebs- und Personalräten der mittleren und großen Betriebe der Stichprobe in die Auswertung einbezogen. Darüber hinaus wurden Angaben von 103 Telearbeitern ausgewertet.

Demnach bieten etwa 90 % der Unternehmen und Behörden in beiden Befragungen keine Telearbeit an. Als Hauptgrund nannten rund 50 % der Befragten, daß sich die Aufgaben nicht für Telearbeit eigneten. Gleichwohl planen 19 % der Betriebe der Managementstichprobe und 17 % der Betriebsratsstichprobe in Zukunft Telearbeit. Differenziert nach Größenklassen ist dabei der Anteil an großen Betrieben, die Telearbeit planen mit 77 % am größten, während mittlere und kleine Betriebe jeweils einen Anteil von 15 % bzw. 9 % ausmachen. Von den 10 % der Betriebe, die Telearbeit bereits heute praktizieren, waren 85 % große, 7 % mittlere und 8 % kleine Betriebe.

Den Hochrechnungen der Studie zufolge gibt es derzeit in der Bundesrepublik Deutschland

- ca. 500.000 mobile Telearbeiter
- ca. 350.000 alternierende Telearbeiter und
- ca. 22.000 Telearbeiter, die ausschließlich zu Hause arbeiten (isolierte Telearbeit)

In Abhängigkeit von den zugrundeliegenden Annahmen (vgl. Kap. 6.3.1) reichen die Schätzungen zur Anzahl der Stellen, die bereits heute Telearbeit anbieten, von 23.000 bis hin zu 134.000 Unternehmen und Behörden. Hochrechnungen zum Potential ergaben, daß zwischen 35.000 und 225.000 Unternehmen und Behörden Telearbeit planen (FRAUNHOFER IAO 1997).

(4) Kienbaum Personalberatung GmbH (1997)

1997 befragte die Kienbaum Personalberatung GmbH 157 Unternehmen aller Größenklassen und Wirtschaftszweige aus ganz Deutschland. Die Mehrzahl der Unternehmen sind Produktions- (42 %) und Dienstleistungsfirmen (47 %), die restlichen Unternehmen sind Handels- oder Vetriebsgesellschaften.

---

30 Kleinere und mittlere Betriebe wurden stärker berücksichtigt, wobei die Klasseneinteilung 0-10, 10-100, 100+ Beschäftigte für kleine, mittlere und große Betriebe steht

Insgesamt stehen 41 % der Befragten der Telearbeit positiv gegenüber, d.h. Telearbeit wird geplant, ist in der Pilotphase oder bereits eingeführt. Schrittmacherfunktion für die Einführung von Telearbeit übernehmen vor allem Verlage, Versicherungen, Banken und DV-Unternehmen, da diese in der Regel stark dezentral organisiert sind bzw. eine geeignete Mischung von Büroarbeit und mobiler Arbeit aufweisen. Für das produzierende Gewerbe, so die Studie, ist Telearbeit bisher wenig relevant. Die befragten Unternehmen erwarten einen Produktivitätszuwachs durch Telearbeit von durchschnittlich 20 % bei Führungskräften und 17 % bei Fachkräften (KIENBAUM PERSONALBERATUNG GMBH 1997).

(5) Roland Berger & Partner (1995)

Im Rahmen einer Untersuchung zur strategischen Bedeutung der Telearbeit für die Wettbewerbsfähigkeit von Unternehmen befragte die Unternehmensberatung Roland Berger & Partner 1995 fast 250, vorwiegend größere, Unternehmen und Konzerne aus verschiedenen Branchen und dem öffentlichen Sektor. 63 % der befragten Unternehmen hatten dabei mehr als 1.000 Mitarbeiter, 33 % zwischen 250 und 1.000 und 4 % zwischen 50 und 250 Mitarbeitern. Differenziert nach Jahresumsätzen hatten 54 % der Unternehmen über 500 Mill. DM Jahresumsatz, während nur 4 % der Befragten einen Jahresumsatz zwischen 50 und 250 Mill. DM erzielten.

Mehr als zwei Drittel der befragten Unternehmen (68,6 %) halten Telearbeit für einen wichtigen Wettbewerbfaktor. Fast 90 % versprechen sich von Telearbeit eine höhere Mitarbeitermotivation bzw. Arbeitsproduktivität. Dabei geht der Impuls für die Einführung von Telearbeit in erster Linie von der Unternehmensleitung (60,4 %) und den Mitarbeitern (39,6 %) aus, weniger vom mittleren Management (16,7 %).

Im zweiten Teil der Studie wurden Antworten von Unternehmen ausgewertet, die bereits Telearbeitsformen anwenden. Die besonders hohe Zahl an Unternehmen mit Telearbeit (73 %) ist in erster Linie auf die sehr weite Fassung des Begriffs Telearbeit, die auch verschiedene Telekooperationsformen miteinschließt, zurückzuführen. Insgesamt wurden Antworten von 44 % der befragten Unternehmen ausgewertet. Hierbei lassen sich zwei unterschiedliche Tendenzen feststellen: Entweder existieren sehr wenige Telearbeitsplätze (2-5), die im Rahmen von Pilotprojekten oder Testphasen zu Teleheimarbeit eingerichtet werden, oder Telearbeit wird in großem Umfang eingesetzt (50 und mehr Telearbeitsplätze), dann jedoch fast ausschließlich für Außendiensttätigkeiten und unternehmensübergreifende Telekooperation (ROLAND BERGER & PARTNER 1995).

(6) TA Telearbeit GmbH (1997)

Die TA Telearbeit GmbH, die im Rahmen der Initiative "media NRW" des Landes Nordrhein-Westfalen gegründet wurde (vgl. Kap. 5.3.10), führte 1996 im Auftrag des Ministeriums für Arbeit, Gesundheit und Soziales des Landes Nordrhein-Westfalen eine Erhebung zu Telearbeit, Telekooperation und Teleteaching durch, an der sich 272 Unternehmen in Nordrhein-Westfalen beteiligten. Hinsichtlich der Unternehmensgröße konnte dabei eine annähernd gleiche Verteilung von kleinen (36,1 %), mittleren (30,9 %) und großen Unternehmen (31,8 %) erzielt werden. Telearbeit ist der Befragung zufolge bereits in 60 Unternehmen realisiert worden, dabei wurden rund 2.000 Telearbeitsplätze eingeführt. 23 Unternehmen planen insgesamt rund weitere 1.200 Telearbeitsplätze einzurichten.

Die meisten Telearbeitsplätze sind im Bereich "mobile Telearbeit", d.h. im Vertrieb und Kundendienst geplant bzw. bereits realisiert, es folgen die Bereiche Datenverarbeitung/Organisation und Finanzierung/Rechnungswesen/Verwaltung. Unabhängig von der Unternehmensgröße dominieren als Einführungsmotive mitarbeiter- und beschäftigungsorientierte Gründe. Unternehmensorientierte Gründe waren weniger bedeutend. Allein die Einsparung von Büroräumen spielt für Großunternehmen eine bedeutendere Rolle als für kleine und mittlere Unternehmen. Unternehmensgrößenspezifische Unterschiede beobachten die Autoren hingegen bei der Beurteilung der Einführungshemmnisse. Kleine Unternehmen schätzten potentielle Probleme bei der organisatorischen Umsetzung von Telearbeit, bei der Führung und Kontrolle der Telearbeiter und im rechtlichen Bereich geringer ein als große und mittelgroße Firmen (TA TELEARBEIT GMBH 1997).

(7) TH Darmstadt (1995)

Im Rahmen einer Untersuchung der Technischen Hochschule Darmstadt (1995) wurden 87 deutsche Unternehmen zu Telearbeit befragt. Zu den Befragten zählten 59 Unternehmen aus den 100 umsatzstärksten deutschen Unternehmen, 10 Großbanken, 3 Versicherungen und 15 mittelständische Unternehmen. Die Ergebnisse der Studie weisen auf einen relativ geringen Verbreitungsgrad von Telearbeit hin: 60 % der befragten Unternehmen haben keine Telearbeit eingeführt und planen dies auch nicht, 6 % planen die Einführung innerhalb der nächsten Jahre und in 33 % der befragten Unternehmen sind Telearbeitsplätze bereits vorhanden. In einem Unternehmen war Telearbeit bereits wieder abgeschafft worden. Fast die Hälfte der Unternehmen (48 %), die Telearbeit bereits eingeführt haben, beschäftigt zwischen 10 und 100 Telearbeitern. Wenn mehr als 100 Telearbeiter beschäftigt waren, handelte es sich in der Regel um Außendienstmitarbeiter. Nach Auffassung der Autoren ist Telearbeit besonders konjunkturabhängig, da die Dezentralisierungstendenzen der Unternehmen in Krisenzeiten sinken, so z.b. bei einem überdurchschnittlichen Arbeitskräfteangebot mit entsprechend niedrigem Lohnniveau auch bei Höherqualifizierten sowie niedrigeren innerstädtischen Standortkosten. Für die weitere Entwicklung der Telearbeit sehen die Autoren zwei Tendenzen: Telearbeit, die nur politisch motiviert ist, um z.b. die Sozialverträglichkeit und Strukturförderung zu verbessern, könne sich am Markt nicht behaupten. Im Bereich der mobilen Telearbeit sei jedoch mit einem stärkeren Ansteigen zu rechnen (TH DARMSTADT 1995).

(8) Universität Witten/Herdecke (1996)

Die Universität Witten/Herdecke führte 1996 für die Wirtschaftswoche im Rahmen der Reihe Futurion eine Unternehmensbefragung zu Telearbeit durch. Befragt wurden 173 Entscheidungsträger deutscher Unternehmen. 45 der Unternehmen haben bereits Telearbeit in irgendeiner Form realisiert, 128 Unternehmen praktizieren keine Telearbeit.

Den Untersuchungsergebnissen zufolge findet Telearbeit am häufigsten in der Chemie- und Pharmabranche statt (10 Unternehmen), gefolgt von Groß- und Außenhandel. In der Branche Verkehr und Verkehrsdienstleistungen war kein Unternehmen mit Telearbeit vertreten. Bei der Interpretation der Ergebnisse muß berücksichtigt werden, daß die Branchenverteilung der auswertbaren Antworten sehr heterogen ist. So ist z.B. der Groß- und Außenhandel überproportional vertreten (38 von 173), während aus der Branche Banken und Versicherungen nur die Antworten von 13 Unternehmen vorliegen.

Vorteile sehen die telearbeitserfahrenen Unternehmen insbesondere in einer erhöhten Flexibilität durch Telearbeit (48,9 %). Eine Reduzierung des Pendelverkehrs und die Einsparung von Büroräumen sind dagegen nicht in großem Umfang gegeben (17,8 % und 15,6 %). Zu hohe Telekommunikationskosten (31,8 %) sind nach der Unvereinbarkeit mit den Tätigkeitsfeldern im Unternehmen (58,3 %) das größte Hemmnis für die Einführung von Telearbeit. Unternehmen, die bereits Telearbeit realisiert haben, sehen in zu hohen Telekommunikationskosten sogar den Faktor, der die Einführung von Telearbeit am meisten behindert (42,2 %).

Bei den Angaben zu den Aufgabenfeldern, die von den Mitarbeitern in Telearbeit durchgeführt werden, wurde der Außendienst mit 14,5 % am häufigsten genannt.

71,1 % der Entscheidungsträger, die bereits Erfahrung mit Telearbeit haben, sehen bezogen auf die kommenden zehn Jahre im eigenen Unternehmen ein großes oder sehr großes Potential für Telearbeit. Von Unternehmen ohne Telearbeit sind dies nur 30,5 %. Gesamtwirtschaftlich wird das Telearbeitspotential deutlich höher eingeschätzt als für das eigene Unternehmen (UNIVERSITÄT WITTEN/HERDECKE 1996).

6.1.2 Studien zu spezifischen Aspekten der Telearbeit

(1) Arthur D. Little (1996)

Die Unternehmensberatung Arthur D. Little veröffentlichte 1996 eine Untersuchung für das Bundesministerium für Bildung, Wissenschaft, Forschung und Technologie, in der die Auswirkungen von Innovationen der sog. TIME[31]-Industrien auf die Beschäftigung in der Bundesrepublik Deutschland dargestellt und bewertet wurden. Wesentliches Ergebnis der Analyse der Arbeitsmarkteffekte ist die Feststellung, daß TIME-Technologien erst nach dem Jahr 2000 den Arbeitsplatzabbau auffangen können. Per Saldo würden TIME-Anwendungen in deutschen Anwender- und Anbieterbranchen in den nächsten 15 Jahren (1995 bis 2010) ca. 210.000 Arbeitsplätze schaffen. Zusätzlich dazu haben TIME-Anwendungen eine beschäftigungserhaltende Wirkung: Ca. 1,2 Mill. Arbeitsplätze können durch TIME-Anwendungen erhalten werden, die ohne Technologisierung verloren gingen. Quantitative Aussagen zu den speziellen Beschäftigungseffekten durch Telearbeit werden nicht gemacht.

Als treibende Kräfte für eine weitere gesamtwirtschaftliche Verbreitung von Telearbeit identifizierten die Autoren u.a. die hohe Verfügbarkeit von Spezialisten, höhere Flexibilität und die globale Vernetzung. Hemmend wirkten sich vor allem Unsicherheit im Management, schwierig meßbare Produktivitätsgewinne und fehlende Technologieakzeptanz aus. Chancen für die Beschäftigung durch Telearbeit werden durch Erhaltung und Schaffung von Arbeitsplätzen in lokalen

---

31 Telekommunikation, Informationstechnik, Medien, Elektronik

Managementcentern und durch neue Arbeitsplätze im Servicebereich gesehen. Auf der anderen Seite berge Telearbeit jedoch auch Risiken für die Beschäftigung, z.B. durch Einsparungen von Arbeitsplätzen aufgrund von Produktivitätssteigerungen und durch die Verlagerung von Arbeitsplätzen ins Ausland (ARTHUR D. LITTLE 1996).

(2) Freiburger Öko-Institut (1997)

Das Freiburger Öko-Institut analysierte 1997 anhand empirischer Erhebungen und Prognosen anderer und eigener Modellrechnungen die Umwelteffekte durch Telearbeit im Einzelfall und für die Bundesrepublik Deutschland insgesamt. Etwa zwei Drittel des motorisierten Individualverkehrs werden nach Angaben des Öko-Institutes für private Zwecke zurückgelegt (63 %), ein Drittel für Berufsfahrten (22 %), Geschäfts- und Dienstreisen (13 %) und Ausbildung (2 %). Durch Telearbeit können nur die Berufsfahrten reduziert werden (durch Telekooperation auch Geschäfts- und Dienstreisen). Unter der Annahme, daß 10 % der heutigen Arbeitsplätze in Telearbeitsplätze umgewandelt werden, liegt das Vermeidungspotential bei weniger als 1 % des motorisierten Individualverkehrs, wenn unterstellt wird, daß nur an zwei Tagen pro Woche zu Hause gearbeitet wird. Die in der öffentlichen Diskussion geweckten Erwartungen an eine massive Verkehrsentlastung durch Telearbeit konnte das Institut nicht bestätigen.

Darüber hinaus wurden für einen typischen Telearbeitsplatz die gegenläufigen Effekte zwischen Verkehrsvermeidung einerseits und doppelter Infrastrukturaufwendungen andererseits bilanziert. Unter der Annahme, daß sowohl am Heimarbeitsplatz, als auch im Büro ein PC zur Verfügung stehen muß, ein Datenserver für die kontinuierliche Abrufung von Daten rund um die Uhr ganzjährig in Bertrieb ist, ein Arbeitsraum von 10 m² unterstellt wird und für die Einsparungen an PKW-Fahrten durchschnittlich 1.700 km pro Jahr angesetzt werden, ergibt sich eine deutliche zusätzliche jährliche Umweltbelastung durch einen Telearbeitsplatz. Im Vergleich zu einem konventionellen Computerarbeitsplatz steigt der Primärenergieverbrauch. Telearbeit kann, so das Öko-Institut, jedoch auch zur Umweltentlastung beitragen. Die Entlastung nimmt mit der Entfernung des Wohnortes zum Betrieb und mit der Nutzungsdauer des PCs durch mehrere Personen zu (ÖKO-INSTITUT 1997).

(3) Glaser/Glaser (1995)

GLASER/GLASER (1995) dokumentieren in Ihrem Forschungsbericht die psychologischen Erfahrungen von IBM-Mitarbeitern, die an dem Modellversuch "Außerbetriebliche Arbeitsstätten" aufgrund der Betriebsvereinbarung von 1991 teilgenommen haben. Mit Hilfe standardisierter Interviews wurden dabei 38 Mitarbeiter befragt. 29 davon hatten eine bürozentrierte Tätigkeit, d.h. sie arbeiteten nur stundenweise oder gelegentlich einen Tag zu Hause. Neun der Befragten arbeiteten regelmäßig mindestens einen Tag zu Hause (wohnungszentriert). Darüber hinaus wurden 33 Fragebögen vorgesetzter Manager ausgewertet.

Die am häufigsten genannten Tätigkeitsbereiche der Telearbeiter waren Programmieren (50 %), Systemwartung und Programmüberwachung (39,5 %) und Betreuung und Schulung von Softwarebenutzern (34,2 %). 70,8 % der wohnungszentriert arbeitenden und 42,9 % der bürozentriert arbeitenden Mitarbeiter gaben an, zu Hause produktiver zu arbeiten. Diese Einschätzungen stimmen weitgehend mit denen der Vorgesetzten überein.

Für 47,4 % der Mitarbeiter war die Möglichkeit, die täglichen Fahrten zum Arbeitsplatz zu vermeiden, ein wichtiger Grund für das Interesse an einem außerbetrieblichen Arbeitsplatz. Die Vorgesetzten maßen diesem Aspekt einen eher geringen Stellenwert bei. Die Einsparung von Büroräumen wird in der Diskussion um die Telearbeit häufig überschätzt, da tendenziell eine deutliche Ablehnung der Mitarbeiter besteht, ihren Schreibtisch im Büro aufzugeben (70 %).

(4) Institut Arbeit und Technik (IAT 1997)

Das Institut Arbeit und Technik (IAT) untersuchte 1997 in einer Studie für das Ministerium für die Gleichstellung von Frau und Mann des Landes Nordrhein-Westfalen die Auswirkungen neuer Informations- und Kommunikationstechnologien auf die Beschäftigungssituation von Frauen. Dabei wurden u.a. im Rahmen einer schriftlichen Expertenbefragung 37 Stellungnahmen eingeholt. Diese sog. Delphi-Methode dient der Abschätzung zukünftiger Entwicklungen und Trends, insbesondere bei Fragen der Technikbewertung und Technikfolgenabschätzung.

In den nächsten fünf Jahren, so 42,1 % der Experten, wird Telearbeit als Erwerbsform eher die Ausnahme als die Regel sein. 40,5 % der befragten Experten gehen davon aus, daß Telearbeit in der Bundesrepublik in den nächsten zehn Jahren zu einer gängigen und normalen Arbeitsform werden wird, ebenfalls 40,5 % halten dies jedoch allenfalls in einer noch längeren Zeitperspektive für möglich. 50 % halten es generell für eher unwahrscheinlich, daß der Großteil der Telearbeiter von arbeitsvertraglich abgesicherten Personen mit Arbeitnehmerstatus gestellt wird. Dementsprechend erwarten 55,6 %, daß Telearbeit zu einer verstärkten Auflösung bisher vertraglich abgesicherter Beschäftigungsverhältnisse führen wird und den Status der Selbständigkeit als Erwerbsform begünstigt. Schließlich sind 44,7 % der Ansicht, Telearbeit werde für Tätigkeiten mit Führungs- und Leitungsfunktionen keine normale und stärker verbreitete Arbeitsform sein (IAT 1997).

(5) ZVEI/VDMA (1995)

Im Rahmen des Petersberger Kreises haben ZVEI und VDMA eine Plattform eingerichtet, um die ordnungsrechtlichen Änderungserfordernisse aufzuzeigen und Lösungskonzepte für die im Bangemann-Bericht (EUROPÄISCHE KOMMISSION 1994) vorgeschlagenen Projekte vorzulegen. In der Studie "Informationsgesellschaft - Herausforderungen für Politik, Wirtschaft und Gesellschaft" von 1995 wurden die Ergebnisse der einzelnen Projektgruppen der Plattform dokumentiert. Die Mitglieder der Projektgruppe Telearbeit kommen vorwiegend aus dem Bereich der Telekommunikationsindustrie.

ZVEI/VDMA schätzen die Zahl der Telearbeiter auf derzeit etwa 30.000. Darüber hinaus sieht die Projektgruppe langfristig ein Potential von mindestens 10 % der ca. 38 Mill. Erwerbstätigen in der Bundesrepublik als zukünftige (Voll- oder Teilzeit-) Telearbeiter. Wenn mittelfristig entsprechend den Zielvorgaben des Bangemann-Berichtes die Zahl der Telearbeiter in der Bundesrepublik sich bis zum Jahr 2000 auf ca. 800.000 (entsprechend 2 % der Erwerbstätigen) erhöhen sollte,[32] so ergäbe allein dies nach Auffassung der Gruppe einen Investitionsschub von mindestens 12 Mrd. DM (15.000 pro Telearbeitsplatz) für den

---

[32] ZVEI/VDMA (1995, S. 25) :"... entsprechend den Zielvorstellungen des Bangemann-Berichtes die Zahl der Telearbeiter bis zum Jahr 2000 auf ca. 2 Millionen zu erhöhen, also in der Bundesrepublik von z. Z. etwa 30.000 (geschätzt) auf ca. 800.000 (entspr. ihrem Bevölkerungsanteil oder gleich 2 % der Erwerbstätigen), ..." Eine entsprechende Formulierung findet sich auch in dem von der Bundesregierung veröffentlichten Bericht "Info 2000" (BMWI, 1996, S. 87).
Im Bangemann-Bericht wird jedoch als Zielvorgabe folgendes genannt: "Bis 1996 sollen 2 % der leitenden Angestellten in der Telearbeit tätig sein und bis zum Jahr 2000 10 Mill. Telearbeitsplätze geschaffen werden" (EUROPÄISCHE KOMMISSION 1994, S. 25).

Einsatz neuer Hard- und Software. Ausgehend von 800.000 Telearbeitern im Jahr 2000 erwartet die Arbeitsgruppe, daß sich bei einer durchschnittlichen Entfernung zum Betrieb von 15 km bei drei Tagen Telearbeit pro Woche rund 4.000 km pro Mitarbeiter und Jahr und damit insgesamt 3,2 Mrd. km an jährlicher Fahrleistung einsparen ließen (vgl. kontrovers dazu ÖKO-INSTITUT 1997). Raum- und Betriebskosten können, so die Studie, bei Anwendung des sog. Desk-Sharing um bis zu 25 % gesenkt werden, bis zu über 2.000 DM pro Arbeitsplatz und Jahr (vgl. auch GLASER/GLASER 1995).

Ein besonderes Gesetz für Telearbeiter ist nach Ansicht der Projektgruppe nicht erforderlich, da nach den bisherigen Erfahrungen auch bei Telearbeit die echten Arbeitsverhältnisse unter Anwendung der Arbeitnehmerschutzvorschriften überwiegen werden und in Einzelfällen die Schutzbestimmungen des HAG ausreichten. Auch zu Datenschutz und Datensicherung seien neue gesetzliche Regelungen nicht erforderlich. Einen Handlungsbedarf sieht die Gruppe hingegen bei steuerrechtlichen Regelungen: Telearbeitsplätze sollten voll abgeschrieben werden können und der Abschreibungszeitraum müßte auf maximal drei Jahre reduziert werden, da heute Hard- und Software schon innerhalb von 2-3 Jahren technologisch veraltet seien. Darüber hinaus müßten Gebührenstrukturen so gestaltet werden, daß die Einrichtung eines Telearbeitsplatzes wirtschaftlich ist (ZVEI/VDMA 1995).

Tabelle 4: Synoptischer Überblick über die Hauptergebnisse aktueller Studien zur Telearbeit

Studie	Untersuchungs- gegenstand	Methode	Stichprobe ausgewertete Antworten	Merkmal	Wichtigste Untersuchungs- ergebnisse
A.D.Little, 1996	Beschäftigungs- effekte durch TIME-Industrien	Trendszenarien	-	Branchen in Deutschland	Per Saldo 210.000 Arbeitsplätze durch TIME-Anwendun- gen bis 2010, 1,2 Mill Arbeitsplät- ze werden durch TIME-Technologien erhalten
Empirica, 1994	Status Quo und Potential	Erhebung	5.347	Privatpersonen in der EU	Derzeit 150.000 Telearbeiter in Deutschland
			2.507	Entscheidungs- träger in der EU	1,25 Mill. in der EU. Potential bis zum Jahr 2000: 2,5 Mill. in Deutschland, 10 Mill. in der EU
ExperTeam Telecom, 1994	Rahmenbedin- gungen und Po- tentiale	Anwender- analysen	22	Unternehmen in ganz Deutsch- land	9 % der Arbeits- plätze in NRW für Telearbeit geeignet
		Erhebung	412	Mittelständische Unternehmen in NRW	
Fraunhofer IAO, 1997	Entwicklung der Telearbeit	Erhebung		Unternehmen und Behörden in Deutschland,	Derzeit in Deutschland 500.000 mobile
			747	Management,	Telearbeiter,
			302	Betriebsräte und	350.000 alternie-
			103	Telearbeiter	rende, 22.000 isolierte
Glaser/Glaser, 1995	Erfahrungen mit Telearbeit bei IBM	Befragung	38 33	IBM-Mitarbeiter und Vorgesetzte	70,8% der woh- nungszentriert und 42,9% der büro- zentriert arbeiten- den Mitarbeiter ga- ben an, zu Hause produktiver zu ar- beiten
IAT, 1997	Entwicklung der Telearbeit	Delphi-Methode	37	Experten	Telearbeit begün- stigt Status der Selbständigkeit als Erwerbsform (55,6 % der Befrag- ten)
Kienbaum, 1997	Telearbeit in deut- schen Unterneh- men	Erhebung	157	Unternehmen in Deutschland	59% keine Telear- beit geplant, 15% Telearbeit geplant, 11% Telearbeit in der Pilotphase, 15% Telearbeit eingeführt

© IfM Bonn

Fortsetzung Tabelle 4

Studie	Untersuchungsgegenstand	Methode	Stichprobe ausgewertete Antworten	Merkmal	Wichtigste Untersuchungsergebnisse
Öko-Institut, 1997	Verkehrsentlastung durch Telearbeit	Berechnungen	-	-	Verkehrsentlastung und positive Umwelteffekte durch Telearbeit werden in der öffentlichen Diskussion überschätzt.
Roland Berger, 1995	Bedeutung der Telearbeit für die Wettbewerbsfähigkeit	Erhebung	250	vorwiegend größere Unternehmen in ganz Deutschland	Telearbeit halten 68,6 % der befragten Unternehmen für einen wichtigen Wettbewerbsfaktor
TA Telearbeit GmbH, 1997	Akzeptanz, Bedarf, Nachfrage und Qualifizierung	Erhebung	272	Unternehmen in NRW	Die meisten Telearbeitsplätze im Bereich mobiler Telearbeit
TH Darmstadt, 1995	Status Quo	Erhebung	87	vorwiegend große Unternehmen in ganz Deutschland	60 % der Unternehmen ohne Telearbeit, Anstieg in erster Linie bei mobiler Telearbeit zu erwarten
Uni Witten/ Herdecke, 1996	Status Quo und Potential	Erhebung	173	Unternehmen in Deutschland	71,11 % der Befragten sehen in 10 Jahren ein großes oder sehr großes Potential für Telearbeit im eigenen Unternehmen
ZVEI/VDMA, 1995	Technische, soziale und rechtliche Aspekte der Telearbeit	Gutachten	-	-	30.000 Telearbeiter in Deutschland (geschätzt), kein Telearbeitsgesetz notwendig

© IfM Bonn

Quelle: Eigene Zusammenstellung

6.2 Erfahrungen mit Telearbeit

Die Analyse der verschiedenen Telearbeitsuntersuchungen zeigt, daß sich hinsichtlich Organisationsform, Tätigkeitsfeldern und Anwendungsmotiven, sowie Hemmnissen und Vertragsform übereinstimmende Tendenzen erkennen lassen.

- **Organisationsform der Telearbeit**

Telearbeit wird heute in den meisten Unternehmen in alternierender Form ausgeübt, wenngleich der Anteil an isolierter Telearbeit nicht so gering ist, wie aufgrund der offensichtlichen Nachteile (fehlende soziale Kontakte) zu erwarten war. Satelliten- und Nachbarschaftsbüros spielen eine deutlich untergeordnete Rolle. Begrifflich wird bei den Befragungen nicht immer zwischen mobiler und alternierender Telearbeit unterschieden, da auch bei mobiler Telearbeit teilweise zu Hause oder im Betrieb gearbeitet werden kann. Das heißt, in den Studien, in denen die Organisationsform "mobile Telearbeit" nicht einzeln ausgewiesen ist, werden mobile Telearbeiter und alternierende Telearbeiter zusammen erfaßt.

Die Wahl einer bestimmten Organisationsform der Telearbeit wird maßgeblich von der Art der auszuübenden Tätigkeit bestimmt und ist somit in den einzelnen Wirtschaftszweigen sehr unterschiedlich. So wird mobile Telearbeit vorwiegend in Branchen mit einem hohen Anteil an Vertriebs- und Außendiensttätigkeiten, z.B. bei Versicherungen oder im Kundendienst bei EDV-Serviceunternehmen, angewandt. Während nur etwas mehr als ein Drittel aller Unternehmen mit Telearbeit mobile Telearbeit praktizieren, ist jedoch, bezogen auf die Anzahl der Beschäftigten, mobile Telearbeit die dominierende Organisationsform. Dieses Ergebnis wird von fast allen in die Untersuchung einbezogenen Studien bestätigt (vgl. auch Abschnitt Tätigkeitsfelder). Allein die Kienbaumstudie kommt zu anderen Ergebnissen, was sich allerdings möglicherweise aus der verhältnismäßig kleinen Stichprobe erklären läßt.

Tabelle 5: Praktizierte Organisationsformen der Telearbeit - in % der befragten Unternehmen[a]

	ExperTeam n=22	TH Darmstadt n=29[b]	Fraunhofer IAO n=75 (Managementstichprobe)	Fraunhofer IAO n=36 (Betriebsratsstichprobe)	TA Telearbeit GmbH n=83[c]
Alternierende Telearbeit	72,8	58,6	64,0	61,1	68,7
Isolierte Telearbeit	36,4	48,3	40,0	33,3	36,1
Mobile Telearbeit		37,9	48,0	33,3	
Satelliten-/Nachbarschaftsbüro	18,2	0	6,7	8,3	33,7

© IfM Bonn

a) Mehrfachnennungen möglich, b) eigene Berechnungen, c) eigene Berechnungen
Quelle: Eigene Zusammenstellung

Tabelle 6: Praktizierte Organisationsformen der Telearbeit - in % der beschäftigten Telearbeiter

	Fraunhofer IAO, Managementstichprobe n=75 (8.406 Telearbeiter)	Fraunhofer IAO, Betriebsratsstichprobe n=36 (4.335 Telearbeiter)	Kienbaum, Führungskräfte (134), n=41	Kienbaum, Fachkräfte Vollzeit (1096), n=41	Kienbaum, Fachkräfte Teilzeit (209), n=41
Alternierende Telearbeit	8,8	21,2	81,0	44,0	71,0
isolierte Telearbeit	3,0	1,3	5,0	39,0	26,0
mobile Telearbeit	87,3	75,4	13,0	15,0	1,0
Satelliten/Nachbarschaftsbüro	0,9	2,3	1,0	2,0	2,0
Insgesamt	100,0	100,0	100,0	100,0	100,0

© IfM Bonn

Quelle: Eigene Zusammenstellung

- **Tätigkeitsfelder**

Telearbeit wird heute vorwiegend in den Bereichen EDV/Organisation und im Außendienst/Vertrieb ausgeübt. Managementaufgaben werden bisher nicht in größerem Umfang dezentral erledigt. Die am häufigsten genannten Unternehmensbereiche, in denen Telearbeit eingeführt wurde, lassen jedoch nicht auch unmittelbar auf die Anzahl der Telearbeiter in diesen Bereichen schließen. In vielen Unternehmen ist Telearbeit in kleinerem Umfang, z.B. im Rahmen von Pilotprojekten, eingeführt worden. Sind mehr als 50 (ROLAND BERGER 1995, S. 13) bzw. mehr als 100 (TH DARMSTADT 1995) Telearbeiter in einem Unternehmen beschäftigt, so handelt es sich fast ausschließlich um Außendienstmitarbeiter. Ebenso bestätigt die Studie der Universität Witten/Herdecke, daß Telearbeiter am häufigsten im Außendienst tätig sind. Dies wird auch vom Fraunhofer IAO unterstützt: Mehr als die Hälfte der befragten Telearbeiter sind im Bereich Außendienst/Vertrieb tätig, dann folgt mit 30 % der Organisations- und EDV-Bereich. Alle anderen Bereiche sind mit weniger als 10 % vertreten.

Tabelle 7: Tätigkeitsfelder für Telearbeit - in % der jeweiligen Grundgesamtheit[a]

	ExperTeam n=22	TH Darmstadt n=29 [b]	Uni Witten/ Herdecke n=45 [c]	Fraunhofer IAO n=142 [d]
EDV/Organisation	68,2	75,9		41,0
• DV-Systementwicklung			37,8	
• Programmierung			46,7	
allgemeine Verwaltung	31,8	3,4		42,0
• Text- und Datenerfassung			42,2	
• Buchhaltung			26,7	
• Auftragsbearbeitung			20,0	
Außendienst/Absatz/Vertrieb	13,6	44,8	55,6	32,0
Telefonmarketing/-service	13,6			
Management/Geschäftsleitung	13,6	6,9	37,8	
Kundendienst/Reparatur/Service	4,5	3,4	24,4	
Personalwesen			10,3	
Redakteurstätigkeiten			3,4	
Maschinenüberwachung			3,4	

© IfM Bonn

a) Mehrfachnennungen möglich, b) eigene Berechnungen, c) eigene Berechnungen, d) Unternehmen, die konkret Telearbeit planen

Quelle: Eigene Zusammenstellung

Auch die Frage nach möglichen Einsatzfeldern für Telearbeit unterstützt die Annahme, daß Entscheidungsträger mit Telearbeit vor allem einfache Daten- und Textverarbeitungstätigkeiten oder Einsatzfelder im EDV-Bereich assoziieren (vgl. Kap. 3.4.1). Die Potentiale, die sich aufgrund der fortgeschrittenen technischen Möglichkeiten ergeben, so z.B. durch Videokonferenzen oder bei der Fernwartung, werden bisher nicht ausgeschöpft.

Tabelle 8: Mögliche Einsatzfelder für Telearbeit aus Sicht der Unternehmen
- in % der jeweiligen Grundgesamtheit*

	Empirica n=500	TA Telearbeit GmbH n=272	Uni Witten/ Herdecke n=173	Roland Berger n=250	
Texterfassung/-bearbeitung	52,8	72,5	49,7	Sachbearbeitung, Schreibarbeit, Konzeption, Recherche	22,7
Datenerfassung		73,0			
Schreiben, Redigieren	33,0				
Übersetzen	31,6				
Systementwicklung und Programmieren	37,6	74,4	19,1	EDV/Organisation (Softwareentwicklung, Netzwerkmanagement)	31,8
DV-Wartung		39,5	20,8		
DV-Beratung		32,4	20,2		
Außendienstaufgaben		72,2	23,1	Außendienst/Vertrieb	29,5
CAD-Bearbeitung		58,1			
Konstruktion		53,3			
Buchhaltung/ Rechnungswesen	28,0	40,0	33,5		
Reparaturarbeiten	12,0				
Management	6,0		4,6		

© IfM Bonn

* Mehrfachnennungen möglich
Quelle: Eigene Zusammenstellung

- **Anwendungsmotive**

Als Anwendungsmotive, die ausschlaggebend für die Einführung von Telearbeit in den befragten Unternehmen waren, stehen sowohl wettbewerbsstrategische Gründe wie erhöhte Flexibilität, verkürzte Reaktionszeiten und Produktivitätssteigerungen, als auch personalpolitische Gründe, insbesondere die Bindung von Mitarbeitern im Vordergrund. Während für gut ein Drittel der Unternehmen auch Kostensenkungsmöglichkeiten entscheidend waren, scheinen Umweltgesichtspunkte und kurzfristiger Personalbedarf eher eine untergeordnete Rolle zu spielen.

Tabelle 9: Anwendungsmotive der Telearbeit - in % der jeweiligen Grundgesamtheit [a]

	ExperTeam n=22	Roland Berger n=110 [b]	TA Telearbeit GmbH n=272	TH Darmstadt [c] n=29
Service/Flexibilität/ Reaktionszeiten/ Prozeßbeschleunigung	40,9	28,6 42,9		
Mitarbeiterbindung/ Vereinbarkeit Familie-Beruf	27,3	42,9	76,0	Erweiterung der Arbeitsplatzgarantie bei Müttern und Vätern 37,9 Personalbindung 13,8 Erweiterter Erziehungsurlaub 13,8
Mitarbeiterwunsch	22,7	19,0	56,0	31,0
Kostengesichtspunkte	31,8	38,1	38,0 [d]	
Steigerung der Produktivität			39,0	55,2
Flexibler Personaleinsatz				24,1
Umweltgesichtspunkte/ Image		14,3		
Arbeitsmarktvorteile/höhere Attraktivität des Arbeitgebers			34,0	17,2
Konkurrenzfähigkeit		4,8		
Arbeitsqualität			29,0	20,7
Flexibilisierung der Arbeitszeiten	40,9			
kurzfristiger Personalbedarf	4,5			

© IfM Bonn

a) Mehrfachnennungen möglich, b) 44 % von "fast 250" befragten Unternehmen, c) eigene Berechnungen d) Einsparung von Miet- und Raumkosten,
Quelle: Eigene Zusammenstellung

- **Hemmnisse**

Als größte Hemmfaktoren für die Einführung von Telearbeit werden von Unternehmensseite organisatorische Schwierigkeiten genannt, insbesondere Führungs- und Kontrollprobleme. Dies bestätigen auch die Interviewpartner in den Fallstudien. Ihrer Auffassung nach ist der geringe Verbreitungsgrad von Telearbeit in erster Linie darauf zurückzuführen, daß viele Unternehmen nicht auf Anwesenheitskontrollen verzichten wollen. Unternehmen, die keine Telearbeit planen, begründen dies vor allem damit, daß keine geeigneten Aufgaben für Telearbeit vorhanden seien. Wie bei der Nennung möglicher Einsatzfelder für

Telearbeit, kann auch hier davon ausgegangen werden, daß diese Einschätzung auch mangelnde Kenntnis der vielfältigen Einsatzmöglichkeiten von Telearbeit widerspiegelt.

Tabelle 10: Hemmfaktoren für den Einsatz von Telearbeit - in % der jeweiligen Grundgesamtheit[a]

	TH Darmstadt[b] n=52[c]	Roland Berger n=250	Fraunhofer IAO n=672[d]	TA Telearbeit GmbH, n=272	Kienbaum n=157[e]	Uni Witten/Herdecke n=173	Empirica n=500
keine geeigneten Aufgaben	55,8		49,6			58,4	
Führung und Kontrolle/Kontrollverlust	15,4	34,2		63,0	45,9	16,8	41,6
Kommunikationsprobleme	21,2	18,4					47,4
Investitionskosten/ technischer Aufwand	11,5	15,8			54,1	22,0[f]	36,4
(arbeits-)rechtliche Problemfelder		23,7	9,2	43,0	36,3	23,8	17,6
unklares Kosten-/Nutzenverhältnis			19,5				
zu hohe Telekommunikationskosten						31,8	
Datensicherheit/-schutz	17,3	7,9		55,0	22,3		
kein Bedarf	23,1						

© IfM Bonn

a) Mehrfachnennungen möglich, b) eigene Berechnungen, c) nur Unternehmen, die keine Telearbeit eingeführt haben, d) nur Unternehmen, die keine Telearbeit eingeführt haben, e) eigene Berechnungen f) Hardwarekosten

Quelle: Eigene Zusammenstellung

- **Vertragsformen bei Telearbeit**

Derzeit wird Telearbeit überwiegend im Rahmen eines Arbeitsverhältnisses geleistet. Dienst- und Werkverträge, aber insbesondere auch Heimarbeitsverträge im Sinne des HAG, spielen eine sehr untergeordnete Rolle.

Expertenbefragungen des IAT und des Fraunhofer IAO zeichnen jedoch für die Zukunft ein anderes Bild: So halten 50 % der Befragten der IAT-Studie es für eher unwahrscheinlich, daß der Großteil der Telearbeiter von Personen mit Arbeitnehmerstatus gestellt wird. Vielmehr erwarten 55,6 %, daß Telearbeit in den nächsten zehn Jahren zu einer verstärkten Auflösung arbeitsvertraglich abgesicherter Beschäftigungsverhältnisse führen wird. Auch die Befragten der

IAO-Studie gehen davon aus, daß Telearbeit in nennenswertem Ausmaß vor allem von sog. Freelancern und kleinen Selbständigen erbracht wird (vgl. Kap. 4.2).

Tabelle 11: Vertragsformen bei Telearbeit in %

	ExperTeam n=22*	TH Darmstadt n=29	Wirtschaftswoche n=45	Fraunhofer IAO n=75
Arbeitsvertrag	79,2	93,3	80,0	94,8
Werkvertrag	8,3	6,7	0	
Dienstvertrag	8,3	0	6,7	
Heimarbeit im Sinne des HAG	0	0	0	
außerhalb eines Arbeitsverhältnisses ohne genauere Spezifizierung				5,2
Zeitarbeitsvertrag			2,2	
keine Angabe	4,0		11,1	
Insgesamt	100,0	100,0	100,0	100,0

© IfM Bonn

* eigene Berechnungen
Quelle: Eigene Zusammenstellung

6.3 Stellenwert der Telearbeit in der Bundesrepublik Deutschland

6.3.1 Schätzungen zur derzeitigen Zahl der Telearbeiter in der Bundesrepublik Deutschland

Der derzeitige Stand der Telearbeit in der Bundesrepublik Deutschland wird von verschiedenen Seiten sehr unterschiedlich eingeschätzt. In Abhängigkeit von der zugrundeliegenden Definition des Begriffs Telearbeit und der jeweiligen Untersuchungsmethode reichen die Schätzungen zur Zahl der Telearbeiter in Deutschland von 3.000 bis hin zu knapp 1 Mill.[33]

Wesentlichen Einfluß auf die geschätzten Quantitäten hat dabei insbesondere der vorausgesetzte zeitliche Umfang der Telearbeit. Während die Empirica-Studie Telearbeit "an mindestens einem Tag pro Woche" unterstellt, geht die Befragung des Fraunhofer IAO von einer "gewissen Regelmäßigkeit" aus. Erhebliche Differenzen ergeben sich darüber hinaus je nachdem ob mobile Telearbeit im Außendienst miteinbezogen wird, wie in der Studie des Fraunhofer

---

[33] Die Zahl von 1 Mill. Telearbeiter ergibt sich, wenn zusätzlich zu der vom Fraunhofer IAO errechneten Anzahl der Telearbeiter auch 45.000 Telearbeiter in Call-Centern (1996) miteinbezogen werden (KLEIN 1997, S. 13 und IWD 1998, S. 2).

IAO, oder nicht, wie in der Empirca-Studie.[34] Ohne die Einbeziehung der mobilen Telearbeiter reduziert sich die Zahl der Telearbeiter der Fraunhofer-Studie auf rund 370.000.

Tabelle 12: Zahl der Telearbeiter in der Bundesrepublik

	Anzahl
Petersberg-Kreis, 1995	max. 3.000
BMBF, 1997	< 10.000
ZVEI/VDMA, 1995	30.000
Empirica, 1994	150.000
Fraunhofer IAO, 1997	> 800.000

© IfM Bonn

Quelle: Eigene Zusammenstellung

Sowohl die Untersuchung der TH Darmstadt, als auch die Roland-Berger-Studie rechnen Außendienstmitarbeiter, die I&K-Techniken zur Übertragung ihrer Arbeitsergebnisse anwenden, mit zu den Telearbeitern. Nach der Begriffsfassung der TH Darmstadt gilt auch als Telearbeiter, "wer Überstunden bzw. kürzere Überwachungsdienste von ca. einer halben Stunde zu Hause am Computer verrichtet". Auch die Studie von Roland Berger basiert auf einer verhältnismäßig weiten Definition, die Telekooperation zwischen Filialen und unternehmensübergreifende Telekooperation miteinschließt.

Darüber hinaus beeinflussen die Schätzung zum einen die Auswahl der Stichprobe und andererseits die den Hochrechnungen zugrundeliegenden Annahmen. So wird beispielsweise in der Studie des Fraunhofer IAO explizit differenziert zwischen den Annahmen, daß

- alle angeschriebenen Unternehmen und Behörden, die Telearbeit anbieten, geantwortet haben, und alternativ dazu, daß
- der Rücklauf der Unternehmen und Behörden, die Telearbeit anbieten, der Verteilung der Grundgesamtheit entspricht.

---

34   Sowohl bei der Bevölkerungsbefragung als auch bei der Befragung von Entscheidungsträgern in Unternehmen wird nur nach Telearbeit zu Hause (auch alternierend) oder in einem wohnortnahen Büro gefragt (EMPIRICA 1994, Bericht 1, S. 45 und EMPIRICA 1994, Bericht 2, S. 34) Daher führt die in Bericht 6 (EMPIRICA 1994, Bericht 6, S. 4) angeführte Definition zu Mißverständnissen: "Mobile Arbeit sowie Arbeit von Freiberuflern und Selbständigen wird hingegen nur berücksichtigt, wenn diese mittels Telekommunikation mit ihrem Auftrag- bzw. Arbeitgeber verbunden sind."

Tabelle 13: Anteil der Unternehmen, die Telearbeit praktizieren - in % der jeweiligen Grundgesamtheit

	Anteil der befragten Unternehmen ohne Telearbeit	Anteil der befragten Unternehmen mit Telearbeit
TH Darmstadt (n=87)	60,0 (+1,0 bereits wieder abgeschafft)	33,0 (+ 6,0 geplant)
Roland Berger (n= 250)	27,0	73,0
Fraunhofer IAO (n=747)	90,0	10,0
Empirica (n=500)	95,2	4,8
TA Telearbeit GmbH (n=272)	69,5	22,1 (+ 8,4 geplant)
Uni Witten/Herdecke (n= 173)	74	26
Kienbaum (n=157)	59,0	15,0 (+ 11,0 in Pilotphase + 15,0 geplant)

© IfM Bonn

Quelle: Eigene Zusammenstellung

Ausgehend von diesen Alternativen liegt die tatsächliche Zahl der Telearbeiter zwischen 9.265 und 2.162.695 (95 % Konfidenzintervall). Die geschätzte Anzahl von rund 877.000 Telearbeitern ergibt sich aus dem gewichteten Mittel der beiden Extreme. Während die Hochrechnungen des Fraunhofer IAO auf Befragungsdaten von 747 bundesdeutschen Unternehmen und Behörden basieren, liegt den Berechnungen der Empirica-Studie eine Befragung von 1.347 Privatpersonen zugrunde.

Eine Differenzierung nach Unternehmensgrößen wurde u.a. vom Fraunhofer IAO vorgenommen. Demnach hatten von den 10 % der befragten Unternehmen, die bereits heute Telearbeit anbieten, 85 % mehr als 100 Beschäftigte, 7 % zwischen 10 und 100 Beschäftigten und 8 % weniger als 10 Beschäftigte. Die Annahme, Telearbeit werde bisher vorwiegend in großen Unternehmen durchgeführt, wird jedoch von den Ergebnissen der Kienbaumstudie nicht unterstützt. Der Anteil der kleineren Unternehmen (bis 100 Beschäftigte) mit Telearbeit liegt hier bei 43,4 %.

Nach Angaben der Autoren der Roland-Berger-Studie und der Studie der Universität Witten/Herdecke waren bei den Analyseergebnissen keine signifikanten Unterschiede hinsichtlich der Unternehmensgröße zu beobachten. Auch Empirica konnte keinen eindeutigen Zusammenhang zwischen Unternehmensgröße und Verbreitung der Telearbeit erkennen. Bei den Größenklassen 50-99 sowie 1.000 und mehr Beschäftigte ist der Anteil der von Empirica befragten Unternehmen, die Telearbeit praktizieren, am größten.

Tabelle 14: Praktizierte Telearbeit nach Unternehmensgröße

Beschäftigte	Fraunhofer IAO (n=75)	Beschäftigte	Kienbaum (n=23)	Kienbaum*	Beschäftigte	Empirica** (n=500)
< 10	8,0	bis 25	8,7	9,1	1-9	4,4
10-100	7,0	25-50	21,7	23,8	10-49	3,8
		50-100	13,0	9,4	50-99	7,5
> 100	85,0	100-150	4,3	6,6	100-499	3,6
		150-250	8,7	11,1		
		250-1.000	21,7	22,7	500-999	3,2
		> 1000	21,7	18,5	> 1000	7,7
Insgesamt	100,0		100,0			

* % der Unternehmen der jeweiligen Unternehmensgrößenklasse, ** % der Unternehmen der jeweiligen Unternehmensgrößenklasse
Quelle: Eigene Zusammenstellung

Die Annahme, Telearbeit werde heute vorwiegend im Banken- und Versicherungssektor praktiziert, konnte vom Fraunhofer IAO und von Empirica bestätigt werden. In einer nach Branchen gegliederten Rangfolge stehen Kreditinstitute und Versicherungsgewerbe als Telearbeitsanbieter in beiden Studien an erster Stelle, gefolgt vom Verarbeitenden Gewerbe (Fraunhofer IAO) bzw. von Industrie und Bau (Empirica). Nach Angaben von Empirica erreicht die Telearbeit in den befragten Unternehmen im Kredit- und Versicherungsbereich schon heute einen Anteil von 10,6 %. In der Kienbaumstudie kommen 60,9 % der Unternehmen mit Telearbeit aus dem Dienstleistungs- und Informationssektor.

Tabelle 15: Anteil der Unternehmen mit Telearbeit bezogen auf die jeweilige Branche - in %

Branche	in %
Kredit/Versicherung	10,6
Industrie/Bau	5,6
Öffentliche Verwaltung	5,6
Handel/Verkehr	3,1
Sonstige Dienstleistungen	1,1

Quelle: EMPIRICA 1994, Bericht 2, S. 14

Tabelle 16: Unternehmen mit Telearbeit differenziert nach Wirtschaftszweigen

Wirtschaftszweig	Unternehmen mit Telearbeit in % der Unternehmen des Wirtschaftszweigs	Anteil an den Unternehmen mit Telearbeit in %
Industrie/Produktion	9,1	26,1
Handel	17,7	13,0
Dienstleistungen	22,2	17,4
Information	17,8	43,5
Insgesamt	100,0	100,0

Quelle: KIENBAUM PERSONALBERATUNG GMBH 1997, S. 25

Die Autoren der Studie der Universität Witten/Herdecke kommen jedoch zu anderen Ergebnissen. Diesen Untersuchungen zufolge ist der Realisierungsgrad von Telearbeit in der Chemie- und Pharmabranche am größten (55,6 %), bei Banken und Versicherungen liegt der Anteil der befragten Unternehmen mit Telearbeit bei 30,8 %.

Tabelle 17: Praktizierte Telearbeit nach Branchen in %

Branche	Anteil der Unternehmen mit Telearbeit in der entsprechenden Branche	Anteil an den Unternehmen mit Telearbeit
Chemie/Pharma	55,6	22,2
Bau	4,5	2,2
Groß-/Außenhandel	23,7	20,0
Private Dienstleistungen	34,8	17,8
Verkehr- und Verkehrsdienstleistungen	0	0
Elektrotechnik/Elektronik	9,1	2,2
Papier-/Druckgewerbe	33,3	15,6
Maschinenbau	27,8	11,1
Banken/Versicherungen	30,8	8,9
Insgesamt	100,0	100,0

Quelle: Universität Witten/Herdecke 1996, Anhang

6.3.2 Status Quo der Telearbeit im internationalen Vergleich

Telearbeit nimmt innerhalb der Informationsgesellschaft eine Schlüsselrolle ein. Der Stellenwert der Telearbeit ist heute in den einzelnen Ländern aber noch sehr unterschiedlich. So gibt es derzeit den Schätzungen der Empirica-Studie zufolge in Europa 1,25 Mill. Telearbeitsplätze. Etwa die Hälfte der Telearbeiter arbeiten davon in Großbritannien. Spanien und Italien liegen auf den hintersten Plätzen. Die USA liegen mit knapp 8 Mill. Telearbeitsplätzen weltweit an der Spitze (PICOT/REICHWALD/WIGAND 1996, S. 374).

Abbildung 7: Anzahl der Telearbeiter in Europa

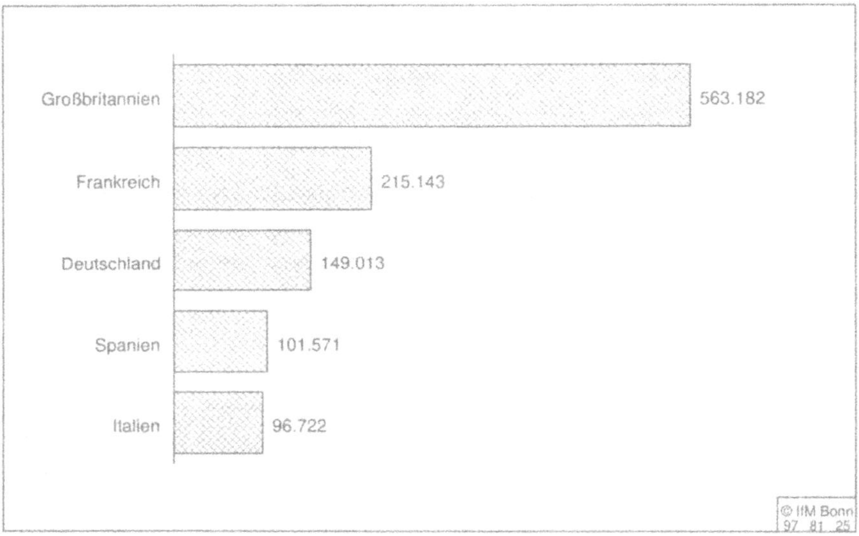

Großbritannien	563.182
Frankreich	215.143
Deutschland	149.013
Spanien	101.571
Italien	96.722

Quelle: EUROPÄISCHE KOMMISSION 1996b, S. 12; eigene Darstellung

Wie in Kapitel 6.3.1 ausgeführt wurde, sind absolute Angaben zur derzeitigen Anzahl der Telearbeitsplätze durchaus umstritten, da sie in hohem Maße von der jeweiligen zugrundeliegenden Definition von Telearbeit abhängig sind. Da die oben angeführten Daten der einzelnen Länder auf dieselbe Definition zurückzuführen sind[35] und so die Vergleichbarkeit gewährleistet ist, können sie dennoch zur Beurteilung des Stellenwertes, den Telearbeit in den jeweiligen Ländern einnimmt, herangezogen werden.

In absoluten Zahlen liegt Deutschland mit knapp 150.000 Telearbeitsplätzen im Mittelfeld der fünf größten europäischen Länder. Wird dagegen der Größe eines Landes Rechnung getragen, indem die Anzahl der Telearbeiter in Bezie-

---

35 mit Ausnahme der USA

hung zur Gesamtzahl der Beschäftigten gesetzt wird, so liegt Deutschland mit den Niederlanden an vorletzter Stelle vor Dänemark: Während in Großbritannien 2,2 %, in Irland sogar 3,8 % der Beschäftigten Telearbeiter sind, liegt der Anteil in Spanien bei 0,8 %, in Italien bei 0,5 %, in Deutschland aber nur bei 0,4 % der Beschäftigten.

Abbildung 8: Anteil der Telearbeiter an den Beschäftigten [36]

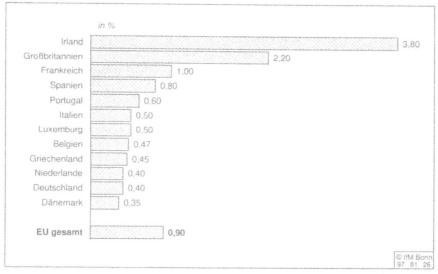

Quelle: EUROPÄISCHE KOMMISSION 1996b, S. 12; eigene Berechnungen

Unwesentlich anders stellt sich die Situation dar, wenn statt der Anzahl der Beschäftigten die Erwerbsbevölkerung (work force) als Bezugsgröße gewählt wird. Auch hier sind Großbritannien und Irland mit einem Anteil von je 1,2 % Telearbeitern gemessen an der Erwerbsbevölkerung führend. In Frankreich sind 0,5 % der Erwerbsbevölkerung als Telearbeiter tätig, in Spanien 0,3 %. Deutschland liegt zusammen mit den Beneluxstaaten mit 0,2 % deutlich unter

---

[36] Die Daten für Irland, Dänemark, die Niederlande, Belgien, Luxemburg, Portugal und Griechenland sind nicht auf Erhebungsdaten zurückzuführen, sondern von der EU-Kommission geschätzt. Es wurde unterstellt, daß in Irland der Anteil der Telearbeiter an der Bevölkerung über 15 Jahren mit dem Anteil in Großbritannien übereinstimmt. Für Dänemark und die Beneluxstaaten wurde der Anteil dem deutschen gleichgesetzt. Portugals Anteil entspricht per Annahme dem Anteil in Spanien, Griechenlands dem in Italien (EUROPÄISCHE KOMMISSION 1996b, S. 12).

dem europäischen Durchschnitt. Nur in Italien und Griechenland ist der Anteil der Telearbeiter an der Erwerbsbevölkerung mit je 0,2 % noch geringer.

Abbildung 9: Anteil der Telearbeiter an der Erwerbsbevölkerung (>15 Jahre)[37]

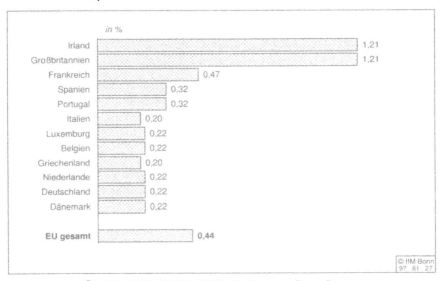

Quelle: EUROPÄISCHE KOMMISSION 1996b, S. 12; eigene Darstellung

6.3.3 Ursachen für Unterschiede in den Ländern

Die zum Teil gravierenden Differenzen in der Anwendung von Telearbeit in den einzelnen Ländern sind vor allem auf fünf Ursachen zurückzuführen:

- Der Grad der Verbreitung von Computertechnik in privaten Haushalten und Unternehmen divergiert stark.

Beispielhaft deutlich wird dies anhand von Zahlen über die Verbreitung von PCs: Während 1997 auf hundert Einwohner in den USA 49 PCs kamen, waren es in Deutschland nur 26. Die skandinavischen Länder lagen im europäischen Schnitt mit 36 PCs pro hundert Einwohnern in Schweden und Dänemark und 39 in Norwegen deutlich vorn, am untersten Ende der Skala rangierten dage-

---

[37] Annahmen analog Fußnote 36

gen Spanien und Italien mit je 12 PCs pro 100 Einwohner (FACHVERBAND INFORMATIONSTECHNIK IM VDMA UND ZVEI 1998, S. 10).

Auch in den Unternehmen ist die Anwendung von I&K-Technik unterschiedlich weit verbreitet. Insbesondere der Vernetzungsgrad zwischen einzelnen Abteilungen unternehmensintern (LAN) und externe Verbindungen zu verschiedenen Standorten des Unternehmens, zu anderen Unternehmen, zu Kunden und staatlichen Stellen (WAN) als wichtige Voraussetzung für Telearbeit ist in den USA sehr viel weiter fortgeschritten als in Europa.

Tabelle 18: I&K-Technik in Unternehmen

	Deutschland	USA	Japan	UK	Frankreich
Angestellte pro PC (1994)	1,3	1,2	>4	1,4	1,7
LAN, lokale Vernetzung der PCs innerhalb des Unternehmens (1995)	ca. 50 %	65 %	27 %	40 %	38 %
WAN, Mietleitungen pro Einwohner, (1994)	1:99	1:19	1:121	1:116	1:107
kommerzielle Internet-Domains pro Einwohner	1:19.000	1:2.000	1:43.000	1:9.000	1:36.000

© IfM Bonn

Quelle: A.D. LITTLE 1996, S. 59 ff.

- Die Liberalisierung des Fernmeldewesens ist unterschiedlich weit fortgeschritten. Daraus ergeben sich verschiedene Angebots- und Preisstrukturen bei den Telekommunikationskosten (EITO 1997, S. 72).

- Die öffentliche Förderung der Anwendung von I&K-Technik im allgemeinen und von Telearbeit im besonderen ist nicht einheitlich (EUROPÄISCHE KOMMISSION 1995, S. 54).

- Eine Rolle spielen letztendlich auch soziokulturelle und mentale Unterschiede in Bezug auf die Aufgeschlossenheit für technische Neuerungen. Dies belegt eine Meinungsumfrage, die 1995 im Auftrag der Europäischen Kommission durchgeführt wurde (EUROPÄISCHE KOMMISSION 1996b, S. 10). Untersucht wurde dabei das Nutzerprofil, die Sensibilisierung im Bereich der wichtigsten Informationstechnologien und das Interesse an neuen I&K-Techniken. Erhebliche Unterschiede in der Aufgeschlossenheit für technische Neuerungen in den einzelnen Ländern sind der Studie zufolge besonders auf die Inhomogenität der Alters-, Geschlechts-, Ausbildungs-, und Einkommensstrukturen zurückzuführen. Voraussetzung für die Verbreitung der Telearbeit ist zum einen ein hoher Flexibilisierungsgrad der Arbeitswelt, für den der Anteil der Erwerbstätigen in Teilzeittätigkeiten und die Selbständigenquote Indikatoren sind. Darüber hinaus läßt sich der Strukturwandel von der Industriegesellschaft, in der männliche Erwerbstätige in Vollzeitarbeitsverhältnissen dominieren, hin zur Informations- und Dienstleistungsgesellschaft anhand des Anteils der Erwerbstätigen im Dienstleistungssektor und an der Frauenerwerbstätigkeit erkennen (EMPIRICA 1994, Bericht 5, S. 27). Nicht zuletzt verschärft die angespannte Situation auf dem Arbeitsmarkt den Druck, nach neuen Beschäftigungsmöglichkeiten, z.B. als selbständiger Telearbeiter, zu suchen.

Tabelle 19: Beschäftigungsprofile der einzelnen Länder

	Deutschland	Frankreich	Spanien	Italien	UK
Erwerbsquote [a]	57,7	55,4	48,2	47,4	61,5
Erwerbstätigenquote [b]	53,0	48,8	37,2	41,8	56,2
Arbeitslosenquote (1995) [c]	8,2	11,9	22,7	11,8	8,7
Selbständigenquote [d]	9,4	11,6	21,8	24,5	13,0
Anteil der Frauen an den Erwerbstätigen	43,1	41,4	24,7	28,5	48,8
Erwerbstätige in Teilzeittätigkeit [e]	16,3	15,6	7,5	6,4	24,1
Erwerbstätige im Dienstleistungssektor [f]	60,8	68,1	60,5	60,4	70,5

© IfM Bonn

a) Erwerbspersonen in % der in Privathaushalten lebenden Bevölkerung im erwerbsfähigen Alter, b) Erwerbstätige in % der in Privathaushalten lebenden Bevölkerung im erwerbsfähigen Alter, c) Arbeitslose in % der Erwerbspersonen, d) Anteil der Selbständigen an den Erwerbstätigen, e) in % der Erwerbstätigen, f) in % der Erwerbstätigen

Quelle: EUROSTAT 1996

- Die Netzinfrastruktur als wichtigste Voraussetzung für die Anwendung von I&K-Technologien ist unterschiedlich weit ausgebaut.

Hinsichtlich der Netzinfrastruktur liegt Deutschland im internationalen Vergleich weltweit an der Spitze. So weist Deutschland 1997 mit 3,6 Mill. Anschlüssen über die Hälfte aller europäischen und fast dreimal so viele ISDN-Zugänge wie in den USA auf (FACHVERBAND INFORMATIONSTECHNIK IM VDMA UND

ZVEI 1998, S. 7). Deutschland verfügt über ein Drittel aller Breitbandkabelanschlüsse in Europa und liegt damit weltweit an zweiter Stelle hinter den USA. Bei allen Endgeräte-Parametern, wie PC- und Mobiltelefon-Dichte oder Internet-Hosts belegt Deutschland jedoch lediglich einen Platz im Mittelfeld.

Tabelle 20: Netzinfrastruktur in den einzelnen Ländern

	Frankreich	Italien	Großbritannien	Deutschland	Spanien	USA
PCs pro 100 Einwohner	20	12	27	26	12	49
Breitband-Kabelanschlüsse je 100 Einwohner	12	1	9	50	16	65
ISDN-Anschlüsse je 1.000 Einwohner	15	5	10	44	5	5
Mobiltelefone je 100 Einwohner	8	19	15	10	12	21
Internet-Hosts je 1.000 Einwohner	6	4	17	12	4	78

Quelle: FACHVERBAND INFORMATIONSTECHNIK IM VDMA UND ZVEI 1998

7. Arbeitsmarktpolitisches Potential der Telearbeit

7.1 Beschäftigungseffekte durch Telearbeit

Die Entwicklung der I&K-Technologien hat tiefgreifende Auswirkungen auf die Produktionsstrukturen und -verfahren, aus denen sich Veränderungen in der Unternehmensorganisation, der Arbeitsorganisation und des Konsumverhaltens ergeben werden. Trotz hoher Produktivitätszuwächse in den Branchen, die I&K-Technologien nutzen, sind durch neue Dienste und Anwendungen immer wieder auch neue Beschäftigungsmöglichkeiten entstanden (HUMMEL/ SAUL 1997, S. 4).

Beschäftigungseffekte durch Telearbeit sind jedoch aus zwei Gründen nur sehr schwer zu quantifizieren.

(1) Telearbeit ist nur eine Komponente innerhalb einer Reihe von Veränderungen in der Arbeitsorganisation, die durch I&K-Techniken angestoßen werden. Technikfolgenabschätzungen und Schätzungen quantitativer Beschäftigungseffekte sind mit erheblichen methodischen Problemen verbunden. DOSTAL (1996a, S. 281) weist darauf hin, daß eine Isolation der Beschäftigungswirkungen einzelner Techniken praktisch nicht möglich ist, da Technik immer gemeinsam mit anderen Einflüssen wie veränderten Organisationsstrukturen, neuen Kostenrelationen, verschobener Akzeptanz und anderer Bedarfslagen wirke. Neue I&K-Technologien können zu einem rationalisierungsbedingten Beschäftigungsrückgang führen, gleichzeitig entstehen jedoch durch die steigende Nachfrage nach Informationsdienstleistungen neue Arbeitsplätze. Zusätzlich zu Beschäftigungsauf- und abbau haben I&K-Technologien auch eine beschäftigungserhaltende Wirkung. Der A.D. Little-Studie zufolge können durch TIME[38]-Anwendungen in Deutschland 1,2 Mill. Arbeitsplätze erhalten werden, die ohne Technologieeinsatz verlorengingen (A.D. LITTLE 1996, S. 13). Die quantitativen Beschäftigungseffekte durch neue I&K-Technologien sind in mehreren Studien untersucht worden. Diese basieren auf Trendszenarien, bei denen bestimmte Anpassungsmodi unterstellt und einige Einflußgrößen als konstant angenommen werden.

---

[38] Telekommunikation, Informationstechnik, Medien, Elektronik

Übersicht 9: Prognose der Beschäftigungswirkungen durch I&K-Technologien in Deutschland (per Saldo)

	Beschäftigungswirkungen
A.D. Little, 1996	210.000 zusätzliche Arbeitsplätze bis zum Jahr 2010 per Saldo (224.000 zusätzliche Arbeitsplätze brutto), unter der Annahme konstanter Rahmenbedingungen
Prognos/DIW, 1996	180.000 zusätzliche Arbeitsplätze bis zum Jahr 2010 in den Anbieterbranchen
METIER Konsortium, 1995	1,5 Mill. zusätzliche Arbeitsplätze bis zum Jahr 2010 im Vergleich zu einem Szenario mit langsamerer Diffusion von I&K-Techniken

© IfM Bonn

Quelle: Eigene Zusammenstellung

(2) Potentialabschätzungen bezüglich der zukünftigen Zahl der Telearbeiter lassen nicht direkt auf die Beschäftigungseffekte durch Telearbeit schließen. Häufig handelt es sich bei Telearbeitsplätzen nicht um zusätzliche Arbeitsplätze, sondern lediglich um eine räumliche Verlagerung schon bestehender Arbeitsplätze. Einschätzungen zum Potential der Telearbeit beinhalten daher sowohl Substitutions- als auch Generierungseffekte (SCHULZ/STAIGER 1993, S. 123).

Wie bei den Schätzungen zur derzeitigen Zahl der Telearbeiter, hat auch bei der Prognose des Potentials der Telearbeit die Schätzmethode erheblichen Einfluß auf das Ergebnis. Während ExperTeam das Arbeitsplätzepotential von Telearbeit anhand objektiv meßbarer Unternehmensmerkmale wie Branchenzugehörigkeit, Größe und Anteil der mit Verwaltungsaufgaben beschäftigten Mitarbeiter errechnet (GODEHARDT 1994, S. 283 ff.), basiert die Potentialeinschätzung von Empirica auf dem bekundeten Interesse der befragten Bevölkerung und der Entscheidungsträger an Telearbeit (EMPIRICA 1994, Bericht 6, S. 10). Das sich daraus ergebende Interessenpotential wurde auf den durchschnittlichen Anteil der Informationsberufe (40 % der Beschäftigten in Deutschland) eingeschränkt und so die Anzahl der potentiellen Telearbeiter hochgerechnet. ZVEI/VDMA (1995, S. 27) erwarten von einer verstärkten Einführung von Telearbeit auch erhebliche zusätzliche Beschäftigungsimpulse, insbesondere bei den Netzwerkbetreibern und Softwareherstellern. Sie schließen auf Basis der zu erwartenden Investitionsschübe auf die Beschäftigungsauswirkungen. Die Prognosen über die zu erwartenden Arbeitsplatzeffekte gehen nicht zuletzt auch wegen der schwierigen Abgrenzung des Begriffs Telearbeit zu anderen Formen der Telekooperation weit auseinander.

Übersicht 10: Schätzungen zum Telearbeitspotential

	Potentialschätzungen
ZVEI/VDMA, 1995[39]	800.000 Telearbeiter bis zum Jahr 2000 (= 2 % der Erwerbstätigen), langfristig ca. 3,8 Mill. (= 10 % der Erwerbstätigen)
Bundesregierung (BMWi, BMA), 1996	1,75 - 3,5 Mill. (= 5-10 % der heutigen 35 Mill. Arbeitsplätze)
IBM, 1995	3 Mill.
ExperTeam, 1994	3 Mill. (ausgehend von 99.000 in NRW)
Empirica, 1994 und Bangemann-Report, 1994	2,5 Mill. Telearbeiter bis zum Jahr 2000 (10 Mill. in der EU)

Quelle: Eigene Zusammenstellung

Beim Vergleich der Beschäftigungswirkungen von I&K-Technologien (Übersicht 9) mit den Schätzungen zum Potential der Telearbeit (Übersicht 10) wird deutlich, daß das Gros der zu erwartenden Telearbeitsplätze keine zusätzlichen Arbeitsplätze sind. Sollten bis zum Jahr 2010 durch I&K-Technologien im allgemeinen 1,5 Mill. neue Arbeitsplätze entstehen, wie es das METIER Konsortium erwartet, so ist davon nur ein Bruchteil der speziellen Arbeitsform Telearbeit zuzurechnen. Ausgehend von 3 Mill. potentiellen Telearbeitsplätzen wären somit nicht einmal die Hälfte zusätzliche Arbeitsplätze.

7.2 Erwartungen über die zukünftige Rolle der Telearbeit

In mehreren der in Kapitel 6 erörterten Studien wurden die Erwartungen zur weiteren Entwicklung der Telearbeit untersucht. Die Erwartungen über die zukünftige Rolle der Telearbeit sind jedoch, anders als die Untersuchungsergebnisse zu den bisherigen Erfahrungen mit Telearbeit, sehr heterogen.

---

[39] vgl. Fußnote 32 (Kap. 6.1.2). ZVEI/VDMA nehmen bei ihrer Potentialschätzung Bezug auf den Bangemannbericht, der jedoch von anderen Zielgrößen als den von ZVEI/VDMA (1995, S. 25) zitierten ausgeht.

Tabelle 21: Erwartungen zur weiteren Entwicklung der Telearbeit - in % der Befragten

Telearbeit	Roland Berger n=250	IAT n=37[a]	TH Darmstadt n=15[b]	Fraunhofer IAO n=75[c] bzw. n=90[d]
wird zum Normalfall	2,1	10,8[e] 40,5[f]		
wird sich weit verbreiten (Roland Berger)/ stärker ansteigen (TH Darmstadt) / steigen (Fraunhofer IAO)	43,8		7,0	84,0[c] 71,0[d]
wird sich nur bei bestimmten Unternehmen durchsetzen/nur sehr leicht ansteigen	47,9		73,0	
bleibt auf dem heutigen Stand			20,0	
wird kaum Bedeutung erlangen/ eher die Ausnahme als die Regel sein	6,3	42,1[e] 23,7[f]		

© IfM Bonn

a) Experten; b) Unternehmen der Managementbefragung mit Telearbeit; c) Unternehmen mit Telearbeit; d) Unternehmen der Betriebsratsbefragung mit Telearbeit; e) in 5 Jahren; f) in 10 Jahren

Quelle: Eigene Zusammenstellung

Die Studie der Universität Witten/Herdecke zeigt auf, daß das gesamtwirtschaftliche Telearbeitspotential sehr viel höher als das Potential im eigenen Unternehmen eingeschätzt wird. Während bei gesamtwirtschaftlicher Betrachtung alle Befragten grundsätzlich eine Bedeutungszunahme der Telearbeit erwarten und mehr als die Hälfte dies in erheblichem Umfang, sind die Einschätzungen für das eigene Unternehmen weniger optimistisch. Lediglich 17,3 % der Befragten vermuten ein Telearbeitspotential in ihrer Firma, fast ein Drittel sehen keine Möglichkeit, Telearbeit in den nächsten fünf Jahren einzuführen. Diese Diskrepanz wird auch bei Betrachtung eines längerfristigen Zeitraums bestätigt. Über 75 % der Befragten halten das Potential in zehn Jahren für groß oder sehr groß, nur 41 % sehen jedoch für die nächsten zehn Jahre auch ein Potential für Telearbeit im eigenen Unternehmen. Insgesamt schätzen die Unternehmen, die bereits Telearbeit praktizieren, sowohl das gesamtwirtschaftliche Potential, als auch das Potential im eigenen Unternehmen sehr viel positiver ein, als die Unternehmen, die bisher keine Telearbeit realisiert haben.

Tabelle 22: Einschätzung des Telearbeitspotentials - in % der befragten Unternehmen

	Einschätzung im eigenen Unternehmen		Einschätzung gesamtwirtschaftlich	
	in 5 Jahren	in 10 Jahren	in 5 Jahren	in 10 Jahren
Alle befragten Unternehmen, n=173				
nicht vorhanden	31,8	20,8	0	0
gering	44,5	38,2	44,5	24,9
groß	17,3	28,3	50,3	55,5
sehr groß	6,4	12,7	5,2	19,6
Unternehmen mit Telearbeit, n=45				
nicht vorhanden	6,7	4,4	0	0
gering	37,8	24,4	20,0	8,9
groß	37,8	37,8	71,1	62,2
sehr groß	17,8	33,3	8,9	28,9
Unternehmen ohne Telearbeit, n=128				
nicht vorhanden	40,6	26,6	0	0
gering	46,9	43,0	43,0	30,5
groß	10,2	25,0	43,0	53,1
sehr groß	2,4	5,5	4,0	16,4

© IfM Bonn

Quelle: Universität Witten/Herdecke 1996, Anhang

7.2.1 Tätigkeiten

Nach Angaben des Fraunhofer IAO planen ca. 20 % der befragten Unternehmen und Behörden die Einführung von Telearbeit (FRAUNHOFER IAO 1997, S. 99). Den Hochrechnungen zufolge entspricht dies, in Abhängigkeit von der zugrundeliegenden Annahme (vgl. Kap. 6.3.1), 35.000 bzw. 225.000 Betrieben in der Bundesrepublik Deutschland. In den Expertengesprächen wurde die Ansicht geäußert, daß Telearbeit zwar neue Arbeitsplätze schaffe, die Beschäftigungseffekte durch Telearbeit jedoch nicht so weitreichend seien, daß sie die Arbeitslosigkeit merklich reduzieren könnten. Die Experten gehen davon aus, daß Telearbeit international zum großen Teil auf mittlerem und niedrigem Qualifikationsniveau stattfinden werde, was in der Bundesrepublik zu Jobexporten in Niedriglohnländer führe. Daneben werde es jedoch auch einen

Anteil an hochqualifizierten Telearbeitern in Deutschland geben, deren Dienstleistungen weltweit nachgefragt würden (FRAUNHOFER IAO 1997, S. 41 f.).

Die Autoren der Studie der TH Darmstadt vertreten die Ansicht, daß sich Telearbeit in ihrem ursprünglichen Konzept, d.h. Teleheimarbeit und alternierende Telearbeit, nicht im großen Stil durchsetzen wird (TH DARMSTADT 1995). Sie rechnen jedoch mit einem stärkeren Ansteigen mobiler Telearbeit, da durch neue Telekommunikationstechniken die Arbeitsweise des Außendienstes optimiert werden kann.

Im Gegensatz dazu sehen die Verfasser der Roland Berger-Studie (1995, S. 5) und der Studie des Fraunhofer IAO für die Zukunft die größten Potentiale im Bereich der Teleheimarbeit. Bei über 30 % der befragten Unternehmen der Roland Berger-Studie sind Maßnahmen für die Einführung von Teleheimarbeit konkret geplant oder angedacht, während dies nur bei 15 % der Unternehmen auch für die Außendienstanbindung gilt. Nach Angaben der Fraunhofer-Studie wird Telearbeit vor allem in den Bereichen "Allgemeine Verwaltung" (42 %) und "Organisation und EDV" (41 %) geplant. "Vertrieb und Außendienst" nannten nur 32 % der Unternehmen. Dies deute darauf hin, daß die Potentiale der mobilen Telearbeit heute schon zu einem Großteil ausgeschöpft seien (FRAUNHOFER IAO 1997, S. 18).

7.2.2 Einfluß der Unternehmensgröße

Die Studie der ExperTeam hält als Ergebnis ihrer Potentialabschätzung fest, daß der Einsatz von Telearbeit nicht abhängig von objektiv meßbaren Unternehmensmerkmalen wie Branche oder Größe ist, sondern eher von subjektiven Kriterien, wie z.B. der Einstellung des Führungspersonals (GODEHARDT 1994, S. 285). Die Stichprobe war jedoch beschränkt auf kleine und mittlere Unternehmen aus ausgewählten Branchen.

Empirica beobachtet dagegen ein stark von der Unternehmensgröße abhängiges Interesse der Entscheidungsträger an Telearbeit. Je größer die Mitarbeiterzahl eines Unternehmens, desto höher ist auch die Anzahl der unterschiedlichen ausgeübten Tätigkeiten und damit der potentiellen Telearbeitsanwendungen, so die Begründung der Autoren (KORDEY/KORTE 1996a). Obwohl das Interesse der Arbeitnehmer weitgehend unabhängig von der Unternehmensgröße ist, ergibt sich, methodisch bedingt, auch für das Telearbeitspotential ein unternehmensgrößenabhängiges Gefälle.

Auch in der Befragung des Fraunhofer IAO sind es vorwiegend größere Unternehmen (77 %), die Telearbeit einführen wollen, mittlere[40] und kleine Unternehmen sind in wesentlich geringerem Umfang vertreten (15 % und 9 %) (FRAUNHOFER IAO 1997, S. 17).

Tabelle 23: Interesse für Telearbeit nach Unternehmensgröße und Telearbeitspotential - in % der Befragten der jeweiligen Unternehmensgrößenklasse

Unternehmen mit ... Beschäftigten	Entscheidungsträger	Erwerbstätige
bis 19	27,5	41,3
20 bis 99	36,8	48,3
100 bis 499	38,4	42,7
über 500	57,1	39,8
	Interessenbasiertes Potential[41]	potentielle Telearbeitsplätze*[42]
bis 19	11,4	4,6
20 bis 99	17,8	7,1
100 bis 499	16,4	6,6
über 500	22,7	9,1

© IfM Bonn

*40 % des interessebasierten Potentials, eigene Berechnung (in Anlehnung an die Vorgabe der Studie)
Quelle: EMPIRICA 1994, Bericht 5, S. 11 ff.

Diese Befunde werden auch durch die Studie der Universität Witten/Herdecke gestützt. Mit zunehmender Unternehmensgröße wird das Telearbeitspotential im eigenen Unternehmen höher eingeschätzt. Kurzfristig hält nur ein sehr geringer Teil der kleinen Unternehmen (bis 49 Mitarbeiter) Telearbeit im eigenen

---

[40] Die Klasseneinteilung in große, mittlere und kleine Unternehmen entspricht nicht der Einteilung des IfM. Als groß werden hier Unternehmen mit mehr als 100 Mitarbeitern bezeichnet, mittlere Unternehmen beschäftigen zwischen 10 und 100 Mitarbeiter und kleine weniger als 10.

[41] Empirica geht dabei von der Annahme aus, daß das Interesse von Erwerbstätigen und Unternehmen voneinander unabhängig ist. Bei einem Anteil von 41,3 % der Erwerbstätigen und 27,5 % der Unternehmen, die Interesse an Telearbeit haben, läßt sich dann unter der Annahme statistischer Unabhängigkeit abschätzen, daß bei 11,4 % der Arbeitsplätze sowohl die Beschäftigten selbst, als auch ihr Arbeitgeber an Telearbeit interessiert sind.

[42] Für die Berechnung der potentiellen Telearbeitsplätze führt Empirica als weiteres einschränkendes Kriterium die Durchführbarkeit ein und berücksichtigt nur 40 % des genannten Interessenpotentials, da dies dem durchschnittlichen Anteil der Informationsberufe entspricht.

Unternehmen für sehr wahrscheinlich, von den Unternehmen mit 1.000 bis 5.000 Mitarbeitern dagegen 14,0 % und von den Unternehmen mit über 5.000 Beschäftigten 12,5 %. Während auch längerfristig fast die Hälfte der kleinen Unternehmen kein Potential für Telearbeit im eigenen Unternehmen sieht, geht dagegen keines der großen Unternehmen (über 5.000 Mitarbeiter) davon aus, daß überhaupt kein Potential vorhanden sei. Die Einschätzung des gesamtwirtschaftlichen Potentials ist demgegenüber nicht unternehmensgrößenabhängig.

Tabelle 24: Einschätzung des Telearbeitspotentials im eigenen Unternehmen in fünf Jahren - in % der Befragten der jeweiligen Unternehmensgrößenklasse

Anzahl der Mitarbeiter	Einschätzung des Telearbeitspotentials			
	nicht vorhanden	gering	groß	sehr groß
im eigenen Unternehmen in 5 Jahren				
bis 49	53,9	26,9	15,4	3,9
50 bis 299	36,5	44,4	17,5	1,6
300 bis 999	18,2	48,5	27,3	6,1
1.000 bis 5.000	27,9	46,5	11,6	14,0
über 5.000	0	75,0	12,5	12,5
in 10 Jahren				
bis 49	42,3	26,9	23,1	7,7
50 bis 299	20,6	46,0	22,2	11,1
300 bis 999	15,2	30,3	39,4	15,2
1.000 bis 5.000	16,3	32,6	34,9	16,3
über 5.000	0	75,0	12,5	12,5
Gesamtwirtschaftlich in 5 Jahren				
bis 49	0	57,7	34,6	7,7
50 bis 299	0	38,1	60,3	1,6
300 bis 999	0	39,4	51,5	9,1
1.000 bis 5.000	0	44,2	48,8	7,0
über 5.000	0	75,0	25,0	0
in 10 Jahren				
bis 49	0	38,5	34,6	26,9
50 bis 299	0	19,2	61,9	19,1
300 bis 999	0	27,3	42,4	30,3
1.000 bis 5.000	0	18,6	69,8	11,6
über 5.000	0	50,0	50,0	0

© IfM Bonn

Quelle: Universität Witten/Herdecke 1996, Anhang

7.2.3 Einfluß der Branche

Hinsichtlich der Nachfrage nach Telearbeit weisen das FRAUNHOFER IAO (1997, S. 17) und EMPIRICA (1994, Bericht 2, S. 17) dem verarbeitenden Gewerbe (entsprechend Industrie/Bau) eine Spitzenposition zu. Während jedoch das Fraunhofer IAO die Unternehmen, die die Einführung von Telearbeit konkret planen, nach Branchen aufschlüsselt[43], basiert die Untersuchung von Empirica auf Interessebekundungen der Entscheidungsträger in den einzelnen Wirtschaftszweigen. Wegen der unterschiedlichen Bezugsgrößen ist ein Vergleich daher nur im Hinblick auf die Rangfolge der Branchen sinnvoll.

Tabelle 25: Telearbeit nach Wirtschaftsbereichen - in %

Wirtschaftsbereich	Fraunhofer IAO*	Wirtschaftsbereich	Empirica**
Verarbeitendes Gewerbe	23	Industrie/Bau	45,1
Kreditinstitute und Versicherungsgewerbe	18	öffentliche Verwaltung	42,9
Organisationen ohne Erwerbszweck	13	sonstige Dienstleistungen	40,9
Dienstleistungen	11	Kredit/Versicherungen	38,3
Gebietskörperschaften und Sozialversicherung	9	Handel/Verkehr	29,2
Baugewerbe	5		
Land- und Forstwirtschaft, Fischerei	2		

* in % der Unternehmen, die Telearbeit planen ** Interesse in % der Unternehmen der jeweiligen Klasse
Quelle: Eigene Zusammenstellung

Die Studie der Universität Witten/Herdecke bestätigt die oben aufgeführten Ergebnisse dahingehend, daß in den Branchen Handel und Verkehr die Nachfrage nach Telearbeit gering ist. Überraschenderweise schätzen die befragten Banken und Versicherungen das Telearbeitspotential ihrer eigenen Branche nicht so hoch ein, wie aufgrund des bisherigen Realisierungsgrades zu erwarten gewesen wäre (vgl. Kap. 6.3.1). Für die kommenden fünf Jahre geht keiner der Befragten aus dem Bereich Banken und Versicherungen von einem sehr

---

[43] Die Anteile der Branchen Handel, Verkehr und Nachrichtenübermittlung sowie Energie- und Wasserversorgung, Bergbau sind im Abschlußbericht nicht genannt, so daß sich die hier aufgeführten Prozentzahlen nicht zu 100 % ergänzen.

großen Potential aus, vielmehr halten über 60 % das Potential für gering oder nicht vorhanden. Auch für einen Zeitraum von zehn Jahren sehen nur 7,7 % der Unternehmen der Branche ein sehr großes Potential, sogar in der Baubranche sind die Erwartungen höher. Das größte Potential sieht für die kommenden fünf Jahre das Papier- und Druckgewerbe. Für einen längerfristigen Zeitraum wird von fast einem Drittel der Unternehmen der Chemie- und Pharmabranche das Potential als sehr groß eingeschätzt (27,8 %).

Tabelle 26: Einschätzung des Telearbeitspotentials im eigenen Unternehmen - in % der Unternehmen des jeweiligen Wirtschaftsbereichs

Wirtschaftsbereich	Einschätzung des Telearbeitspotentials			
	nicht vorhanden	gering	groß	sehr groß
in 5 Jahren				
Chemie/Pharma	16,7	50,0	27,8	5,6
Bau	54,6	31,8	13,6	0
Groß- und Außenhandel	44,7	39,5	13,2	2,6
Private Dienstleistungen	21,7	43,5	26,1	8,7
Verkehr und Verkehrsdienstleistungen	55,6	44,4	0	0
Elektrotechnik/Elektronik	27,3	72,7	0	0
Papier-/Druckgewerbe	28,6	38,1	9,5	23,8
Maschinenbau	16,7	50,0	22,2	11,1
Banken/Versicherungen	7,7	53,9	38,5	0
in 10 Jahren				
Chemie/Pharma	11,11	38,9	22,2	27,8
Bau	36,36	36,4	18,2	9,1
Groß- und Außenhandel	26,32	47,4	15,8	10,5
Private Dienstleistungen	17,39	34,8	34,8	13,0
Verkehr und Verkehrsdienstleistungen	44,4	44,4	11,1	0
Elektrotechnik/Elektronik	27,3	45,5	27,3	0
Papier-/Druckgewerbe	9,5	28,6	38,1	23,8
Maschinenbau	16,7	27,8	44,4	11,1
Banken/Versicherungen	0	38,5	53,9	7,7

© IfM Bonn

Quelle: Universität Witten/Herdecke 1996, Anhang

8. Fallstudien zu Telearbeit

8.1 Telearbeitspraxis in ausgewählten mittelständischen Unternehmen

Acht Praxisbeispiele von Telearbeit in mittelständischen Unternehmen unterschiedlicher Größe und Branchenzugehörigkeit ergänzen die Ergebnisse der vorliegenden Studie. Folgende Fragen sollten anhand der Fallstudien beantwortet werden:

- Welche Ziele verfolgt das Unternehmen mit der Einführung von Telearbeit?
- Wie ist die Telearbeit gestaltet und wie werden die bisherigen Erfahrungen bewertet?
- Welche telearbeitsspezifischen vertraglichen Regelungen wurden getroffen?
- Wo liegen die größten Hemmnisse für Telearbeit?
- Plant das Unternehmen, weitere Telearbeitsplätze einzurichten?

Die Fallstudien basieren auf strukturierten Interviews, die telefonisch mit der Geschäftsleitung der Unternehmen durchgeführt wurden.

Fallstudie 1

Das befragte Unternehmen ist ein Speditionsbetrieb mit Sitz in Nordrhein-Westfalen und beschäftigt 140 Mitarbeiter. Der Umsatz im Geschäftsjahr 1997 betrug rund 50 Mill. DM, wobei ca. 30 % des Umsatzes Auslandsgeschäften zuzurechnen sind. Das Unternehmen hat eine eigene EDV-Abteilung und ist mit Kunden und Zulieferern vernetzt.

Anlaß für die Einführung von Telearbeit waren Kapazitätsengpässe im EDV-Bereich und damit einhergehend ein Kostenproblem: Da das Unternehmen in den vergangenen Jahren stark expandierte und zunehmend auch grenzüberschreitende Geschäftsabläufe zu bewältigen hatte, sah sich die Geschäftsleitung 1994 vor die Entscheidung gestellt, eine weitere EDV-Anlage anzuschaffen, da die bisher genutzte Anlage zu bestimmten Zeiten um bis zu 180 % ausgelastet war, was zu Verzögerungen im Arbeitsablauf führte. Als Alternative zu einer neuen zentralen EDV-Anlage wurden Telearbeitsplätze eingerichtet und die Niederlassungen miteinander vernetzt, so daß der Auslastungsgrad des bestehenden Servers optimiert werden konnte. Durch die mit der Telearbeit verbundenen freien Zeiteinteilung verteilt sich die Nutzung der EDV-

Anlage nun auf mehr als acht Stunden pro Tag. Arbeiten, die nicht kurzfristig zeitgebunden sind, können von zu Hause aus in einem längerfristigen Zeitrahmen erledigt werden. Die branchenüblich starken Auftragsschwankungen lassen sich so mitarbeitergerecht im Zeitablauf besser verteilen. Darüber hinaus erlaubt die Organisationsform Telearbeit auch die Überbrückung von Zeitverschiebungen, die in diesem Fall wesentlich für den Container-Import-Verkehr mit Asien war.

Wegen der guten Erfahrungen mit Telearbeit wurden inzwischen vier neue Mitarbeiter als Telearbeiter eingestellt. Sieben der nun insgesamt neun Telearbeiter sind alternierend tätig, d.h. sie arbeiten teilweise im Betrieb und erledigen 30-40 % ihrer Arbeit von zu Hause aus. Sie sind in der Verwaltung tätig, zu ihren Aufgaben gehören Angebotserstellung, Datenerfassung, Abrechnungen, Abwicklung von Vorgängen, die Verwaltung von Lagerbeständen sowie buchhalterische Tätigkeiten. Die beiden weiteren Telearbeiter sind Führungskräfte, die über ein notebook jederzeit mit der Zentrale kommunizieren können.

Die Arbeitszeitvereinbarungen werden in Absprache mit dem jeweiligen Abteilungsleiter getroffen. Alle Telearbeiter sind Arbeitnehmer mit Arbeitsvertrag. Spezielle vertragliche Regelungen zu Telearbeit wurden nicht vereinbart. Die zu Hause geleistete Arbeitszeit wird am PC dokumentiert, da bei den dargestellten Tätigkeiten geleistete Arbeitszeit und Rechenzeit weitgehend übereinstimmt. Letztendlich kann den Angaben der Geschäftsleitung zufolge eine Leistungskontrolle jedoch nur ergebnisorientiert stattfinden. Die technischen Geräte wurden vom Arbeitgeber bereitgestellt. Nach vorheriger Absprache mit der EDV-Abteilung stehen sie den Telearbeitern auch zur privaten Nutzung zur Verfügung, es dürfen jedoch keine Disketten eingelesen werden, um Probleme mit Viren zu vermeiden. Die Übertragungskosten trägt das Unternehmen. Die Telearbeiter können über eine Hotline rund um die Uhr einen Ansprechpartner in der EDV-Zentrale erreichen, der Probleme mit der Software via Fernwartung sofort löst.

Sowohl die technische Realisierung, als auch interne Schulungen der Mitarbeiter und Vorgesetzten wurden in Eigenleistung erbracht. Sehr wesentlich für eine erfolgreiche Einführung von Telearbeit sind nach Aussage der Geschäftsleitung frühzeitige Gespräche zum Thema Telearbeit mit allen Mitarbeitern. Einerseits um die Akzeptanz gegenüber Telearbeit zu erhöhen, aber auch, um keine Neidgefühle aufkommen zu lassen, da Telearbeit vielfach als Belohnung bzw. Privileg empfunden werde, sich auf der anderen Seite jedoch nicht alle

Tätigkeiten und auch nicht alle Mitarbeiter für Telearbeit eigneten. In diesem Fall führte die Einbeziehung aller Mitarbeiter in die Überlegungen zu durchweg positiven Reaktionen auf die Einführung von Telearbeit. Eine erfolgreiche Einführung von Telearbeit sei vor allem eine Frage der Unternehmenskultur, so die Geschäftsleitung. Es müsse deutlich gemacht werden, daß Telearbeit sowohl Vorteile für das Unternehmen biete, als auch die Lebensqualität des Mitarbeiters steigere.

Telearbeit biete vor allem die Chance, Kosten einzusparen. In diesem Fall konnte zum einen auf den Kauf eines neuen zentralen Servers verzichtet werden, zweitens konnten Personalkosten eingespart werden, da keine weiteren neuen Mitarbeiter eingestellt werden müßten. Dies sei insbesondere auf eine deutlich bessere Arbeitsqualität und auf Produktivitätssteigerungen zurückzuführen. Auch die unternehmensinterne Kommunikation habe sich durch Telearbeit deutlich verbessert.

Wesentlicher Vorteil der Telearbeit ist nach Ansicht der Geschäftsleitung darüber hinaus die größere Flexibilität. Die Mitarbeiter bekämen eine andere Einstellung zu Arbeit, seien eher bereit, auch zu Tagesrandzeiten oder nachts zu arbeiten oder einen schwankenden Arbeitsbedarf mitzutragen, was durch die flexible Zeiteinteilung möglich wird. Besonders für den Dienstleistungsbereich biete Telearbeit daher große Vorteile. Angesichts der Notwendigkeit, Kosten einzusparen, sieht die Geschäftsleitung durchaus einen wettbewerbsbedingten Druck auf den Mittelstand, Telearbeit einzuführen. Derzeit sei Telearbeit auch eine Möglichkeit, sich positiv von anderen Unternehmen zu unterscheiden. Telearbeit sichere darüber hinaus die bestehenden Arbeitsplätze.

Den bisherigen Erfahrungen zufolge sei Telearbeit nur mit Vorteilen verbunden. Hemmnis für eine weitere Verbreitung der Telearbeit in mittelständischen Unternehmen sei vor allem das mangelnde Vertrauen vieler Führungskräfte in ihre Mitarbeiter.

Fallstudie 2

Das befragte Unternehmen wurde 1997 gegründet und ist im Bereich Gesundheitswesen tätig. Es beschäftigt acht Mitarbeiter. Von Beginn an waren die Arbeitsabläufe der Mitarbeiter als Telearbeit konzipiert, da nach Aussage der Geschäftsleitung für ein kleines, junges Unternehmen mit einem hohen Anteil an direkten Kundenkontakten gar keine Alternative zur intensiven Nutzung von I&K-Technik bestehe.

Sieben der Mitarbeiter sind mit mobilen notebooks ausgestattet. Die Mitarbeiter, die im Kundendienst, im Vertrieb, in der Entwicklung und Datenerfassung tätig sind, arbeiten von unterwegs, zeitweise aber auch von zu Hause aus und im Betrieb. Die Arbeitszeiten richten sich nach den Erfordernissen der Kundenkontakte, d.h. sie sind weder fest vorgegeben, noch hat der Mitarbeiter volle Zeitsouveränität. Alle Mitarbeiter stehen in einem Arbeitsverhältnis, zusätzliche spezielle vertragliche Regelungen zu Telearbeit wurden nicht getroffen. Die Mitarbeiterführung erfolgt über Zielvereinbarungen und Ergebniskontrollen. Die technische Ausstattung wurde vom Arbeitgeber gestellt. Neben Fax, e-mail, Telefon und Anrufbeantworter nutzen die Mitarbeiter auch Screensharing, d.h. mehrere Personen können gleichzeitig ein Dokument bearbeiten. Zur Zeit wird die Ausstattung um Geräte für Videokonferenzen erweitert.

Gerade bei einer Mischung von Büro- und Außendiensttätigkeiten biete Telearbeit große Vorteile, so die Geschäftsleitung. Die Möglichkeit, sowohl von unterwegs, z.B. bei Kunden, Daten aus der Zentrale abrufen zu können, aber auch von zu Hause aus in Ruhe Konzeptionstätigkeiten erledigen zu können, führe zu einer Erhöhung der Flexibilität.

Telearbeit ist in diesem Unternehmen der Regelfall, ein Vergleich mit einer Situation ohne Telearbeit bezüglich Kostenreduktion oder Produktivitätssteigerungen erübrigt sich von daher. An diesem Beispiel wird jedoch auch deutlich, daß eine analytische Trennung zwischen mobiler und alternierender Telearbeit haufig nicht möglich ist.

Hemmnisse für eine weite Verbreitung von Telearbeit sieht die Geschäftsleitung insbesondere in der konservativen Haltung vieler Vorgesetzter, die vor allem die Anwesenheit des Mitarbeiters kontrollieren. Voraussetzung für Telearbeit sei eine Neuorientierung in der Mitarbeiterführung. Vielfach läge es jedoch auch nicht im Interesse des Mitarbeiters, überwiegend zu Hause zu arbeiten, da dabei die informelle Kommunikation, der Kontakt zu Kollegen, zu kurz komme. Besonders für Entscheidungsträger komme daher isolierte Telearbeit nicht in Frage. Betont wird, daß die Anwendung neuer I&K-Techniken nur Mittel zum Zweck ist: Telearbeit werde sich vor allem dort durchsetzen, wo durch die dezentrale Arbeitsweise Betriebsabläufe beschleunigt oder verbessert werden können.

Fallstudie 3

Die dritte Fallstudie wurde in einem Unternehmen der Branche Elektrotechnik/Elektronik durchgeführt, das 200 Mitarbeiter beschäftigt. Das Unternehmen, das in einer norddeutschen Großstadt angesiedelt ist, erzielt jährlich einen Umsatz von 45 bis 50 Mill. DM. Nach Angaben des Geschäftsführers entfallen rund 35 % des Umsatzes auf Auslandsaktivitäten.

Seit einigen Monaten beschäftigt das Unternehmen eine Telearbeiterin im Vertrieb, die in der Nähe von München tätig ist. Anlaß für die Einführung von Telearbeit war die Orientierung nach Süddeutschland. Kunden und Zulieferer aus dem süddeutschen Raum brauchen sich nicht in der Zentrale durchzufragen, sondern ihr Ansprechpartner ist vor Ort errreichbar. Je kleiner die Organisationseinheiten, so der Geschäftsführer, desto eher stellt sich auch eine Vertrautheit mit den Kunden ein, regionalen Besonderheiten kann Rechnung getragen werden.

Für die Vertriebstätigkeit in Süddeutschland ist gezielt eine neue Mitarbeiterin vor Ort gesucht worden. Die Telearbeiterin steht in einem festen Arbeitsverhältnis und arbeitet ausschließlich von zu Hause aus. Juristische Besonderheiten der Telearbeit, so z.B. der Ort der Leistungserbringung und Aufwandsentschädigungen sind im Arbeitsvertrag geregelt. Entscheidend für die Auswahl der neuen Mitarbeiterin waren gute EDV-Kenntnisse und die Fähigkeit zur Selbstorganisation. Die Telearbeiterin ist zu bestimmten festgelegten Kernzeiten für die Kunden und Mitarbeiter der Zentrale erreichbar. Zielvereinbarungen und Ergebniskontrollen gewährleisten die notwendige Leistungsqualität. Die technischen Geräte sind vom Arbeitgeber gestellt, Einrichtung und Wartung wurden von einem externen EDV-Dienstleister aus dem Münchner Raum übernommen. Externe Beratung wurde bei der Einführung von Telearbeit nicht in Anspruch genommen. Der Telearbeitsplatz ist über ISDN vernetzt, der Kontakt zur Zentrale oder zu Kunden wird über Fax, e-mail, Telefon oder Anrufbeantworter hergestellt. Für die Telekommunikationsgebühren und die gesamte Korrespondenz zahlt der Arbeitgeber der Telearbeiterin eine Aufwandsentschädigung von monatlich rund 300 DM. Nach Angaben der Geschäftsleitung ist der Telearbeitsplatz wegen der Übertragungsgebühren teurer als ein Arbeitsplatz in der Firmenzentrale. Da die Telearbeiterin neu eingestellt wurde, existieren keine Vergleichsgrößen, so daß über Produktivitätssteigerungen bzw. verbesserte Arbeitsqualität keine Aussagen getroffen werden können. Bei der Einrichtung des Telearbeitsplatzes standen jedoch nicht Kostengesichtspunkte im Vordergrund, entscheidendes Motiv war vielmehr die bessere Kundenanbindung.

Ein zu großes Kontrolldenken in den Führungsetagen ist nach Ansicht des Geschäftsführers, der als stellvertretender Vorsitzender eines Mittelstand-Verbandes auch Einblick in die Praxis anderer Unternehmen hat, ein entscheidendes Hemmnis für eine weitere Verbreitung der Telearbeit in Deutschland. Er räumt ein, daß wegen der derzeitig hohen Technikkosten aber auch wirtschaftliche Überlegungen gegen die Einführung von Telearbeit sprechen können. Darüber hinaus sei in vielen Tätigkeitsbereichen auch die direkte Kommunikation wichtig, nicht alle Aufgaben eigneten sich für Telearbeit. Die Technik sei bei der Einführung von Telearbeit nicht das Problem, so der Geschäftsführer, der Mittelstand investiere jedoch eher in neue Maschinen als in organisatorische Umstrukturierungen.

Ein wettbewerbsbedingter Druck auf den Mittelstand, Telearbeit einzuführen, besteht nach Auffassung der Geschäftsleitung des befragten Unternehmens nicht. Für dieses Unternehmen stelle Telearbeit eher einen Wettbewerbsvorsprung dar. Telearbeit sei jedoch auch eine Modeerscheinung, nicht jedes Unternehmen müsse unbedingt Telearbeit einführen. Auch in dem befragten Unternehmen sind weitere Telearbeitsplätze nicht konkret geplant, es bleibe auch in Zukunft eine sachorientierte Entscheidung, wann Telearbeit sinnvoll wäre. Die Vernetzung mit Kunden und Zulieferern, die Nutzung von e-mail und Datenbanksystemen, z.B. im Bereich der Lagerverwaltung, werde in zunehmendem Maße auch für Mittelständler eine Selbstverständlichkeit. Die Übergänge zwischen verschieden Formen der Vernetzung, Telekooperation und Telearbeit sind jedoch fließend, so daß man davon ausgehen könne, daß es in vielen Fällen eine Frage der begrifflichen Abgrenzung ist, ob ein Unternehmen Telearbeit praktiziert.

Fallstudie 4

Die vierte Fallstudie wurde ebenfalls in einem Unternehmen der Branche Elektrotechnik/Elektronik durchgeführt. Im Stammwerk mit Sitz in Hamburg sind derzeit 350 Mitarbeiter beschäftigt, Tochterunternehmen sind in den USA, Ungarn, Österreich, Ostdeutschland und im Westerwald angesiedelt. Obwohl das Unternehmen weltweit 1.100 Beschäftigte hat uns somit eigentlich nicht mehr als mittelständisch im Sinne der Arbeitsdefinition des IfM eingestuft werden kann, sollen hier dennoch seine Erfahrungen mit Telearbeit geschildert werden, da das Beispiel Einblicke in die Situation kleiner Großunternehmen bietet.

Das Unternehmen erzielt einen Jahresumsatz von rund 100 Mill. DM, über 80 % davon sind dem Exportanteil zuzurechnen.

Seit 1997 beschäftigt das Unternehmen drei Telearbeiter, die in den Bereichen EDV, Forschung und Entwicklung und Buchhaltung tätig sind. Einer der Arbeitsplätze wurde ausgelagert, zwei der Telearbeitsplätze sind neu entstanden. Alle drei Telearbeiter sind fest angestellt. Die Telearbeiter arbeiten teilweise zu Hause, zeitweise aber auch im Betrieb. Zu vorgeschriebenen Kernzeiten müssen sie für Kunden und Kollegen erreichbar sein. Besondere vertragliche Regelungen zu Telearbeit wurden nicht getroffen. Die Telearbeiter sind hochqualifizierte Fachkräfte, die übertariflich bezahlt werden. Eine hohe Leistungsbereitschaft seitens der Telearbeiter und eine Vertrauensbasis zwischen Mitarbeiter und Arbeitgeber sind nach Angaben der Geschäftsleitung selbstverständlich für die Zusammenarbeit. Die Möglichkeit zur Telearbeit wird von beiden Seiten eher als Privileg gesehen, vertragliche Beschränkungen, z.B. hinsichtlich der privaten Nutzung der technischen Geräte, seien daher nicht notwendig. Die technischen Geräte sind Eigentum des Arbeitgebers, Arbeitsergebnisse werden über ISDN an Kunden oder an die Zentrale übertragen.

Anlaß für die Einführung von Telearbeit war zunächst die Möglichkeit der Mitarbeiterbindung. Eine der Mitarbeiterinnen ist derzeit im Erziehungsurlaub. Telearbeit ermöglicht es ihr, Kinderbetreuung und Berufstätigkeit zeitlich aufeinander abzustimmen. Gleichzeitig muß das Unternehmen während des Erziehungsurlaubs nicht auf die erfahrene Mitarbeiterin verzichten.

Die beiden weiteren Telearbeitsplätze wurden vor allem aus der Motivation heraus eingerichtet, Flexibilitätssteigerungen zu erzielen und die Kundenbindung, insbesondere in Übersee, zu stärken. Die Flexibilisierung der Arbeitszeiten ermöglicht eine größere Verfügbarkeit der Mitarbeiter, Kunden und Mitarbeiter des Tochterunternehmens in den USA können so auch zu Tagesrandzeiten einen Ansprechpartner in Deutschland erreichen.

Nach Angaben der Geschäftsleitung sind die Telearbeitsplätze wegen der Übertragungsgebühren zwar teurer als Arbeitsplätze in der Firmenzentrale, auf der anderen Seite sei die Arbeitsqualität gestiegen und Prozeßabläufe konnten durch die größere zeitliche Verfügbarkeit der Telearbeiter beschleunigt werden. Probleme im Zusammenhang mit Telearbeit sind bisher nicht aufgetreten, da die Telearbeiter große Routine im Umgang mit I&K-Techniken besitzen und bei technischen Schwierigkeiten ausreichend qualifiziert sind, sich selbst zu helfen.

Das befragte Unternehmen sieht sich als Vorreiter bei der Anwendung von Telearbeit. Telearbeit biete deutliche Wettbewerbsvorteile, so der Geschäftsführer, von einem wettbewerbsbedingten Druck auf mittelständische Unternehmen, Telearbeit einzuführen, zu sprechen, sei jedoch übertrieben. Dennoch könne Telearbeit gerade für Unternehmen mit internationalen Verflechtungen ein Standortvorteil sein.

Derzeit erwägt die Geschäftsleitung, für einen Programmierer des ungarischen Tochterunternehmens einen Telearbeitsplatz einzurichten, der Aufgaben im Bereich Forschung und Entwicklung übernehmen soll. Hohe Personalkosten in Deutschland verstärkten die Tendenz, Aufgaben im EDV-Bereich ins Ausland zu verlagern. Gerade in den Ländern des ehemaligen Ostblocks sei die Arbeitsqualität vieler EDV-Spezialisten durchaus mit der in Deutschland vergleichbar, das Lohnniveau dagegen deulich niedriger.

Fallstudie 5

Das befragte Unternehmen stellt Dichtungen her und ist der Chemiebranche zuzuordnen. Bei einer Mitarbeiterzahl von 550 Beschäftigten lag der Umsatz im vergangenen Geschäftsjahr bei rund 70 Mill. DM. Standort des Unternehmens ist ein kleinerer Ort in der Nähe von Stuttgart.

Seit gut zwei Jahren praktizieren 30 Außendienstmitarbeiter mobile Telearbeit, darüber hinaus sind einige Führungskräfte zeitweise von zu Hause aus tätig. Alle Telearbeiter sind festangestellte Arbeitnehmer. Zusätzlich zu den Arbeitsverträgen regeln vom Unternehmen herausgegebene Richtlinien die telearbeitsspezifischen Details, so z.B. die Erstattung der Gebühren und Datensicherheitsvorkehrungen. Die technische Ausstattung wird vom Arbeitgeber gestellt. Die Arbeitszeiten der Vertriebsmitarbeiter können weitgehend frei gestaltet werden, richten sich jedoch nach den Erfordernissen der Kundenbesuche. Die Leistung der Mitarbeiter wird anhand von Zielvereinbarungen und Ergebniskontrollen bewertet.

Im Vordergrund standen bei der Einführung von Telearbeit Kostengesichtspunkte. Nach Angaben der Geschäftsleitung konnten durch die Realisierung mobiler Telearbeit die Fahrtkosten der Außendienstmitarbeiter gesenkt werden. Auch Kosten durch Fehlzeiten könnten gegebenenfalls gesenkt werden, sofern der Erkrankte beispielsweise nur ein Bein gebrochen hat und von zu Hause aus die Arbeit schon wieder aufnehmen kann. Insgesamt verzeichnet das Unternehmen deutliche Produktivitätszuwächse. Administrative Vorgänge können mit Hilfe der ortsunabhängigen Netzanbindung schneller gelöst werden. Insbesondere voice-mail trägt dabei zur Beschleunigung von Vorgängen bei.

Nach Auffasung der Geschäftsleitung eignet sich Telearbeit in erster Linie für Außendienstmitarbeiter oder für Führungskräfte, die zeitweise von zu Hause aus bestimmte Arbeiten erledigten. Für Sachbearbeiter käme Telearbeit weniger in Frage, da keine Notwendigkeit bestehe, die Arbeitsplätze auszulagern, Telearbeitsplätze zudem teurer als Arbeitsplätze am Firmenstandort seien. Einen wettbewerbsbedingten Druck auf kleine und mittlere Unternehmen, Telearbeit einzuführen, sieht die Geschäftsleitung insofern, als es im Interesse des Unternehmens liegt, daß die Mitarbeiter technisch auf dem neuesten Stand seien. Auch die Erfahrungen mit EDI haben gezeigt, daß die zunehmende Vernetzung mit Kunden Wettbewerbsvorteile bringt. Über EDI kann der Kunde direkt Informationen über ein bestimmtes Produkt, wie z.B. Lieferzeiten, am PC abrufen und seinen Auftrag buchen. Da dieses System Kostenvorteile für beide Seiten biete, sprängen Kunden nicht so schnell wieder ab.

Fallstudie 6

In einer weiteren Fallstudie wurde der Geschäftsführer eines Ingenieurbüros in Hessen befragt. Das 1993 gegründete Unternehmen beschäftigt neun Mitarbeiter, darunter auch eigene EDV-Fachleute.

Seit 1996 mietet das Unternehmen Sekretariatsdienste in einem Telehaus. Eine Mitarbeiterin des Telehauses meldet sich unter dem Firmennamen des Ingenieurbüros und leitet Nachrichten via ISDN sofort weiter. Das externe Sekretariat ist für das mittelständische Unternehmen eine kostengünstige Lösung: Bezahlt werden nur die in Anspruch genommenen Leistungen, Kosten für einen Arbeitsplatz in der Firma können so eingespart werden. Das Leistungsspektrum des Telehauses reicht von Terminabsprachen über Korrespondenz, Datenerfassung und Übersetzungen bis hin zur Betreuung von Gästen. Auftraggeber sind in erster Linie Mittelständler aus der näheren Umgebung, aber auch aus weiter entfernten Ballungsräumen. Im Fall des Ingenieurbüros hat sich eine dauerhafte Zusammenarbeit entwickelt, möglich wäre aber auch nur eine Unterstützung zu Spitzenzeiten.

Eine weitere Telearbeiterin ist bei dem Unternehmen fest angestellt. Telearbeitsrelevante rechtliche Fragen wurden in einer Betriebsvereinbarung geregelt. Die alternierend arbeitende Mitarbeiterin erstellt CAD-Zeichnungen, die sie per ISDN an das Ingenieurbüro übermittelt. Über Zielvereinbarungen wird festgelegt, bis zu welchem Termin die Leistung erbracht werden muß, ihre Arbeitszeiten kann die Telearbeiterin dabei weitgehend frei einteilen.

Entscheidende Anwendungsmotive für Telearbeit sind nach Angaben des Geschäftsführers Kosteneinsparungen und die Verbesserung des Personaleinsatzes. Den bisherigen Erfahrungen zufolge konnten durch die Einführung von Telearbeit die betrieblichen Kosten deutlich gesenkt werden, insbesondere die Raum- und Personalkosten. Gleichzeitig verzeichnete das Unternehmen Produktivitätssteigerungen und eine Verbesserung der Arbeitsqualität.

Vor dem Hintergrund der guten Erfahrungen soll Telearbeit auch auf weitere Aufgabenbereiche ausgedehnt werden. Nach Auffassung des Geschäftsführers stellt die konservative Haltung vieler Führungskräfte das entscheidende Hemmnis für eine weitere Verbreitung der Telearbeit dar. Ein großer Teil der Unternehmen wolle nicht auf Anwesenheitskontrollen verzichten. Das Ingenieurbüro hat Fördermittel der Fördermaßnahme "Telearbeit im Mittelstand" in Anspruch genommen.

Fallstudie 7

Am Beispiel einer PR- und Werbeagentur wird deutlich, daß Telearbeit in der Medienbranche seit Jahren praktiziert wird, ohne jedoch explizit so genannt zu werden. Befragt wurde die Geschäftsführerin einer PR- und Werbeagentur in Franken, die mit freien Kooperationspartnern, u.a. in der Schweiz, zusammenarbeitet. Die Geschäftsführerin selbst ist als mobile Telearbeiterin tätig. Über e-mail ist sie jederzeit und an jedem Ort erreichbar. Dokumente können so sofort weiterverarbeitet werden. Effektive Agenturarbeit kann nur auf optimaler Kommunikationsbasis geleistet werden, betont die Inhaberin der Agentur. Dies gelte nicht nur für die Zusammenarbeit mit den Kunden, sondern auch für die interne Projektabwicklung. Mit einem Laptop kann sie die benötigten Daten bei Kunden oder während einer Konferenz von ihrem Bürorechner abrufen. Mit Hilfe eines virtuellen Skizzenblocks können alle Gesprächsteilnehmer während des Dialogs interaktiv Skizzen, Zeichnungen und Notizen in die Diskussion einfließen lassen. Das sog. Application-Sharing ermöglicht es, räumlich entfernt in Teamwork Dokumente zu erstellen und online zu bearbeiten. Besonders wichtig ist nach Aussage der Geschäftsführerin der ständige Kontakt zu den Kunden, auch über größere Entfernungen hinweg.

Die selbständigen Telearbeiter, mit denen sie zusammenarbeitet sind Graphiker, Layouter und Fotographen, die ihre Ergebnisse digitalisiert über ISDN an die Agentur schicken. Besondere telearbeitsbezogene vertragliche Vereinbarungen werden dabei nicht getroffen. In der Regel wird die erbrachte Leistung der Telearbeiter an den Ergebnissen gemessen, allein bei Tätigkeiten wie Akquisition oder mailing-Aktionen erfolgt eine Zeitaufschreibung durch den Telearbeiter.

Nach Auffassung der Geschäftsführerin ist die Anwendung von I&K-Technik im allgemeinen und von Telearbeit im besonderen für mittelständische Unternehmen der Medienbranche unbedingt notwendig, um im Wettbewerb bestehen zu können. In diesem Fall ist Telearbeit auch ein Standortvorteil, da durch Telearbeit die räumliche Distanz zu den Branchenhochburgen Hamburg, München oder Köln, wo die meisten Kooperationspartner angesiedelt wird, irrelevant wird.

Große Probleme sieht die Agenturinhaberin jedoch darin, daß eine Reihe von Kooperationspartnern nicht über kompatible Techniken verfügt. Videokonferenztechnik z.B., die die Arbeitsabläufe deutlich verbessern könnte, steckt ihrer Erfahrung nach in der Praxis noch "in den Kinderschuhen".

Fallstudie 8

Ein in Deutschland neuartiges Telearbeitskonzept wird derzeit im Rhein-Main-Gebiet umgesetzt: ein Teleservicecenter ca. 30 km von Frankfurt entfernt. Während in anderen Teleservicecentern die Telearbeiter festangestellte Mitarbeiter des Teleservicecenters sind, besteht im Rahmen dieses Franchise-Konzeptes die Möglichkeit, komplette Telearbeitsplätze zu mieten und so firmeneigene Mitarbeiter als Telearbeiter einzusetzen.

Insgesamt stehen 25 voll ausgestattete Telearbeitsplätze zur Verfügung. Vermietet werden neben umfangreich ausgestatteten stationären Arbeitsplätzen auch Laptops, so daß auch die Organisation von Außendienstmitarbeitern über das Teleservicecenter laufen kann. Für die Franchisenehmer bietet das Teleservicecenter die gesamte technische Infrastruktur, so daß Unternehmen Telearbeit realisieren können, ohne teure Einrichtungs- und Betriebskosten tragen zu müssen. Die Ausstattung wird laufend gewartet und auf dem neuesten Stand gehalten.

Als Standardangebot steht ein offenes Netz mit den wichtigsten Diensten zur Verfügung. Bereitgestellt werden alle Möglichkeiten von Internet, Intranet oder Extranet. Zusätzlich zu der angebotenen Infrastruktur stellt das Servicecenter Fachpersonal für Administration, Wartung und Service. Bei Abwesenheit des Telearbeiters können Kommunikationsdienstleistungen wie Telefon- und Faxdienste, Terminannahme, Reservierungen oder Schreibarbeiten in Anspruch genommen werden. Darüber hinaus bietet das Serviceunternehmen Beratung und Schulung zum Einsatz von Telearbeit an. Telearbeiter können dezentral via Teleteaching ausgebildet werden. Das Dienstleistungsangebot umfaßt auch die Präsentation von Firmen im Internet, sowie Online-Recherchen oder electronic commerce.

In der Regel sind mittelständische Unternehmen bei der Einrichtung von Telearbeit auf externe Beratung angewiesen. Das vorgestellte Konzept bietet gerade kleinen und mittleren Unternehmen, die nicht über eigene EDV-Fachkräfte verfügen, eine Reihe von Vorteilen: Telearbeit kann ohne aufwendige Systemverwaltung implementiert werden. Angeboten werden Standardpakete, aber auch individuelle Lösungen. Die professionelle Administration und Wartung garantiert eine hohe Datensicherheit. Firmen können ohne aufwendige Eigenentwicklung im Internet präsent sein. Anders als bei anderen Teleservicecentern sind im Rahmen dieses Konzeptes eigene Mitarbeiter tätig, die Erfahrung mit den spezifischen Betriebsabläufen des Mutterunternehmens haben. Bei Personalengpässen können darüber hinaus Büroserviceleistungen wie Text- und Datenverarbeitung, Telefonservice bis hin zur Bewirtung interner und externer Kunden in Anspruch genommen werden.

8.2 Abschließende Bemerkungen

Die Fallstudien geben einen Einblick in die Telearbeitspraxis mittelständischer Unternehmen. Sie zeigen vor allem sehr unterschiedliche, an die unternehmensspezifische Situation angepaßte Lösungen. Dennoch lassen sich auch hier übereinstimmende Tendenzen erkennen, die die Ergebnisse der empirischen Analyse unterstützen. So wird alternierende Telearbeit vorwiegend für einzelne Mitarbeiter eingeführt, beschäftigt ein Unternehmen dagegen eine größere Zahl an Telearbeitern, so handelt es sich überwiegend um mobile Telearbeit im Außendienst. In der Regel sind die Telearbeiter festangestellte Mitarbeiter, allein im Medienbereich wird vorwiegend mit freien Mitarbeitern und selbständigen Telearbeitern zusammengearbeitet. Von besonderem Interesse war die Frage, ob ein wettbewerbsbedingter Druck auf den Mittelstand besteht,

Telearbeit einzuführen. Die meisten Interviewpartner halten Telearbeit jedoch eher für einen Wettbewerbsvorsprung, sie sehen sich als Vorreiter einer Entwicklung vermehrt informationstechnischer Zusammenarbeit. In den meisten Fällen wird die technische Ausstattung vom Arbeitgeber gestellt. Dabei werden vorwiegend Standardinstrumente wie Telefon, Fax und PC mit e-mail und ISDN zur Übertragung der Arbeitsergebnisse angewandt. Videokonferenztechnik oder Screensharing werden kaum genutzt, was vor allem auch darauf zurückzuführen ist, daß dabei alle Beteiligten über kompatible Techniken verfügen müssen. Nach Angaben der Geschäftsführer sind wegen der Übertragungsgebühren Telearbeitsplätze bisher noch teurer als ein entsprechender Arbeitsplatz in der Firmenzentrale. Die Interviewpartner schildern durchweg positive Erfahrungen mit Telearbeit. Hemmnisse für eine weite Verbreitung von Telearbeit sehen sie vor allem in einem dem Kontrolldenken verhafteten Führungsstil vieler Entscheidungsträger. Die Gestaltung der Telearbeit ist von informellen Regelungen und Absprachen geprägt und basiert, in Verbindung mit Ergebniskontrollen, vor allem auf Vertrauen in die Mitarbeiter. I.d.R. werden keine telearbeitsspezifischen vertraglichen Regelungen getroffen, auch externe Beratung wird kaum in Anspruch genommen. Charakteristisch für die Telearbeitspraxis dieser Mittelständler ist eher ein „Learning-by-Doing", denn die Orientierung an Phasenschemata mit Zieldefinitionen, Ist-Analyse und Erstellung von organisatorischen Grob- und Feinkonzepten, wie sie in der Literatur zu finden sind (z.B. GODEHARDT/KLUGE 1997, S. 88 ff.).

9. Zusammenfassung und wirtschaftspolitische Implikationen

Abhängige Erwerbsarbeit im herkömmlichen Sinne ist räumlich und zeitlich festgelegt. Telearbeit ist ein Instrument, das die zeitliche und räumliche Entkopplung von Produktions- und Arbeitsabläufen unterstützt und so zu einer Öffnung festgelegter Arbeitsstrukturen beiträgt.

Derzeit wird Telearbeit in den meisten Unternehmen in alternierender Form (d.h. teilweise von zu Hause aus und teilweise im Betrieb) praktiziert, bezogen auf die Anzahl der Telearbeiter ist jedoch mobile Telearbeit (d.h. von unterwegs aus mit mobiler I&K-Technik, z.B. einem Laptop) die dominierende Organisationsform. Isolierte Telearbeit (d.h. Telearbeit, die ausschließlich von zu Hause aus geleistet wird) und Telearbeit in Satelliten- und Nachbarschaftsbüros spielen eine eher untergeordnete Rolle. Eine Rückkehr zu überwiegend isolierter Telearbeit, wie sie in den achtziger Jahren praktiziert wurde, ist angesichts der Vorteile, die die individuellen Gestaltungsmöglichkeiten bei alternierender Telearbeit bieten, nicht zu erwarten. Während alternierende Telearbeit noch immer den Nimbus des Exotischen trägt und von den Unternehmen bisher vorwiegend für einzelne Mitarbeiter eingeführt wird, scheint sich mobile Telearbeit für den Außendienst zum Regelfall zu entwickeln. Gerade für den Außendienst stellt die Anwendung moderner I&K-Techniken eine zusätzliche technische Unterstützung dar, die ohne aufwendige organisatorische Umstrukturierungen deutliche Vorteile mit sich bringt. Ein wettbewerbsbedingter Druck, den Außendienst effizient und kundengerecht zu gestalten, forciert die Tendenz, Außendienstmitarbeiter mit Laptop und Mobiltelefon auszustatten, um einen direkten Zugriff auf Daten der Firmenzentrale von unterwegs zu ermöglichen. Es ist zu vermuten, daß die Nutzung mobiler I&K-Techniken für den Außendienst in zunehmendem Maße zu einer Selbstverständlichkeit wird, ähnlich wie es inzwischen die Nutzung von Handies ist.

Alternierende Telearbeit hingegen, vorwiegend aus der Motivation heraus eingeführt, bewährte Mitarbeiter zu binden, wird sich vermutlich nicht in großem Umfang durchsetzen, solange wegen der Gebühren ein Telearbeitsplatz teurer ist, als ein Arbeitsplatz in der Firmenzentrale.

Allein die Medienbranche bildet hier eine Ausnahme. Medienunternehmen wie PR- und Werbeagenturen oder Verlage arbeiten schon seit einigen Jahren mit vorwiegend freien Telearbeitern wie Graphikern, Layoutern oder Journalisten zusammen, die ihre Arbeitsergebnisse via Datenleitung an die Firma senden und nur zeitweise in der Zentrale präsent sind. Telekooperation hat sich hier als organisatorischer Bestandteil der Betriebsabläufe wettbewerbsbedingt durchgesetzt, häufig ohne daß sich die Akteure explizit als Telearbeiter bezeichnen.

Die Annahme, Telearbeit werde bisher vorwiegend in großen Unternehmen durchgeführt, konnte von der Mehrzahl der untersuchten Studien nicht bestätigt werden. Ein Zusammenhang ist hingegen zwischen der Einschätzung des Telearbeitspotentials und der Unternehmensgröße zu beobachten. Mit zunehmender Unternehmensgröße steigt das Interesse an Telearbeit bzw. große Unternehmen planen deutlich häufiger die Einführung von Telearbeit als kleine und mittlere Unternehmen.

Zwar können die Fallstudien keinen Anspruch auf Repräsentativität erheben, dennoch geben sie einen Einblick in die Telearbeitspraxis kleiner und mittlerer Unternehmen. Auffällig ist hier vor allem die Diskrepanz zwischen den in der Literatur häufig anzutreffenden Empfehlungen zu Telearbeit und der tatsächlichen Gestaltung. So werden i.d.R. keine gesonderten vertraglichen Regelungen hinsichtlich telearbeitsspezifischer Details getroffen, auch die von Gewerkschaftsseite geforderte Aufwandsentschädigung beschränkt sich in den meisten Fällen auf die Erstattung der Übertragungsgebühren. In kleinen und mittleren Unternehmen scheint die Einführung von Telearbeit nicht mit umfangreichen Reengineeringsmaßnahmen einherzugehen, wie von einigen Seiten empfohlen (u.a. WELING 1995, S. 41 und o.V. 1997c), sie ist vielmehr von informellen Absprachen und Regelungen geprägt. Externe Beratung zu Umstrukturierungsmaßnahmen, zur Schulung der Mitarbeiter oder zu rechtlichen Fragen wird kaum in Anspruch genommen. Dennoch könnte jedoch die Abhängigkeit von externer Beratung, insbesondere bei der technischen Realisierung der Telearbeit, ein Grund dafür sein, daß Telearbeit in kleinen und mittleren Unternehmen bisher nicht in größerem Umfang geplant wird.

Der trotz einer hervorragenden Infrastruktur relativ geringe Verbreitungsgrad der Telearbeit in Deutschland ist aber vor allem auch auf die konservative Haltung vieler Führungskräfte zurückzuführen, die an überkommenen Führungsstilen und Organisationsmustern festhalten und auf Anwesenheitskontrollen nicht verzichten wollen. Darüber hinaus assoziiert ein Großteil der Unternehmen mit Telearbeit nur einfache Text- und Datenerfassungstätigkeiten, wie sie schon mit dem Technikangebot der achtziger Jahre möglich waren. Das mangelnde Interesse vieler Unternehmen an Telearbeit deutet darauf hin, daß noch erhebliche Informationsdefizite hinsichtlich der vielfältigen Anwendungsmöglichkeiten von Telearbeit bestehen, die sich angesichts der schnell fortschreitenden technischen Entwicklung im Informations- und Kommunikationssektor und der Verbesserung von Sicherheitsstandarts ständig erweitern. Am Beispiel Großbritanniens, wo etwa die Hälfte aller Telearbeiter in Europa beschäftigt sind, wird deutlich, daß die Unterschiede in den einzelnen Ländern hinsichtlich der Verbreitung von Telearbeit auf mehrere Ursachen zurückzuführen sind. So wurde z.B. der Telekommunikationsmarkt in Großbritannien frühzeitig dereguliert, in der Folge fielen die Übertragungspreise. Auch bezüglich der Verbreitung von PCs und Internetanschlüssen liegt Großbritannien im europäischen Vergleich an der Spitze.

Eine Reihe von arbeitsschutzrechtlichen Fragen werden im Zusammenhang mit Telearbeit kontrovers diskutiert. Befürchtungen, Telearbeit werde zu einem erheblichen Verlust an arbeitsrechtlichem und sozialem Schutz führen, werden jedoch durch die analysierten Untersuchungsergebnisse nicht erhärtet. Die zahlreichen empirischen Befunde belegen vielmehr, daß das Gros der Telearbeiter derzeit festangestellte Mitarbeiter mit Arbeitnehmerstatus sind. Bisher dient Telearbeit nicht dazu, vermehrt Mitarbeiter in die (Schein-)Selbständigkeit zu entlassen. Je kostengünstiger Telekommunikationsverbindungen auch über weite Entfernungen werden, desto mehr gewinnt auch off-shore-Telearbeit an Bedeutung. Besonders Länder mit hohem Ausbildungsstand und geringen Lohnkosten wie Indien oder die Staaten des ehemaligen Ostblocks werden dann als Dienstleistungsanbieter an Attraktivität gewinnen. Da Telearbeit besonders leicht ins Ausland zu verlagern ist, sollte eine zusätzliche Reglementierung der Telearbeit in Deutschland vermieden werden.

Tendenziell verstärkt Telearbeit den Trend zu neuen Formen von selbständiger und abhängiger Tätigkeit. Die mit dem Strukturwandel zur Informations- und Dienstleistungsgesellschaft einhergehende erwartete Zunahme selbständiger Telearbeit, verschiedener Formen der Teilzeitarbeit und insbesondere projektbezogener zeitlich befristeter Kontrahierung von Telearbeitern fordert die Flexibilität der derzeitigen Renten- und Sozialversicherungssysteme, die eine kontinuierliche Erwerbsbiographie voraussetzen, heraus. Vor diesem Hintergrund bleibt eine Reform der Renten- und Sozialversicherungssysteme vordringliche Aufgabe der Politik.

Beschäftigungseffekte durch Telearbeit lassen sich nicht quantifizieren. Im wesentlichen ist jedoch festzuhalten, daß Telearbeit sowohl mit Substitutions-, als auch mit Generierungseffekten einhergeht und daher ein zu erwartendes Telearbeiterpotential keineswegs nur mit einem Potential an zusätzlichen neuen Arbeitsplätzen gleichgesetzt werden kann. Die in der aktuellen Diskussion geweckten Erwartungen bezüglich der arbeitsmarktpolitischen Bedeutung der Telearbeit scheinen kurzfristig nicht gerechtfertigt zu sein. Die Spannbreite der Schätzungen reicht von 800.000 bis hin zu 3 Mill. potentiellen Telearbeitsplätzen. Wegen erheblicher methodischer Probleme bei Technikfolgenabschätzungen können diese Eckdaten jedoch nur einen ungefähren Trend zeichnen. Selbst wenn man von 3 Mill. Telearbeitsplätzen ausgeht, so ist erstens das Gros der zu erwartenden Telearbeitsplätze kein zusätzliches Arbeitsplatzpotential, sondern schon bestehende Arbeitsplätze werden um die Möglichkeit der Telearbeit erweitert. Zweitens kommt es durch den Einsatz neuer I&K-Technologien auch zu rationalisierungsbedingten Arbeitsplatzverlusten. Drittens wird ein Teil der potentiellen Telearbeiter zwar selbständig, jedoch abhängig von einem oder wenigen Auftraggebern tätig sein. Wieviele zusätzliche Arbeitsplätze netto entstehen, wenn die oben genannten Effekte berücksichtigt werden, läßt sich zum derzeitigen Zeitpunkt nicht prognostizieren. Es wird jedoch deutlich, daß Telearbeit weit davon entfernt ist, ein arbeitsmarktpolitisches Allheilmittel zu sein.

Wesentliche Funktion der Telearbeit ist nicht prioritär die Schaffung neuer Arbeitsplätze, sondern die Neuorganisation betrieblicher Abläufe. Telearbeit ist eine Komponente innerhalb einer Reihe von Instrumenten zur Flexibilisierung festgelegter Arbeitsstrukturen. Für Unternehmen birgt Telearbeit Möglichkeiten, den Personaleinsatz zu optimieren, Kosten zu senken und die Marktreaktionsfähigkeit und Kundennähe zu erhöhen. Unternehmen, die I&K-gestützte Formen der Zusammenarbeit vernachlässigen, werden langfristig eine schlechtere Position im Wettbewerb hinnehmen müssen.

Das Konzept der Telearbeit steht im Kontext unterschiedlicher I&K-Anwendungen, die von mediengestützter Zusammenarbeit einzelner Abteilungen im Betrieb bis hin zu Telekooperation und virtuellen Unternehmen reichen. Die für eine analytische Darstellung notwendige Abgrenzung des Begriffs Telearbeit spielt in der Praxis eine untergeordnete Rolle, da die Übergänge zwischen den einzelnen Kooperationsformen fließend sind. Entscheidend für die Unternehmen ist, das Flexibilisierungspotential mediengestützter Kooperationsformen auszuschöpfen, die eine zeitliche und räumliche Entkopplung von Arbeitsabläufen ermöglichen. Unwesentlich ist dagegen, ob die mediengestützte Zusammenarbeit mit einzelnen Kooperationspartnern, Kunden, Zulieferern oder Tochterunternehmen von einem herkömmlichen Arbeitsplatz am Firmensitz oder dezentral organisiert ist oder auch nur gelegentlich oder zeitlich befristet erfolgt. Telearbeit wird in Zukunft nicht mehr ein gesondertes Berufsprofil darstellen, sondern vielmehr organisatorischer Bestandteil eines Großteils aller Berufe sein.

Eine Reihe wirtschaftspolitischer Maßnahmen, die Telearbeit als Instrument zur Flexibilisierung von Arbeitsstrukturen fördern, sind bereits initiiert worden. Dazu zählt neben Informations- und Beratungsangeboten und der Förderung von Telearbeitsprojekten insbesondere die Liberalisierung der Telekommunikationsmärkte. Dennoch besteht angesichts der immer noch hohen Informationsdefizite bezüglich Telearbeit weiterhin wirtschaftspolitischer Handlungsbedarf. Grundsätzlich erscheint eine Fokussierung auf Informations- und Beratungsleistungen und eine Fortführung und Ausweitung der bestehenden Maßnahmen in diesen Bereichen sinnvoll. Die Angebote müssen jedoch stärker an den spezifischen Bedürfnissen kleiner und mittlerer Unternehmen ausgerichtet sein, da die Erfahrungen mit Telearbeit in Großunternehmen sich nicht ohne weiteres auf die Situation mittelständischer Unternehmen übertragen lassen. Erfahrungsgemäß orientieren sich kleine und mittlere Unternehmen an bewährten Beispielen innerhalb der eigenen Referenzgruppe Mittelstand, daher ist es sinnvoll, wenn positive Erfahrungen mit Telearbeit in mittelständischen Unternehmen über Multiplikatoren wie Kammern und Verbände einer breiten Öffentlichkeit zugänglich gemacht werden. Darüber hinaus sollte die Transparenz der bestehenden Modellprojekte und Fördermaßnahmen erhöht werden. Eine Förderung in Form von Finanzhilfen ist besonders in den Bereichen Außendienst und Medien nicht notwendig, da sich hier eine Entwicklung zu mediengestützen Kooperationsformen auch ohne staatliche Hilfen abzeichnet. Die Öffnung der Telekommunikationsmärkte hat zunächst zu einer Verkomplizierung der Gebührenstrukturen geführt. Es bleibt daher Aufgabe der Telekommunikationsanbieter, die Gebührenstrukturen transparent und kundengerecht zu gestalten.

Anhang

INSTITUT FÜR MITTELSTANDSFORSCHUNG BONN

Professor Dr. Dr. Dieter Bös - Professor Dr. Dr. h.c. Herbert Hax
Vorstand

Institut für Mittelstandsforschung Bonn - Maximilianstraße 20 - 53111 Bonn - Tel. 0228-729970 - Fax 0228-7299734

INTERVIEW-LEITFADEN ZU TELEARBEIT IN KMU

I. Strukturdaten

1. **Branche** _____

2. **Mitarbeiterzahl** _____

3. **Gründungsjahr** _____

4. **Das Unternehmen liegt**
   - 1 ☐ in einem Ballungsgebiet
   - 2 ☐ im ländlichen Raum

5. **Auslandsorientierung** _____

6. **Umsatz** _____

7. **Freiheitsgrad des Unternehmens**
   - 1 ☐ Selbständig
   - 2 ☐ Tochterunternehmen
   - 3 ☐ Andere Art von Verbund

8. **Haben Sie eine EDV-Abteilung bzw. eigene EDV-Fachleute?**
   - 1 ☐ Ja
   - 2 ☐ Nein

9. **Sind Sie mit Kunden oder Zulieferern vernetzt?**
   - 1 ☐ Ja
   - 2 ☐ Nein

II. EINFÜHRUNG VON TELEARBEIT

10. **Wieviele Telearbeiter beschäftigt das Unternehmen** _____

11. **Wann wurde Telearbeit eingeführt (Jahr)?** _____

12. **Woher hatten Sie erste Informationen über Telearbeit?**
    - 1 ☐ Presse/Fernsehen
    - 2 ☐ Veranstaltungen (Telekom/IHK ...)
    - 3 ☐ Andere Firmen, die bereits Telearbeit anwenden
    - 4 ☐ Mitarbeiter
    - 5 ☐ Betriebsrat

13. Welche Form der Telearbeit wird praktiziert?
- 1 ☐ Die Telearbeiter arbeiten ausschließlich zu Hause.
- 2 ☐ Die Telearbeiter arbeiten teils zu Hause und teils im Betrieb.
- 3 ☐ Die Telearbeiter arbeiten unterwegs, z.B. im Kundendienst oder Vertrieb und nutzen Laptop und Handy zur Übertragung von Daten.
- 4 ☐ Die Telearbeiter sind in Satelliten- oder Nachbarschaftsbüros tätig.

14. Welche Arbeitszeitvereinbarung haben Sie getroffen?
- 1 ☐ Freie Zeiteinteilung
- 2 ☐ Vorgeschriebene Kernzeiten
- 3 ☐ Nach Absprache.
- 4 ☐ Sonstige Regelungen.

15. In welchen Tätigkeitsfeldern sind Telearbeiter tätig? _____

16. Welche Voraussetzungen der Mitarbeiter waren für Sie entscheidend?
- 1 ☐ Gute EDV-Kenntnisse
- 2 ☐ Zuverlässigkeit
- 3 ☐ Erfahrung, Mitarbeiter schon länger im Unternehmen
- 4 ☐ Der Mitarbeiter hat die Fähigkeit zur Selbstorganisation

17. Sind neue Telearbeitsplätze entstanden
- 1 ☐ Ja
- 2 ☐ Nein

oder wurden bestehende Arbeitsplätze ausgelagert?
- 3 ☐ Ja
- 4 ☐ Nein

18. Haben Sie bei der Einführung von Telearbeit Beratung in Anspruch genommen?

	externe Beratung, alter Kontakt	externe Beratung, neuer Kontakt	Eigenleistung
	1	2	3
Technik	☐	☐	☐
Schulung	☐	☐	☐
Rechtliche Fragen	☐	☐	☐

19. Wie war die Reaktion auf die Einführung von Telearbeit?

	positiv / negativ				
	1	2	3	4	5
Mitarbeiter	☐	☐	☐	☐	☐
Vorgesetzte	☐	☐	☐	☐	☐
Betriebsrat	☐	☐	☐	☐	☐

III. RECHTLICHE ASPEKTE

20. Die Telearbeiter sind?
- 1 ☐ Arbeitnehmer mit Arbeitsvertrag
- 2 ☐ Heimarbeiter
- 3 ☐ freie Mitarbeiter bzw. Selbständige

21. Haben Sie eine Betriebsvereinbarung?
- 1 ☐ Ja
- 2 ☐ Nein

oder einzelvertragliche Regelungen?
- 3 ☐ Ja
- 4 ☐ Nein

IV. TELEARBEIT IN DER PRAXIS

22. Welche Maßnahmen oder Instrumente werden zur Organisation und Koordination der Arbeitsabläufe eingesetzt?

- 1 ☐ Fax
- 2 ☐ E-Mail
- 3 ☐ Persönliche Treffen
- 4 ☐ Mehrere Mitarbeiter können gleichzeitig an verschiedenen Standorten an einem Dokument arbeiten (Screensharing)
- 5 ☐ Videokonferenz
- 6 ☐ Telefon/Handy
- 7 ☐ Anrufbeantworter
- 8 ☐ Sonstiges _____

23. Welche Art der Vernetzung verwenden Sie?

- 1 ☐ ISDN
- 2 ☐ Analoges Fernsprechnetz
- 3 ☐ Spezielle Datenfernübertragung (z.B. LAN)

24. Zahlen Sie dem Telearbeiter eine Aufwandsentschädigung (z.B. für anteilige Miete oder Strom)?

- 1 ☐ Ja
- 2 ☐ Nein

Wenn ja, wieviel? _____

25. Wem gehören die Geräte, die technische Ausstattung?

- 1 ☐ vom Arbeitgeber gestellt
- 2 ☐ Eigentum des Telearbeiters

26. Welche Kontrollmechanismen wenden Sie an?

- 1 ☐ Zielvereinbarungen
- 2 ☐ Ergebniskontrolle
- 3 ☐ Arbeitszeitaufschreibung durch den Telearbeiter
- 4 ☐ Sonstige _____

V. ANWENDUNGSMOTIVE

27. Welche Ziele verfolgen Sie mit der Einführung von Telearbeit?

	sehr wichtig / unwichtig				
	1	2	3	4	5
Verbesserung des Personaleinsatzes	☐	☐	☐	☐	☐
Motivationssteigerung	☐	☐	☐	☐	☐
Mitarbeiterbindung	☐	☐	☐	☐	☐
Mitarbeiterrekrutierung	☐	☐	☐	☐	☐
Kosteneinsparungen	☐	☐	☐	☐	☐
Flexibilitätssteigerung	☐	☐	☐	☐	☐
Kundenanbindung	☐	☐	☐	☐	☐

28. Bestand Ihrer Ansicht nach ein wettbewerbsbedingter Druck auf den Mittelstand, Telearbeit einzuführen?

- 1 ☐ Ja
- 2 ☐ Nein

29. Ist Telearbeit für Ihr Unternehmen ein Standortvorteil?

- 1 ☐ Ja
- 2 ☐ Nein

30. Sonstige Motive _____

VI. KONSEQUENZEN DER TELEARBEIT FÜR IHREN BETRIEB

31. Sind Ihre betrieblichen Kosten durch Telearbeit

		↑ gestiegen 1	↓ gesunken 2
Raumkosten	1	☐	☐
Personalkosten	2	☐	☐
Fahrkosten	3	☐	☐
Kosten durch Fehlzeiten	4	☐	☐
Sonstiges _____	5	☐	☐

32. Werden vermehrt selbständige Telearbeiter eingesetzt?
 1 ☐ Ja   2 ☐ Nein

33. Konnten Produktivitätssteigerungen erzielt werden?
 1 ☐ Ja   2 ☐ Nein

34. Ist die Arbeitsqualität gestiegen?
 1 ☐ Ja   2 ☐ Nein

VII. PROBLEMFELDER ODER HEMMNISSE

35. Sehen Sie Problemfelder oder Hemmnisse?
- 1 ☐ Technisch/organisatorisch
  - 1.1 ☐ Unteilbarkeiten, die Mitarbeiter werden im Betrieb gebraucht
  - 1.2 ☐ technische Störungen führen zu Zeitverlust
  - 1.3 ☐ Kunden haben keine kompatible Technik
  - 1.4 ☐ sonstige _____
- 2 ☐ Personell, vor allem durch
  - 2.1 ☐ Know-How-Defizite, Informationen fehlen
  - 2.2 ☐ Kontrollverlust
  - 2.3 ☐ Isolation, fehlender Kontakt der Telearbeiter zu den Kollegen
  - 2.4 ☐ sonstige _____

36. Haben Sie Fördermittel in Anspruch genommen?
 1 ☐ Ja   2 ☐ Nein
Wenn ja, welche?
_____
_____

VIII. ZUKUNFTSPLANUNG IN BEZUG AUF TELEARBEIT

37. Telearbeit soll auf weitere Aufgabenbereiche ausgedehnt werden
 1 ☐ Ja   2 ☐ Nein

38. Planungen für weitere Mitarbeiter?
 1 ☐ Ja   2 ☐ Nein

39. Telearbeit bleibt Einzelfallentscheidung?
 1 ☐ Ja   2 ☐ Nein

40. Nur für Mitarbeiterinnen im Erziehungsurlaub?
 1 ☐ Ja   2 ☐ Nein

Literaturverzeichnis

ARTHUR D. LITTLE (1996): Innovationen und Arbeit für das Informationszeitalter, Berlin

BAHL-BENKER, A. et al. (1993): Teils im Betrieb - teils zu Hause, IG Metall (Hrsg.), Frankfurt am Main

BAYERISCHE STAATSREGIERUNG (1996): Bayern Online, Das Konzept, München

BAYERISCHE STAATSREGIERUNG (1997): Bayern Online II, www.bayern.de/BayernOnline/statestm.html

BRÖDNER, P.; PAUL, H.; FOKS, T. (1996): Telekooperation. Der kümmerliche Stand der Dinge, in: DAS MAGAZIN, 1/1996, S. 16-17

BUNDESMINISTERIUM FÜR ARBEIT UND SOZIALORDNUNG (BMA) (1995): Petersberg-Kreis, Untergruppe "Arbeitsrecht", Sitzung der Unterarbeitsgruppe am 6.9.1995

BUNDESMINISTERIUM FÜR BILDUNG, WISSENSCHAFT, FORSCHUNG UND TECHNOLOGIE (BMBF) (1997a): Innovationen für die Wissensgesellschaft - Förderprogramm Informationstechnik, Bonn

BUNDESMINISTERIUM FÜR BILDUNG, WISSENSCHAFT, FORSCHUNG UND TECHNOLOGIE (BMBF) (1997b): Telearbeit im Mittelstand - Förderrichtlinie, Bonn

BUNDESMINISTERIUM FÜR BILDUNG, WISSENSCHAFT, FORSCHUNG UND TECHNOLOGIE (BMBF) (1997c): Förderfibel 1997, Bonn

BUNDESMINISTERIUM FÜR WIRTSCHAFT (BMWI) (1996): Info 2000. Deutschlands Weg in die Informationsgesellschaft, Bericht der Bundesregierung, Bonn

BUNDESMINISTERIUM FÜR WIRTSCHAFT (BMWI) (1997): Info 2000. Deutschlands Weg in die Informationsgesellschaft, Fortschrittsbericht der Bundesregierung, Bonn

BUNDESMINISTERIUM FÜR WIRTSCHAFT (BMWI) (Hrsg.) (1976): Kooperationsfibel. Zwischenbetriebliche Zusammenarbeit im Rahmen des Gesetzes gegen Wettbewerbsbeschränkungen, Neuauflage, März 1976, Bonn

BUNDESMINISTERIUM FÜR WIRTSCHAFT (BMWI) / BUNDESMINISTERIUM FÜR ARBEIT UND SOZIALORDNUNG (BMA) (Hrsg.) (1996a): Telearbeit. Chancen für neue Arbeitsformen, mehr Beschäftigung, flexible Arbeitszeiten. Ein Ratgeber für Arbeitnehmer, Freiberufler und Unternehmen, Bonn

BUNDESMINISTERIUM FÜR WIRTSCHAFT (BMWI) / BUNDESMINISTERIUM FÜR ARBEIT UND SOZIALORDNUNG (BMA) (1996b): Initiative Telearbeit der Bundesregierung, Stand 7.10.1996, Bonn

BÜRGERSCHAFT DER FREIEN UND HANSESTADT HAMBURG (1997): Mitteilung des Senats an die Bürgerschaft, Drucksache 15/7511, Hamburg

COLLARDIN, M. (1995): Aktuelle Rechtsfragen der Telearbeit, Berlin

DASCHMANN, H. (1994): Erfolgsfaktoren mittelständischer Unternehmen, Stuttgart

DEUTSCHE FORSCHUNGSANSTALT FÜR LUFT- UND RAUMFAHRT (DLR) (1996): Telekooperation und Mehrwertdienste, http://www.ba.dlr/md/it/iv/tk/mwd/index.html

DIETRICH, H. (1996): Empirische Befunde zur "Scheinselbständigkeit", Bundesministerium für Arbeit und Sozialordnung (BMA) (Hrsg.), Bonn

DÖRSAM, P. (1996a): Flexible Arbeitszeitgestaltung in mittelständischen Unternehmen, Schriften zur Mittelstandsforschung, Nr. 71 NF, Stuttgart

DÖRSAM, P. (1996b): Stellungnahme zur BMBF-Maßnahme "Telearbeit im Mittelstand", IfM, 27.11.1996, Bonn

DOSTAL, W. (1996a): Die Informatisierung der Arbeitswelt: Multimedia, offene Arbeitsformen und Telearbeit, in: Büllingen, F. (Hrsg.): Technikfolgenabschätzung und Technikgestaltung in der Telekommunikation, Bad Honnef, S. 277-298

DOSTAL, W. (1996b): Telearbeit als Beschäftigungswandler und -erzeuger: Beschäftigung und Arbeitsplätze in einem globalen Markt, Vortrag im Rahmen der Konferenz "Telearbeit Deutschland '96", 11.-13.11.1996, Bonn

DOSTAL, W. (1997): Telearbeit - Stand und Entwicklung. Eine Zwischenbilanz, Vortrag im Rahmen der Fachtagung "Telekooperation. Telearbeit. Tele-Learning. Virtuelle Arbeitswelten", 18.-19.6.1997, Berlin

DREHER, C. et al. (1995): Neue Produktionskonzepte in der deutschen Industrie. Bestandsaufnahme, Analyse und wirtschaftspolitische Implikationen, Heidelberg

DRÜKE, H.; PFARR, H. (1989): Rechtsprobleme der Telearbeit, Baden-Baden

EITO (1997): European Information Technology Observatory 97, Frankfurt

EMPIRICA (1994): Pan-europäische Befragung zur Telearbeit, Bonn

ERLER, G. et al. (1994): Von Europa lernen. Innovative und familienfreundliche Personalführung in kleinen und mittleren Unternehmen: Erfahrungen aus drei europäischen Regionen, Untersuchung im Auftrag des Landesgewerbeamtes Baden-Württemberg, Stuttgart

EUROPÄISCHE KOMMISSION (1993): Wachstum, Wettbewerbsfähigkeit, Beschäftigung - Herausforderungen der Gegenwart und Wege ins 21. Jahrhundert - Weißbuch, Luxemburg

EUROPÄISCHE KOMMISSION (1994): Europa und die globale Informationsgesellschaft - Empfehlungen für den Europäischen Rat, Brüssel

EUROPÄISCHE KOMMISSION (1995): Legal, Organisational and Management Issues in Telework, Brüssel

EUROPÄISCHE KOMMISSION (1996a): Actions for stimulation of transborder telework and research cooperation in Europe - Telework 96, Brüssel

EUROPÄISCHE KOMMISSION (1996b): Die Informationsgesellschaft und der Bürger, Brüssel

EUROPÄISCHE KOMMISSION (1996c): European Union - Regional Policy and Cohesion - ERDF Guide - Available Funding, DG XVI, http://europa.eu.int/en/comm/dg16/guide

EUROPÄISCHE KOMMISSION (1997a): CORDIS focus, EU Research Programmes and Related Activities, Luxemburg

EUROPÄISCHE KOMMISSION (1997b): European Telework - Telework 97, Brüssel

EUROSTAT (1995): Erhebung über Arbeitskräfte, Ergebnisse 1995, Statistisches Amt der Europäischen Gemeinschaften, Luxemburg

FABIAN, B. (1996): EU-Strukturpolitik in Deutschland 1994-1999 - Leitfaden, DIHT (Hrsg.), Bonn/Brüssel

FACHVERBAND INFORMATIONSTECHNIK IM VDMA UND ZVEI (1998): Wege in die Informationsgesellschaft - Status quo und Perspektiven - Deutschland im internationalen Vergleich, Update 1998, Frankfurt

FALCK, M. (1997): Telearbeit - Ein Instrument flexibler Personalentwicklung, in: it Management, Mai 1997, S. 12-21

FENSKI, M. (1994): Außerbetriebliche Arbeitsverhältnisse. Heim- und Telearbeit, Neuwied, Kriftel, Berlin

FRIEDMANN, B. (1998): Interview, Europa und der Mittelstand, in: Der Steuerzahler, März 1998, S. 48

FRAUNHOFER INSTITUT FÜR ARBEITSWIRTSCHAFT UND ORGANISATION (IAO) (1997): Entwicklung der Telearbeit - Arbeitsrechtliche Rahmenbedingungen. Abschlußbericht, Bundesministerium für Arbeit und Sozialordnung (BMA) (Hrsg.), Bonn

FREUND, W.; KAYSER, G.; SCHRÖER, E. (1995): Generationenwechsel im Mittelstand. Unternehmensübertragungen und -übernahmen 1995 bis 2000, IfM-Materialien Nr. 109, Bonn

GIARINI, O./ LIEDTKE, P. (1998): Wie wir arbeiten werden. Der neue Bericht an den Club of Rome, Hamburg, S. 168-170

GLASER, W. (1996): Qualifizierung von ArbeitnehmerInnen für Telearbeit, Vortrag im Rahmen der Konferenz "Telearbeit im Mittelstand", 4.12.1997, Bonn

GLASER, W.; GLASER, M. (1995): Telearbeit in der Praxis. Psychologische Erfahrungen mit Außerbetrieblichen Arbeitsstätten bei der IBM Deutschland GmbH, Berlin

GODEHARDT, B. (1994): Telearbeit - Rahmenbedingungen und Potentiale, Opladen

GODEHARDT, B. (1996): Die schöne neue Arbeitswelt?, in: Die Frau in unserer Zeit, Heft 2, S. 16-21

GODEHARDT, B; KLUGE, C. (1997): Zur Gestaltung der Einführung von Telearbeit in Organisationen, in: media NRW: Telearbeit und Telekooperation, Ministerium für Wirtschaft und Mittelstand, Technologie und Verkehr des Landes Nordrhein-Westfalen (Hrsg.), S. 88 ff.

GODEHARDT, B.; WORCH, A.; FÖRSTER, G. (1997): Teleworking. So verwirklichen Unternehmen das Büro der Zukunft, Landsberg/Lech

GRIESE, J. (1992): Auswirkungen globaler Informations- und Kommunikationssyteme auf die Organisation weltweit tätiger Unternehmen, in: Staehle, W. H.; Conrad, P. (Hrsg.): Managementforschung 2, Berlin, S. 162-175

GROOTHUIS, U. (1996): Pendler im Netz, in: Wirtschaftswoche, Nr. 38, S. 104-112

HAMEL, W. (1997): Personalwirtschaft, in: Pfohl et al., Betriebswirtschaftslehre der Mittel- und Kleinbetriebe, 3., neubearbeitete Auflage, Berlin, S. 225-254

HANSMANN, H.-D.; BREITBACH, T. (1996): Interkontinentale Telearbeit und Satellitenkommunikation am Beispiel eines realisierten Satellitenbüros der Lufthansa in Indien, Vortrag im Rahmen der Konferenz "Telearbeit in Deutschland '96", 11.-13.11.1996, Bonn

HESSISCHES MINISTERIUM FÜR WIRTSCHAFT, VERKEHR UND LANDESENTWICKLUNG (1997): Informationsblatt Hessen Teleworking, Wiesbaden

HILLEBRANDT, A. et al. (1997): Informations- und Kommunikationssicherheit in kleinen und mittleren Unternehmen, Wissenschaftliches Institut für Kommunikationsdienste, Diskussionsbeitrag Nr. 175, Bad Honnef

HOCK, K. (1997): Telearbeit, in: Steuer- und Wirtschafts-Kurzpost 1997, Heft 13, S. 221-228

HOFMANN,.J.; KLÄGER, W. (1996): Outsourcing und virtuelle Organisation. TREVIUS; Virtuelle Unternehmensstrukturen in der Multimedia-Industrie, Vortrag im Rahmen der Konferenz "Telearbeit in Deutschland '96", 11.-13.11.1996, Bonn

HOYNINGEN-HUENE V., G.; MEIER-KRENZ, U. (1988): Flexibilisierung des Arbeitsrechts durch Verlagerung tariflicher Regelungskompetenzen auf den Betrieb, in: Zeitschrift für Arbeitsrecht, Jg. 19, S. 293-318

HUECK, A.; NIPPERDEY, H. (1963): Lehrbuch des Arbeitsrechts. Band I, 7. Aufl., Berlin/Frankfurt a. M.

HUMMEL, M.; SAUL, C. (1997): Beschäftigungspotentiale neuer elektronischer Medien, in: ifo-Schnelldienst, Nr. 3, S. 3-18

IBM (1995): http://www.germany-live.de/gl/Artikel/Wirtschaft/1995-2/818183873.html

ICKS, A. (1997): Mittelstand im Umbruch? Trends und Zukunftsperspektiven, in: Icks, A.; Kaufmann, F.; Menke, A. (Hrsg.), Unternehmen Mittelstand, München

INSTITUT ARBEIT UND TECHNIK (IAT) (1997): Herausforderung Informationsgesellschaft, Ministerium für die Gleichstellung von Frau und Mann des Landes Nordrhein-Westfalen (Hrsg.), Dokumente und Berichte, Nr. 38, Düsseldorf

INSTITUT DER DEUTSCHEN WIRTSCHAFT (IWD) (1998): Call Center - Dienst am Kunden wird groß geschrieben, in: iwd Nr. 5, S. 2

KAYSER, G. et al. (1997): Möglichkeiten der Berücksichtigung mittelständischer Unternehmen im Rahmen der Tarifpolitik, Schriften zur Mittelstandsforschung, Nr. 72 NF, Stuttgart

KELLER, B.; SEIFERT, H. (1995): Regulierung atypischer Beschäftigungsverhältnisse, in: Atypische Beschäftigung: verbieten oder gestalten?, Keller, B. ; Seifert, H. (Hrsg.), Köln, S. 231-255

KERN, P. (1995): Telearbeit - Arbeitsplatz der Zukunft?, in: Programm 2000 für mittelständische Unternehmen. Eine Publikation zum Unternehmerforum, Deutsche Bank AG (Hrsg.), Frankfurt a. M., S. 17-18

KIENBAUM PERSONALBERATUNG GMBH (1997): Praxishandbuch Telearbeit, Gummersbach

KILIAN, W.; BORSUM, W.; HOFFMEISTER, U. (1986): Telearbeit und Arbeitsrecht, Forschungsbericht im Auftrag des Bundesministeriums für Arbeit und Sozialordnung, Institut für Rechtsinformatik (IRI) der Universität Hannover, Hannover

KLEIN, B. (1997): Chance Telearbeit? Eine alte Arbeitsform neu bewertet, in: c't 1997, Heft 13, S. 150-156

KORDEY, N. (1996): Telearbeit - Deutschland und die EU, in: Die Frau in unserer Zeit, Heft 2, S. 2-8

KORDEY, N. (1997): Erfahrungen mit der Telearbeit in Deutschland, Vortrag im Rahmen der Fachtagung "Telekooperation. Telearbeit. Tele-Learning. Virtuelle Arbeitswelten", 18.-19.6.1997, Berlin

KORDEY, N.; KORTE, W. (1996a): Status Quo und Potential der Telearbeit. Ergebnisse und Schlußfolgerungen aus einer europaweiten Untersuchung, Vortrag im Rahmen der Konferenz "Telearbeit in Deutschland '96", 11.-13.11.1996, Bonn

KORDEY, N.; KORTE, W. (1996b): Telearbeit erfolgreich realisieren. Das umfassende, aktuelle Handbuch für Entscheidungsträger und Projektverantwortliche, Braunschweig/Wiesbaden

LANDENBERGER, M. (1995): Atypische Beschäftigungsverhältnisse und soziale Sicherungssysteme, in: Keller, B.; Seifert, H. (Hrsg.): Atypische Beschäftigung: verbieten oder gestalten?, Köln, S. 163-181

LANDESGEWERBEAMT BADEN-WÜRTTEMBERG (1997): Dokumentation der Veranstaltung "Telearbeit - eine Chance für mittelständische Unternehmen?", Stuttgart

LANDTAG VON SACHSEN-ANHALT (1997): Sachsen-Anhalts Weg in die Informationsgesellschaft, Antwort der Landesregierung auf die große Anfrage, Drucksache 2/4041, Magdeburg

LINDNER, M. et al. (1997): Grundlagen für den Weg Bremens in die Informationsgesellschaft - Vorschläge für Maßnahmen und Leitprojekte im Auftrag des Senators für Wirtschaft, Mittelstand, Technologie und Europaangelegenheiten der Freien Hansestadt Bremen, Axon Technologie Consult GmbH (Hrsg.), Bremen

MAVROMARAS, K; RUDOLPH, H. (1995): „Recalls" - Wiederbeschäftigung im alten Betrieb, in: Mitteilungen aus der Arbeitsmarkt- und Berufsforschung, Heft 2, S. 171-194

MEDIEN- UND FILMGESELLSCHAFT BADEN-WÜRTTEMBERG MBH (MFG) (1997): Projektgruppe Multimedia, www.baden-wuerttemberg-media.de/pjgruppe2.html

MERTENS, B. (1998): Mittelstand bleibt der Telekom treu, in: impulse, Nr. 4/98, S. 100

METIER CONSORTIUM (1995): The Impact of Advanced Coomunications on European Growth and Trade, o. O.

MINISTERIUM FÜR WIRTSCHAFT UND FINANZEN DES SAARLANDES (1996): Landesinitiative Telekommunikation Saar, Leitlinien des Ministeriums für Wirtschaft und Finanzen des Saarlandes für Anträge auf Förderung von Pilotprojekten, Saarbrücken

MINISTERIUM FÜR WIRTSCHAFT UND MITTELSTAND, TECHNOLOGIE UND VERKEHR DES LANDES NORDRHEIN-WESTFALEN (1997): media NRW: Telearbeit und Telekooperation (Band 4), Düsseldorf

MINISTERIUM FÜR WIRTSCHAFT, TECHNOLOGIE UND EUROPAANGELEGENHEITEN DES LANDES SACHSEN-ANHALT (1996): Richtlinie über die Gewährung von Zuwendungen zur Förderung von Anwendungsmodellvorhaben zur Entwicklung innovativer telematik-gestützter Kooperationsformen und Vernetzungsmodelle für kleine und mittlere Unternehmen, in: Ministerialblatt für das Land Sachsen-Anhalt, Nr. 51, Magdeburg

MINISTERIUM FÜR WIRTSCHAFT, TECHNOLOGIE UND VERKEHR DES LANDES SCHLESWIG-HOLSTEIN (1997): Schleswig-Holsteinische Projekte zur Informationsgesellschaft, www.tsh.de/initiative/6.htm#telearbeit

MINISTERIUM FÜR WIRTSCHAFT, VERKEHR, LANDWIRTSCHAFT UND WEINBAU DES LANDES RHEINLAND-PFALZ (1997): Telearbeit in Rheinland-Pfalz, Trier

MÜCKENBERGER, U. (1991): Re-Regulierung neuer Beschäftigungsformen - Kann "atypische" Beschäftigung sozialverträglich sein?, in: Semlinger, K. (Hrsg.), Flexibilisierung des Arbeitsmarktes: Interessen, Wirkungen, Perspektiven, München, S. 203-224

NEBENDAHL, M. (1997): Zulagen, Zuschläge (bei Lohn und Gehalt), in: Beck'sches Personalhandbuch, Band I, Arbeitsrechtslexikon, Ziff. 408, München

NIEDERSÄCHSISCHES MINISTERIUM FÜR WIRTSCHAFT, TECHNOLOGIE UND VERKEHR (1996): Niedersächsische Initiative für die Informations- und Kommunikationswirtschaft, Hannover

o.V. (1997a): Anwendung des KSchG auf Kleinbetriebe: Zusammenrechnung der Arbeitnehmerzahlen aller Betriebe und Betriebsteile desselben Unternehmens, in: Der Betrieb, Heft 48, S. 2439-2440

o.V. (1997b): Datenschutzauflagen machen Telearbeit oft zu teuer, in: Blick durch die Wirtschaft, 6.6.1997, S. 1

o.V. (1997c):Telearbeit als Chance für den Mittelstand, in: Blick durch die Wirtschaft, 26.6.1997, S. 1

o.V. (1998): Das Wohnzimmer wird zum Arbeitsplatz, in: Hamburger Abendblatt, 24.1.1998

ÖKO-INSTITUT INSTITUT FÜR ANGEWANDTE ÖKOLOGIE (1997): Umweltschutz im Cyberspace. Zur Rolle der Telekommunikation für eine nachhaltige Entwicklung, Freiburg

OTTEN, A. (1996): Heim- und Telearbeit: Kommentar zum HAG und heimarbeitsrelevanter Normen sowie Erläuterungen zur Telearbeit, München

PFOHL, H.-C. (1997): Abgrenzung der Klein- und Mittelbetriebe von Großbetrieben, in: Pfohl et al., Betriebswirtschaftslehre der Mittel- und Kleinbetriebe, 3., neubearbeitete Auflage, Berlin, S. 1-25

PICOT, A.; REICHWALD, R.; WIGAND, R. (1996): Die grenzenlose Unternehmung. Information, Organisation und Management, Wiesbaden

PÖLTZ, R. (1996): Erfahrungsbericht aus dem Testfeld "Hausverbundener Arbeit" bei der Allianz Lebensversicherung AG, Vortrag im Rahmen der Konferenz "Telearbeit Deutschland '96", 11.-13.11.1996, Bonn

PROGNOS/DIW (1996): Künftige Entwicklung des Mediensektors, Berlin

REICHWALD, R. (1997): Telearbeit und Telekooperation - Arbeitsformen der Informationsgesellschaft?, Vortrag im Rahmen der Fachtagung "Telekooperation. Telearbeit. Tele-Learning. Virtuelle Arbeitswelten", 18.-19.6.1997, Berlin

REISS, M.(1996): Mit Netzwerkkompetenz zu virtuellen Strukturen. Flexibilität und Überschaubarkeit sind Trumpf, in: Gablers Magazin Nr. 11/12, S. 12-15

RIEKER, J. (1995): In weiter Ferne, in: manager magazin, Nr. 11, S. 199 - 209

ROGGE-STRANG, C. (1997): Denken und lernen im System, in: markt+wirtschaft, Nr. 12

ROLAND BERGER & PARTNER (1995): Strategische Bedeutung der Telearbeit für die Wettbewerbsfähigkeit von Unternehmen, Studie, Frankfurt

SÄCHSISCHE ENTWICKLUNGSGESELLSCHAFT FÜR TELEMATIK (SET) (1997): Online-Fibel Sachsen, Leipzig

SÄCHSISCHES STAATSMINISTERIUM FÜR WIRTSCHAFT UND ARBEIT (1997): Informationsgesellschaft - Strategie für Sachsen, Kabinettsvorlage, Dresden

SCHMIDT, W. (1996): Außerbetriebliche Arbeitsplätze für Sachbearbeiter bei den LVM Versicherungen, Vortrag im Rahmen der Konferenz "Telearbeit Deutschland '96", 11.-13.11.1996, Bonn

SCHNEIDER, S. (1997): Unnötige Belastung. Eine europäische Richtlinie zur Bildschirmarbeit bürdet den Unternehmen neue Kosten auf, in: Wirtschaftswoche, Nr. 35, S. 38

SCHROETER, W. (1996): Globale Telearbeit und der Standort Deutschland, Vortrag im Rahmen der Konferenz "Telearbeit Deutschland '96", 11.-13. 11.1996, Bonn

SCHULZ, B.; STAIGER, U. (1993): Flexible Zeit, flexibler Ort. Telearbeit im Multimedia-Zeitalter, Weinheim; Basel

SENATSVERWALTUNG FÜR WIRTSCHAFT UND BETRIEBE (1997): Der Berliner Weg in die Informationsgesellschaft, Bestandsaufnahme von Projekten, Berlin

TA TELEARBEIT GMBH (1997): Telearbeit - Telekooperation - Teleteaching, Studie zu Akzeptanz, Bedarf, Nachfrage und Qualifizierung , Ministerium für Arbeit, Gesundheit und Soziales des Landes Nordrhein-Westfalen (Hrsg.), Düsseldorf

TECHNISCHE HOCHSCHULE (TH) DARMSTADT (1995): Der Status quo der Telearbeit in der Bundesrepublik Deutschland 1994. Institutsbericht 1995, Institut für Psychologie, Arbeitsgruppe Arbeits-, Betriebs- und Organisationspsychologie, Technische Hochschule Darmstadt, Darmstadt

UNIVERSITÄT WITTEN/HERDECKE (1996): Telearbeit in deutschen Unternehmen - eine Unternehmensbefragung für die WirtschaftsWoche, Witten/Herdecke

WEDDE, P. (1994): Telearbeit: Handbuch für Arbeitnehmer, Betriebsräte und Anwender, 2., vollst. überarb. Aufl., Köln

WEDDE, P. (1997): Entwicklung der Telearbeit - arbeitsrechtliche Rahmenbedingungen, Gutachten für das Bundesministerium für Arbeit und Sozialordnung im Auftrag des Fraunhofer Instituts für Arbeitswirtschaft und Organisation (IAO), Stuttgart

WEIZSÄCKER V., E. U., 1997, Vorwort, in: Giarini, O./ Liedtke, P., Wie wir arbeiten werden. Der neue Bericht an den Club of Rome, 1998, Hamburg

WELING, F. (1995): Geht uns die Arbeit aus? Informationstechnologie verändert Arbeitsstrukturen, in: Die Informationsgesellschaft, Bundesministerium für Wirtschaft (Hrsg.), Bonn, S. 40-41

WELSCH, J. (1996): Telearbeit: Führen auf Distanz, in: Personalwirtschaft 9/96, S. 14 - 18

WETJEN, B. (1997): Telearbeit: Online dabei, in: markt+wirtschaft, Nr. 7, S. 8-14

WIRTSCHAFTSMINISTERIUM BRANDENBURG (1997): Medienwirtschaft und Telekommunikation schaffen Arbeitsplätze in Brandenburg, Staatskanzlei, Pressemitteilung vom 22. 10. 1997, www.brandenburg.de/land/stk/presse/p2210_97.html

WIRTSCHAFTSMINISTERIUM MECKLENBURG-VORPOMMERN (1997): Aktivitäten - Förderung - neue Vorhaben im IuK-Bereich in Mecklenburg-Vorpommern, Schwerin

WORCH, A. (1994): Rechtliche Rahmenbedingungen, in: Godehardt, B., Telearbeit - Rahmenbedingungen und Potentiale, Opladen, S. 205-280

ZENTRALVERBAND ELEKTROTECHNIK- UND ELEKTRONIKINDUSTRIE E. V. (ZVEI); VERBAND DEUTSCHER MASCHINEN- UND ANLAGENBAU E. V. (VDMA) (1995): Informationsgesellschaft - Herausforderungen für Politik, Wirtschaft und Gesellschaft. Ergebnisse der ZVEI-VDMA-Plattform, Frankfurt

ZORN, W. (1997): Telearbeit - eine neue Arbeitskultur, in: zfo, Nr. 3, S. 173-176

Lightning Source UK Ltd.
Milton Keynes UK
UKHW020547260119
336255UK00018B/487/P